Braunschweigische Rechtswissenschaftliche Studien
Institut für Rechtswissenschaften – TU Braunschweig

Herausgegeben von
apl. Prof. Dr. Ulrich Smeddinck

in Verbindung mit der BMBF-geförderten Forschungsplattform
„Entria – Entsorgungsoptionen für radioaktive Reststoffe:
Interdisziplinäre Analysen und Entwicklung von Bewertungsgrundlagen“

Technische Universität Braunschweig

INSTITUT FÜR RECHTSWISSENSCHAFTEN

ENTRIA
ENTSORGUNGSOPTIONEN FÜR RADIOAKTIVE RESTSTOFFE.
INTERDISZIPLINÄRE ANALYSEN
UND ENTWICKLUNG VON BEWERTUNGSGRUNDLAGEN.

Ulrich Smeddinck (Hrsg.)

Emotionen bei der Realisierung eines Endlagers

Interdisziplinäre Beiträge

BWV | BERLINER WISSENSCHAFTS-VERLAG

Gefördert mit Mitteln der Stiftung Braunschweigischer Kulturbesitz

SBK Stiftung Braunschweigischer Kulturbesitz

Bibliografische Information der Deutschen Nationalbibliothek:
Die Deutsche Nationalbibliothek verzeichnet diese Publikation in der Deutschen Nationalbibliografie; detaillierte bibliografische Daten sind im Internet über http://dnb.d-nb.de abrufbar.

Markgrafenstraße 12–14, 10969 Berlin,
E-Mail: bwv@bwv-verlag.de, Internet: http://www.bwv-verlag.de

Druck: docupoint, Magdeburg
Gedruckt auf holzfreiem, chlor- und säurefreiem, alterungsbeständigem Papier.
Printed in Germany.

ISBN Print: 978-3-8305-3843-1
ISBN E-Book: 978-3-8305-4013-7

Vorwort

Der vorliegende Tagungsband dokumentiert das interdisziplinäre ENTRIA-Werkstattgespräch „Emotionen bei der Realisierung eines Endlagers für Atommüll“, das vom Institut für Rechtswissenschaften an der Technischen Universität Braunschweig am 21. Juni 2016 im Braunschweiger „Haus der Kulturen“ durchgeführt wurde.

Den Anstoß gaben die neueren Untersuchungen zur Emotionsforschung vor allem in der Geschichtswissenschaft. Die ersten Ideen und Planungen zu dem Projekt waren noch von Überlegungen begleitet, ob man thematisch nicht überzieht. Zwischenzeitlich hat sich das Interesse – maßgeblich getrieben von den neueren politischen Entwicklungen – an Emotionen in Publizistik und Wissenschaft deutlich verbreitert.

Die Fertigstellung des Bandes hat sich dadurch verzögert, dass ich mich als Herausgeber spät noch entschlossen habe, einen weiteren Beitrag aufzunehmen, der der Abrundung des Themas zu Gute kommt. Das hat allen Beteiligten zusätzliche Geduld abverlangt!

Mein herzlicher Dank gilt den Referenten: Dr. Basil Bornemann, Fachbereich Nachhaltigkeitsforschung, Universität Basel/Schweiz, Dr. Christian Götter, heute Deutsches Museum, München, sowie Prof. Dr. Barbara Thies, Institut für Pädagogische Psychologie der Technischen Universität Braunschweig! Mein Dank gebührt aber auch dem Publikum für die rege Diskussion, für Kritik und Anregungen! Schließlich danke ich Prof. Dr. Anne Reichold, Philosophisches Seminar der Europa-Universität Flensburg, sowie Nicole Terne M.A., heute FH Anhalt in Köthen, dass sie weitere Beiträge zu diesem Band beigesteuert haben.

Ich bedanke mich außerdem beim Organisationsteam des Institutes für Rechtswissenschaften an der TU Braunschweig für die Hilfe und Unterstützung bei der Durchführung dieser Veranstaltung.

Die formale Betreuung der Manuskripte und die Vorbereitung des Bandes hat dankenswerter Weise René Jagau übernommen.

Herzlichen Dank auch an den Berliner Wissenschaftsverlag für die stets freundliche Betreuung des Buchprojekts.

Ein großer Dank geht schließlich an die Stiftung Braunschweigischer Kulturbesitz für die Übernahme der Druckkosten für diese Veröffentlichung!

Braunschweig, Januar 2018

Ulrich Smeddinck

Inhaltsverzeichnis

Ulrich Smeddinck

Emotionen bei der Realisierung eines Endlagers – Zur Einführung

Inhaltsverzeichnis

„Die Entsorgung von radioaktiven Abfällen wirkt auf viele Menschen furchterregend und wird daher als riskant eingestuft.“[1] Dementgegen ist die Realisierung eines Endlagers für Atommüll in den vergangen Jahrzehnten von Politik, Verwaltung, Experten und Unternehmen auf eine technokratische und hierarchische Art und Weise versucht worden.[2] Der Versuch scheiterte. Gesellschaftliche Widerstände wurden unterschätzt. Ängste und Befürchtungen wurden abgewertet und verdrängt.[3] Vor dem Hintergrund werden in diesem Band Emotionen bei der Realisierung eines Endlagers als Thema wissenschaftlich aufgegriffen und aus der Sicht unterschiedlicher Disziplinen untersucht. Es drängt sich die Frage auf, ob und inwieweit Emotionen überhaupt erst einen oder einen neuen veränderten Stellenwert im Diskurs um ein Endlager erhalten sollten. Es gilt aber auch zu zeigen, wo die Grenzen der Berücksichtigung von Emotionen liegen.

Da der Themenkreis „Emotionen bei der Realisierung eines Endlagers für Atommüll“ bisher unterbelichtet ist, soll der Begriff der Emotion hier nicht einschränkend, sondern ausgreifend – wie eine Art Meta-Begriff[4] – verwendet werden, also auch Gefühle, Leidenschaften und Stimmungen mitumfassen.[5] Denn es geht darum, die Thematik generell zu erschließen.

Der Blick auf die allgemeine und die atom-politische Entwicklung im Deutschland der letzten Jahre ist bemerkenswert: Die Jahre unter der Bundeskanzlerin *Angela Merkel* galten bis zur Flüchtlingskrise als eine Phase der Entpolitisierung politischer Entscheidungsfindung, für die paradigmatisch das Schlagwort der „Alternativlosigkeit“ steht.[6] Zunehmend wurde allerdings von Kritikern hinterfragt und problematisiert, ob ein solches Herangehen und Verständnis im politischen Prozess letztlich nicht die Demokratie schädigt: „[…] die Qualität der Demokratie verändert sich dadurch substanziell. Denn wenn die öffentliche Debatte fehlt, wenn Leidenschaft und Emotion im Ringen um Positionen verlernt sind, kippt die Demokratie. Der öffentlich ausgetragene Konflikt stiftet Zusammenhalt, nicht der Konsens.“[7] So überrascht es nicht, dass Empörung, Protestbereitschaft und auch Wut mittlerweile wieder als respektable Leidenschaften gewürdigt werden, „die den politischen Alltag seit ewigen Zeiten antreiben.“[8] Wie ein dialektisches Umschlagen ist in Deutschland eine neue Phase der Politisierung angebrochen. Die Rede vom „post-faktischen Zeitalter“[9] unterstreicht die unerwartete Wucht dieser Entwicklung. Konstatiert wird in dem Zusammenhang eine „zunehmende Erhitzung des

1 *Marti* (2016), S. 37.

2 Anschaulich zum Atomkonflikt insgesamt: *Roose* (2010), in: Hrsg. Feindt/Saretzki, S. 79 ff.; instruktiv: *Brunnengräber* (2016), in: Hrsg. Brunnengräber, S. 13 ff.

3 Einen „Glaubenskrieg“ nach Fukushima 2011 konstatiert *Michel* (2015), S. 19; aufklärend: *Weisker* (2005), in: Hrsg. Brüggemeier/Engels, S. 202, 211 ff.

4 Vgl. *Plamper* (2012), S. 22; differenzierend: *Funke/Holt* (2006), in: Hrsg. Scherzberg/u. a., S. 77, 80 und *Marti* (2016), S. 36 f. sowie *Hof* (1996), S. 38 ff.

5 Ähnlich: *Verheyen* (2010), S. 2.

6 Vgl. *Schnabel*, Die Zeit v. 10.11.2015, S. 33.

7 *Korte*, Der Tagesspiegel v. 24.2.2015, S. 14; vgl. auch *Maaz* (2017), S. 132.

8 *Nanz/Leggewie* (2016), S. 90.

9 Vgl. *Lehming,* Der Tagesspiegel v. 10.12.2016, S. 1; *Pörksen,* Die Zeit v. 15.12.2016, S. 70.

emotionalen Klimas und damit einhergehend ein Verfall kooperativer Umgangsformen" und in der Konsequenz wird sogar eine „Ökologie der Emotionen" gefordert.[10]

Für eine Lehre vom „Haushalt der Gefühle" können erste Einsichten bezogen auf die Atompolitik erhellend sein für die Konfliktlinie, wie sie heute noch vorzufinden und erlebbar ist: „Personen, die positive Gefühle gegenüber der Kernenergie und der Entsorgung radioaktiver Abfälle hegen, schätzen die damit verbundenen Risiken geringer ein und erachten Endlager als akzeptabler."[11] Im Rahmen der Emotionsforschung wurde ermittelt, „dass Versuchspersonen in guter Stimmung weniger akkurate Entscheidungen fällten und zu überoptimistischer Einschätzung […] neigten".[12] In der Auseinandersetzung über die friedliche Nutzung der Kernenergie[13] – wie in den Bemühungen um einen dauerhaften Verwahrort für die Unterbringung von Atommüll – ist die Frontstellung zwischen vernünftigen Befürwortern und vermeintlich „irrationalen Ökohippies", zwischen „verbohrten Technokraten" und an Nachhaltigkeit interessierten Umweltgruppen zu erkennen. Entlang dieser Kategorien und praktischer Erfahrungen wurden Haltungen und ein Freund-Feind-Denken eingeübt und kultiviert, die bis heute den erhofften und behaupteten Neustart der Endlagersuche im Jahre 2013 belasten.[14]

Nach Fukushima 2011 und dem endgültigen Beschluss zum Ausstieg aus der Kernenergie in Deutschland sind wesentliche Konfliktfaktoren entfallen. Gleichwohl war die Bereitschaft kritischer Umweltgruppen, sich am nun folgenden Standortauswahlverfahren zu beteiligen, gering. Das lässt sich einerseits damit erklären, dass das Regulierungsdesign des Gesetz zur Suche und Auswahl eines Standortes für ein Endlager für Wärme entwickelnde radioaktive Abfälle (Standortauswahlgesetz)[15] von 2013 vor allem auf die Erzeugung von Legitimation und die Marginalisierung von Kritik ausgerichtet war.[16] Es lässt sich aber auch daraus erklären, dass Menschen oder Gruppen, die in einer bestimmten Art und Weise sozialisiert sind (z. B. im jahrzehntelangen Widerstand gegen die friedliche Nutzung der Kernenergie in Deutschland) typischerweise am notwendigen Rollenwechsel scheitern können.[17] Die Fähigkeiten und Fertigkeiten, die im Widerstand nützlich sind, sind nicht die gleichen, wie wenn es um konstruktive Zusammenarbeit zugunsten einer ganz anderen Zielrichtung wie z. B. die Realisierung eines Endlagers geht.[18] Bisherige, einigende Feindbilder verschwinden, Freundschaften zerbrechen, Enttäuschungen und vermeintlicher Verrat müssen verarbeitet werden. Insofern ist das zeitlich direkt an den Atomausstieg anschließende Standortauswahlverfahren

10 *Franck,* Der Tagesspiegel v. 12.2.2017, S 7.

11 *Marti* (2016), S. 37 m. w. N.; vgl. auch *Di Nucci* (2016), in: Hrsg. Brunnengräber, S. 119, 127.

12 *Funke/Holt* (2006), in: Hrsg. Scherzberg/u. a., S. 77, 87.

13 *Rüb* (2012), in: Hrsg. Kersten/Schuppert, S. 15, 36 ff.; *Winter,* ZfU 2012, 209 ff.

14 *Smeddinck,* EurUP 2017, 195, 205; *Grunwald,* PÖ 2016, 124; *Smeddinck/Roßegger,* NuR 2015, 548, 553.

15 Vom 23. Juli 2013 (BGBl. I S. 2553), zuletzt geänd. durch G vom 27. Juni 2017 (BGBl. I S. 1966).

16 Vgl. *Smeddinck* (2016), in: Hrsg. Hill/Schliesky, S. 147 ff.

17 Vgl. *Jessen,* Die Zeit v. 6.10.2016, S. 41 ff.

18 *Brunnengräber/Hocke,* FJSB 4/2014, 59 ff.

politisch verständlich, kommt aber für bisher Engagierte möglicherweise zu schnell. Die Bereitschaft, neues Vertrauen aufzubauen, wird Zeit brauchen.[19]

Demgegenüber ist generell seit einigen Jahren ein verstärktes Interesse der Wissenschaft an Emotionen beobachtbar.[20] Die Forschung zu Emotionen beschäftigt eine ganze Reihe von Disziplinen,[21] insbesondere die Historiker.[22] Dabei erscheint die neueste Periode nur als Pendelbewegung einer Grundlinie zwischen Abstraktion und Wirklichkeit, zwischen Rationalität und Emotionen, die immer wieder in ihrem aktuellen Verlauf auszukämpfen, aber auch auf ihre Stichhaltigkeit zu hinterfragen ist. Dazu passt, dass der Diskurs über Emotionen über die Zeiten hin von unterschiedlichen Disziplinen dominiert wurde.[23]

Die Auseinandersetzung mit Emotionen bzw. Gefühlen hat es demnach auch in vergangenen Jahrhunderten gegeben.[24] Jetzt ist also eine neue Konjunktur zu verzeichnen.[25] Dass es dazu nicht eher kam, könnte auch daran liegen, dass wenigstens in Deutschland die Gesellschaft sich erst langsam und offenbar nach einer Phase der Zurückdrängung nach dem Zweiten Weltkrieg wieder stärker für Emotionen öffnet.[26] Angst muss dann nicht einfach als negativ abgewertet werden, sondern kann nun produktiv als „ein Begriff für das, was die Leute empfinden, was ihnen wichtig ist, worauf sie hoffen und woran sie verzweifeln“[27] anerkannt und genutzt werden. Paradigmatisch steht für die „neue“ Sichtweise ein Zitat aus einem Interview mit dem ehemaligen Bundesinnenminister Otto Schily als Überschrift zum Gespräch: „Gefühle sind Tatsachen.“[28]

Im Rahmen diese Einführung sollen einige Beispiele gezeigt werden, wie wissenschaftliche Disziplinen das Thema Emotionen aufgegriffen haben. Punktuell werden bereits Bezüge zur Thematik des Sammelbandes hergestellt. Die konkrete, auf den Untersuchungsgegenstand bezogene fachliche Analyse erfolgt aber erst in den wissenschaftlichen Beiträgen dieses Bandes.

---

19 Vgl. *Bode* (2016), S. 152 ff. Klaus Toepfer sieht die Wiederbegründung des Vertrauens als zentrale Voraussetzung für das Standortauswahlverfahren. Vgl. nochmals *Link,* Stuttgarter Nachrichten v. 10.7.2017.

20 Vgl. *Middeldorf,* Der Tagesspiegel v. 11.7.2015, S. B 1; *Schwenger,* Der Tagesspiegel v. 23.11.2015, S. 21; *Völz,* FAZ v. 5.4.2016, S. 11; *Link,* Stuttgarter Nachrichten v. 10.7.2017.

21 *Rüb* (2008), in: Hrsg. Schubert/Bandelow, S. 348, 363 m. w. N.

22 *Plamper* (2012); *Ciompi/Endert* (2011).

23 *Plamper* (2012), S. 20.

24 *Plamper* (2012), S. 20.

25 *Frevert,* Geschichte und Gesellschaft 2009, 183; repräsentativ auch die beiden Bände *Landweer/Koppelberg* (Hrsg.) (2016), Recht und Emotion I: Verkannte Zusammenhänge, und *Landweer/Bernhardt* (Hrsg.) (2017), Recht und Emotion II: Sphären der Verletzlichkeit.

26 Vgl. *Hilbk,* Der Spiegel 19/2013, S. 48 f.; zeitgeschichtlich differenzierter: *Greiner* (2015), in: Hrsg. Doering-Manteuffel/Greiner/Lepsius, S. 61 ff.

27 *Budde* (2014), S. 10; vgl. auch Interview mit Hans Joas, *Frank,* FR v. 27.11.2015, S. 30; historisch: *Gassert* (2012), in: Hrsg. bpb, S. 127, 138.

28 Überschrift zum Interview mit dem ehemaligen Bundesinnenminister Otto Schily zu Pegida-Demonstrationen und Islam, Der Spiegel 5/2015, S. 28.

Die Technikgeschichte, zu deren Forschungsgegenstand ja auch die Nutzung der Kernkraft in historischer Perspektive gehört, scheint die Entwicklung, Emotionen mehr Aufmerksamkeit zu widmen, mitzugehen: Sie umfasst zwar einerseits das technische Geschehen selbst und andererseits die Beschreibung der historischen Entwicklung der Technik in ihren soziokulturellen Entstehungs- und Verwendungszusammenhängen, einschließlich Technikgenese und Technikfolgen.[29] Lösten technische Großtaten insbesondere zu Beginn des 20. Jahrhunderts Euphorie in weiten Teilen der Bevölkerung aus,[30] erweiterte sich der Fokus der Forschung von der Produktion von Technik um den Menschen als Konsument und Nutzer von Produkten der Technik.[31]

Die Wahrnehmung der friedlichen Nutzung der Kernenergie verblüfft zunächst durch die große Begeisterung – in Veröffentlichungen[32] – für den verheißungsvollen Energieträger in den 1950er Jahren. Als sich das Blatt wendete, waren die Gründe für die handelnden Akteure nicht ohne weiteres erkennbar „[…], für die Fürsprecher dieser Energietechnik dagegen besaß der Stimmungsumschwung lange Zeit etwas Rätselhaftes, das den Verdacht weckte, da könne etwas nicht mit rechten Dingen zugegangen und müsse eine irrationale Angstpsychose ausgeheckt worden sein."[33] Die Plötzlichkeit der Proteste gegen den Bau des Kernkraftwerkes Wyhl 1975 erklärt der Historiker *Joachim Radkau* mit einem Ineinandergreifen von „Aktionslinien und Handlungspotentialen, die bis dahin ein voneinander getrenntes Dasein geführt hatten; und daraus entstand eine Wechselwirkung, die – wie es scheint – die entscheidende Ursache dafür ist, dass die Anti-Akw-Bewegung in der Bundesrepublik stärker als in den meisten Ländern der Welt wurde […]."[34] Die getrennte Aufmerksamkeit wissenschaftlicher Disziplinen für ihren Gegenstand macht er dafür verantwortlich, dass diese Entwicklung nicht wahrgenommen wurde.[35] Gerade die Konflikte um die Kernenergie scheinen die Entfaltung der Umweltgeschichte als Forschungsfeld mit anzutreiben.[36]

Neue Ansätze, wie die Emotionsforschung, bieten die Chance, die Aufmerksamkeit auf bisher vernachlässigte oder nicht gesehene „Wirkmechanismen" zu setzen. Mit Blick auf die Auseinandersetzung über Atomkraft scheint das Konzept der *emotional communities* besonders anschlussfähig.[37] Emotionen vermitteln eine starke Bindung. Das Zusammengehörigkeitsgefühl der Mitglieder wird in Ritualen und Praktiken ausgedrückt und gestärkt. Die Euphorie der Atombefürworter, die betonte Emotionslosigkeit der Fachleute, das Nichtloslassen

29 *Troitzsch* (2007), in: Hrsg. Goertz, S. 431 m. w. N.

30 *Troitzsch* (2007), in: Hrsg. Goertz, S. 431, 433.

31 *Troitzsch* (2007), in: Hrsg. Goertz, S. 431, 441.

32 *Radkau* (2017), S. 153.

33 *Radkau* (2017), S. 131.

34 *Radkau* (2017), S. 163.

35 *Radkau* (2017), S. 163.

36 *Kalmbach,* Neue Politische Literatur 2017, 49 ff.; *Weisker* (2005), in: Hrsg. Brüggemeier/Engels, S. 203, 220 f.

37 *Frevert,* Geschichte und Gesellschaft 2009, 183, 197 m. w. N.; *Verheyen* (2010), S. 1, 6 f. m. w. N.; *Roßnagel/Ewen/Götz/Hefter/Hentschel/Huge/Schönfelder,* ZNER 2014, 329, 333.

der Energieunternehmen in der Endphase der Atomwirtschaft wie der Widerstand, insbesondere der Generationswechsel, wenn man auf die immer neuen Demonstrationen gegen Castor-Transporte schaut, könnten im Zusammengehörigkeitsgefühl der unterschiedlichen Gruppen ihre Erklärung finden.

Wenn keine neuen Erfahrungen zugelassen und gemacht werden, besteht das Risiko, dass manche Gefühle quasi institutionalisiert, als Dispositionen aufrecht erhalten und aktualisiert werden können.[38]

Aus philosophischer Sicht wird zum Verhältnis von Vernunft und Emotionen angemerkt: Schlicht falsch sei die Annahme, dass die Naturwissenschaften die fundamentale Schicht der Wirklichkeit also die Welt an sich erkennen, während alle anderen Erkenntnisansprüche immer auf physikalische, biologische oder sonstige naturwissenschaftliche Einsichten reduzierbar sein werden oder sich jedenfalls an diesen messen lassen müssen. In einer unendlichen Vielfalt von Feldern der Erkenntnis sei von Sinnfeldern auszugehen, wobei das kognitive Denken nur eines ist und Emotionen, Gefühle und Bewusstseinsinhalte ein *aliud* darstellen.[39]

Die Philosophin *Martha Nussbaum* hat darauf hingewiesen, dass Emotionen in allen Gesellschaften – auch in liberalen Demokratien – eine große Rolle spielen.[40] Sie hebt hervor, dass öffentlich wirksame und intensive Emotionen die Verfolgung der Ziele eines Landes fördern oder auch behindern können.[41] Im Weiteren fordert sie, dass gerade auch liberale Demokratien sich mit der Förderung und Pflege von Gefühlen auseinandersetzen müssten, um nicht antiliberalen Kräften „einen gewaltigen Vorsprung bei der Gewinnung der Herzen der Menschen" zu überlassen – verbunden mit der „Gefahr, dass Menschen liberale Werte für lasch und langweilig halten."[42] Für die politische Förderung von Emotionen sieht sie in liberalen Demokratien zwei Aufgaben: Zum einen gehe es darum, „ein starkes Engagement für die guten Projekte zu schaffen und aufrechtzuerhalten, die Anstrengungen und Opfer erfordern […]."[43] Zum anderen müssten die Tendenzen zur Abwertung und Diskriminierung anderer, die in der Gesellschaft wie im einzelnen Individuum vorzufinden sind, bekämpft werden. Die Erziehung müsse die Fähigkeit fördern, „einer anderen Person das vollwertige und gleichberechtigte Menschsein zuzuerkennen."[44]

Heutige Veranstaltungen zur Endlagerfrage sind noch stark von einem Freund-Feind-Verständnis ehemaliger Kernkraftbefürworter und -gegner geprägt, die sich gegenseitig herabsetzen und misstrauen. In dem Zusammenhang ist die verhaltenswissenschaftliche Erkenntnis von Interesse, „dass negative Emotionen anderer meist stärker eingeschätzt werden als eigene. Es besteht tendenziell die Annahme, andere seien emotionaler und irrationaler und reagier-

38 *Landweer/Koppelberg* (2016), in: Hrsg. Landweer/Koppelberg, S. 13, 32.

39 Interview mit Markus Gabriel, Der Spiegel 27/2013, S. 122, 124.

40 *Nussbaum* (2014), S. 11; vgl. auch *Illouz,* Die Zeit v. 9.10.2014, S. 55.

41 *Nussbaum* (2014), S. 12.

42 *Nussbaum* (2014), S. 12 f.; vgl. auch *Eichstädt,* Der Tagesspiegel v. 13.12.2016, S. 10; *Bebber,* Der Tagesspiegel v. 27.1.2015, S. 6.

43 *Nussbaum* (2014), S. 12.

44 *Nussbaum* (2014), S. 13 f.; vgl. auch *Honneth* (2014), S. 338.

ten deshalb negativer auf Technologien im Vergleich zu einem selber. Dies kann in Dialogen zu verzerrten Einschätzungen anderer Positionen oder Sichtweisen führen."[45] Wenn Gefühle als Tatsachen anerkannt werden, ist ein Ausweg aus der Sackgasse gewiesen, dass die einen sich für rational halten und den anderen Emotionalität vorwerfen. Denn Emotionen hat man „nicht einfach für sich allein, sondern ist durch sie mit anderen verbunden.[46] Wer das ignoriert, droht den Kontakt zu verlieren mit allen Konsequenzen.

Die Auseinandersetzung mit Angst hat Rechtswissenschaftler im Einzelfall zu tieferschürfenden Analysen veranlasst. Wegen Vorbehalten gegen den Begriff haben rechtswissenschaftliche Untersuchungen politischer Herrschaft das Thema Angst tendenziell eher vermieden. Dementgegen erklärt der Rechtsphilosoph *Günter Frankenberg* Angst zu einem analysefähigen wie analysebedürftigen gesellschaftlichen und auch politisch-rechtlichen Problem.[47] Seiner Meinung nach erzeugen Rechtsnormen, die nach Inhalt oder Formulierung unbestimmt oder zweideutig sind, Verhaltensunsicherheit und eine kognitive Verunsicherung, „mit der Folge, dass die Angst vor staatlicher Gewaltanwendung verstärkt und verstetigt wird, weil die diffuse Bedrohung alle Maßnahmen zur Angstbewältigung, insbesondere das Taxieren der Gefahr, das Einwirken auf die Bedrohung, Flucht oder Änderung des Verhaltens erschwert oder vereitelt.[48] Kognitive Sicherheit soll sich dagegen aus einfachen und klaren Rechtssätzen ergeben, die bei „Inanspruchnahme (verfassungs)rechtlich verbürgter Freiheiten in aller Regel [...] keine bösen Überraschungen bereithält beziehungsweise keine unüberschaubaren Risiken aufwirft."[49] Er setzt damit einen Kontra-Punkt zu der generellen Tendenz, mit Zielen, Wertungsspielräumen und Optionenwahl zu steuern,[50] die den Anspruch erhebt, Interessen besser auszubalancieren und zu besseren Regelungserfolgen zu führen, die allseits anerkannt werden.

Unter dem Titel „Gesetze der Angst" hat vor einigen Jahren der US-amerikanische Rechtswissenschaftler *Cass R. Sunstein* vor den Gefahren des besonders in Deutschland betonten Vorsorgeprinzips gewarnt. Zunächst konzediert er, dass Angst ein unausrottbarer Bestandteil des menschlichen Lebens ist und Menschen oft in die richtige Richtung weist.[51] Ausgangspunkt seiner anschließenden Überlegungen ist die Beobachtung, dass Risiken selektiv wahrgenommen werden. Die Folge sei oftmals, dass durch das Bestreben, Gefahren aus dem Weg zu gehen, gerade durch diese Bemühungen bestimmte Risiken erhöht würden. Das lebhafte Bewusstsein für bestimmte Risiken führe häufig zu einer überproportionalen Verzerrung in Gestalt übertriebener Vorsorgemaßnahmen.[52] Die emotionale Reaktion vernachlässige

---

45 *Marti* (2016), S. 37 m. w. N.

46 *Landweer/Koppelberg* (2016), in: Hrsg. Landweer/Koppelberg, S. 13, 36.

47 *Frankenberg* (2010), S. 193.

48 *Frankenberg* (2010), S. 196.

49 *Frankenberg* (2010), S. 195.

50 Z. B. *Hoffmann-Riem* (2012), in: Hrsg. Hoffmann-Riem/Schmidt-Aßmann/Voßkuhle, § 33 Rz. 96 ff.

51 *Sunstein* (2007), S. 331.

52 Vgl. *Renn* (2014), S. 298; *Marti* (2016), S. 35 f.; *Kara/Schadwinkel,* Die Zeit v. 28.1.2016, S. 21.

die Wahrscheinlichkeit des Eintritts zu stark und werde damit selbst zur ernsthaften Gefahr.[53] In der Konsequenz fordert er: „Vernünftige Regulierungsbehörden betreiben Angstmanagement durch Bildung und Information."[54] Aufbauend auf dem – mit dem Verhaltensökonomen *Richard H. Thaler* erarbeiteten – Konzept des Libertären Paternalismus[55] sieht er Möglichkeiten für „private als auch öffentliche Institutionen, die Menschen in deren eigenem Interesse zu beeinflussen, ohne ihnen ihre Entscheidungsfreiheit zu nehmen."[56] Ob der Ansatz in Deutschland nutzbar gemacht werden kann, ist angesichts der überreizten Abwehrfront allgemein[57] und gegenüber dem bloßen Anschein von Akzeptanzmanagement im Feld, der Atompolitik und Endlagerfrage offen.

Was als Ertrag aus den Neurowissenschaften mitgenommen werden kann: unter ihrem Einfluss haben die Emotionen ihre Anerkennung gefunden als gleichberechtigter, anderer Partner technisch-intellektueller Rationalität. Emotionen als irrationalen Gegensatz der Vernunft zu beschreiben, entspricht nicht mehr dem Stand der wissenschaftlichen Erkenntnis.[58] Die Dichotomie aus rationaler Vernunft und emotionaler Unvernunft lässt sich jedenfalls nicht aufrechterhalten: „Vernunft und Gefühl lassen sich nicht trennen, Letzteres ist essentiell für das Funktionieren der Ersteren."[59] Aus Sicht der Neurobiologie bedingen emotionale, oft unbewusste Zustände weitestgehend die „kognitiven Zustände im Gehirn und nicht umgekehrt: Dies ist schon bei jedem Wahrnehmungsakt so, denn Emotionen beeinflussen erheblich, was wir in unserer Umwelt erfassen."[60] Für die Psychoanalyse wird festgehalten, dass es zahlreiche Weiterentwicklungen gibt, „die die emotionalen Komponenten kognitiver Leistungen stärker berücksichtigen. Umso mehr muss verwundern, dass andere immer noch ‚eisern' an der Vorherrschaft des Denkens gegenüber den Gefühlen festhalten."[61] Konsequenterweise empfiehlt der Risikoforscher *Gerd Gigerenzer:* „Argumente tragen selten den Sieg über die Furcht davon […]. Wenn ein Konflikt zwischen der Vernunft und einer starken Emotion vorliegt, verzichte auf Argumente. Mache dir lieber eine gegensätzliche starke Emotion zunutze."[62]

---

53 *Sunstein* (2007), S. 328 ff.

54 *Sunstein* (2007), S. 329.

55 *Eidenmüller,* JZ 2011, 814 ff.; kritisch: *Richardt,* Novo Argumente 119/2015, 23 ff.; vgl. auch *Schuppert* (2011), in: Hrsg. Schliesky/Ernst/Schulz, S. 291 ff.

56 *Sunstein* (2007), S. 330; fortgeführt in *Thaler/Sunstein* (2009), S. 14 f.

57 Vgl. *Bornemann/Smeddinck,* ZParl 2016, 437 ff.

58 Vgl. *Frevert,* Geschichte und Gesellschaft 2009, 183, 190 m. w. N.; *Funke/Holt* (2006), in: Hrsg. Scherzberg/u. a., S. 77, 78; auf mögliche produktive Wechselwirkungen verweist bereits *Ropohl* (1991), S. 246; vgl. auch *Bürger/Buck/Pohlner/Starflinger* (2012), in: Hrsg. bpb, S. 39, 47.

59 *Hunt* zitiert nach *Plamper* (2012), S. 349

60 *Roth/Strüber* (2014), S. 367; vgl. auch *Wolpert* (2008), S. 130; *Landweer/Koppelberg* (2016), in: Hrsg. Landweer/Koppelberg, S. 13, 41.

61 *Roth/Strüber* (2014), S. 325.

62 *Gigerenzer* (2013), S. 24 f.; vgl. *Radkau* (2017), S. 404; *Skidelsky/Skidelsky* (2013), S. 186; vgl. auch *Eichstädt,* Der Tagesspiegel v. 13.12.2016, S. 10. Der Auftritt von Schülergruppen anlässlich von Endlager-Tagungen an der Ev. Akademie Loccum erscheint als ein solcher Ansatz, um den bisherigen generischen Lagern durch Personen verkörpert eine andere Sichtweise und Gene-

Der erste kursorische Überblick auf die Sichtweisen verschiedener Disziplinen auf den Stellenwert von Emotionen verdeutlicht deren Bedeutung und unterstreicht den Nutzen, Emotionen im Diskurs um ein Endlager als wissenschaftlichen Gegenstand aufzugreifen und eingehender zu behandeln. Denn auf jeden Fall werden Emotionen bei der Realisierung eines Endlagers eine Rolle spielen. Inwieweit Emotionen in der wissenschaftlichen wie gesellschaftlichen Auseinandersetzung einen neuen veränderten Stellenwert erhalten sollten, muss sich aus den einzelnen Beiträgen dieses Sammelbandes ergeben. Dort ist ggf. auch zu zeigen, wo die Grenzen der Berücksichtigung von Emotionen liegen.

Abschließend ist übergreifend noch einmal zu reflektieren, dass das Interesse an Emotionen mindestens in der Wissenschaft in den letzten Jahren gewachsen ist. Ursächlich dafür waren maßgeblich der Widerstand gegen Projekte (Infrastruktur) und politische Entscheidungen (Flüchtlingskrise).[63] Die Wissenschaft reagiert auf gesellschaftliche Phänomene. Ihre Arbeiten und Ergebnisse können den wissenschaftlichen und gesellschaftlichen Diskurs bereichern. Sie können auch zur Verständigung und zur Lösung gesellschaftlicher Aufgaben beitragen. Mit Emotionen mit Bedacht und angemessener als bisher umzugehen – manche sprechen auch von Emotionenmanagement –, erscheint wünschenswert. „Gefühl“ wird als Dreh- und Angelpunkt für neuen Formen der Arbeit identifiziert, aber auch für gegenwärtige Formen des Führens und Regierens.[64] Der Staat, der sich neue zeitgemäße Handlungsformen erschließt, läuft allerdings Gefahr, dafür kritisiert zu werden, weil die damit verbundenen Betätigungen neuartig, mindestens ungewohnt wirken. Auch darüber braucht es gesellschaftliche Diskussionsprozesse. Der Staat kann das Emotionenmanagement – so ambivalent der Begriff auch wirken mag – aber auch nicht allein privaten, nicht demokratisch legitimierten Akteuren oder den Feinden der offenen Gesellschaft überlassen.[65]

*

Die neue Emotionsforschung gab den Anstoß, nicht etwa von den etablierten rechtlichen Handlungsformen oder aus der zughörigen Reformdiskussion kommend,[66] das Themenfeld aufzurollen und eine Veranstaltung zu organisieren. Ganz im Gegenteil erschien das eigentliche Phänomen – Emotionen – als Ausgangpunkt die gewagtere, aber auch produktivere Möglichkeit zu sein, wissenschaftliche Einsichten zu gewinnen, die aus verschiedenen Disziplinen heraus erarbeitet werden und dem Diskurs über die Realisierung eines Endlagers für Atommüll – in der Gesellschaft wie in der Wissenschaft – mehr Tiefe geben.

---

rationenerfahrung – verbunden mit neuen Emotionen – zu vermitteln. Vgl. *Smeddinck* (2016), in: Hrsg. Hoffmann-Riem, S. 403, 417 f.

63 *Rudolph,* Der Tagesspiegel v. 26.7.2017, S. 21.

64 *Roedig,* Der Tagesspiegel v. 22.12.2016, S. 23.

65 Vgl. *Schaal* (2013), S. 1, 5; zu den möglichen Schattenseiten: *Frankenberg* (2010), S. 207.

66 Z. B. *Dolde,* NVwZ 2013, 769 ff.; *Hertel/Munding,* NJW 2012, 2622 ff.; *Mann,* VVDStRL 2013, 544 ff.; *Schwab,* UPR 2014, 281 ff.; *Stender-Vorwachs,* NdsVBl. 2015, 153 ff.; *Ziekow,* NVwZ 2013, 754 ff.

So veranstaltete das Institut für Rechtswissenschaften an der Technischen Universität Braunschweig im Rahmen der BMBF-geförderten, interdisziplinären Forschungsplattform „ENTRIA-Entsorgungsoptionen für radioaktive Reststoffe“ das Werkstattgespräch „Emotionen bei der Realisierung eines Endlagers für Atommüll“ am 21. Juni 2016 im Braunschweiger Haus der Kulturen. Es referierten: Dr. Christian Götter, Historisches Seminar, TU Braunschweig („Furchtsam oder mutig – Vertrauen als Grundlage emotionaler Zugänge zur Kernenergie“), Prof. Dr. Barbara Thies, Institut für Pädagogische Psychologie, TU Braunschweig („Vertrauen – Betroffenheit – Eskalation? Psychologische Beiträge zu Bürgerprotesten!“), Dr. Basil Bornemann, Fachbereich Nachhaltigkeitsforschung, Universität Basel („Konflikt, Emotion und Partizipation – Politikwissenschaftliche Perspektiven“) und apl. Prof. Dr. Ulrich Smeddinck, IRW, TU Braunschweig („Recht, Atommüll und Emotionen“). Für den Tagungsband wurden zusätzliche Beiträge eingeworben: „Mythos der nuklearen Sicherheit am Beispiel Japans“ von Nicole Terne M. A., ehemals Institut für Politikwissenschaft und Japanologie, Universität Halle-Wittenberg, sowie „Emotionen bei der Realisierung eines Endlagers aus philosophischer Sicht“ von Prof. Dr. Anne Reichold, Philosophisches Seminar am Interdisziplinären Institut für Umwelt-, Human- und Sozialwissenschaften, Universität Flensburg.

Die Veranstaltung wurde im Rahmen der Vorlesung Technikrecht durchgeführt, um junge Studierende zu erreichen und zugleich ein attraktives Studienangebot zu machen. Ferner nahmen Kolleginnen und Kollegen aus ENTRIA sowie sonstige Interessierte teil.

In den Diskussionsrunden ergaben sich einige auffällige Eindrücke, die hier festgehalten werden sollen: Mit der allerersten Frage aus dem Publikum, nämlich eines Projektleiters aus ENTRIA mit ingenieurwissenschaftlichem Hintergrund an den Historiker, die sinngemäß lautete `Was können wir jetzt aus der Geschichte lernen, um ein Endlager leichter zu realisieren?´, war ein Ton gesetzt, der in negativer Weise die weitere Auseinandersetzung prägte. So musste sich im Anschluss die Psychologie-Professorin von einer Vertreterin der Umweltbewegung fragen lassen, ob ihr bewusst sei, dass sie sich für Legitimations- und Akzeptanzbeschaffung bezahlen lasse. Es wurde aus dem Publikum auch darauf hingewiesen, dass Vertreter der öffentlichen Hand in früheren Konfliktsituationen emotional reagiert hätten – ein Hinweis offenbar in dem Sinne, eigene Emotionen zu rechtfertigen. Der neutrale Ansatz, Emotionen im Zusammenhang mit der Realisierung eines Endlagers zu beleuchten und durchaus auch positiv zu würdigen, hat sich nicht allen Teilnehmerinnen und Teilnehmern – möglicherweise vor dem Hintergrund früherer Erfahrungen und Sichtweisen – erschlossen. Der Vertrauensverlust in der Vergangenheit führte bei einzelnen dazu, dass auch dieser wissenschaftlichen Veranstaltung sofort mit Misstrauen begegnet wurde. Die Braunschweiger Zeitung überschrieb ihren differenzierten und anschaulichen Bericht von der Veranstaltung mit der positiven, fortschrittlichen Konnotation „Bürger-Wut ist konstruktiv“.[67]

*

67 *Kaufmann,* Braunschweiger Zeitung v. 9.7.2016, S. 2.

Zu den Beiträgen dieses Bandes:

Die Auseinandersetzung um die Kernenergie war immer auch eine – überwiegend zurückhaltend – emotionale. Den Kritikern der Atomenergie allerdings wurde – so CHRISTIAN GÖTTER – von zwei Seiten eine besondere Emotionalität zugeschrieben: einerseits von den Befürwortern der Kernkraft, die so bestrebt waren, die Position ihrer Gegner als unsachlich, was den Beigeschmack der Illegitimität haben sollte, abzuwerten; andererseits von Personen, die sich als Repräsentanten der Kritiker verstanden und die auf diese Weise versuchten, die Legitimität ihres eigenen Tuns zu untermauern. Tatsächlich aber trennten die Befürworter und Kritiker der Kernenergie nicht ihre ‚Emotionalität' oder ‚Sachlichkeit', sondern die Frage, ob sie sich in der Lage sahen, den Betreibern der kerntechnischen Anlagen sowie den für Genehmigungen und Aufsicht zuständigen Behörden zu vertrauen – oder eben nicht. Die Debatten um die Kernenergie im Biblis der 1970er Jahre können dies beispielhaft zeigen.

Der Beitrag von BARBARA THIES, MELANIE MISAMER und FLORIAN HENK resümiert psychologische Einflussfaktoren auf Protestbereitschaft und -verhalten. Einige dieser Faktoren wurden in der bisherigen Forschung verhältnismäßig ausführlich betrachtet (z. B. Identität und Emotion), lieferten dabei aber auch, obwohl als grundlegend erachtet, z. T. widersprüchliche Ergebnisse (z. B. Persönlichkeit). Andere Faktoren wiederum fanden bisher nur wenig Beachtung, könnten jedoch zur Erklärung von Protestverhalten einen wichtigen Beitrag liefern (z. B. Vertrauen oder machtdynamische Prozesse). Nach einem Exkurs in das Handlungsfeld nuklearer Energien wird die Wichtigkeit projekt- bzw. themenspezifischer Analysen, aber auch der Einbezug gesellschaftlicher Wandlungsprozesse (z. B. das Phänomen ‚not in my backyard') betont. Die anschließende Zusammenschau unterstreicht auf Basis eigener Forschung u. a. die Idee einer differenzierten Betrachtung von soziodemografischen, personalen und situationalen Aspekten zur Erklärung von Protestverhalten sowie die Relevanz der (subjektiv erlebten) Beteiligung von Bürgerinnen und Bürgern an Entscheidungsprozessen.

Trotz einer zunehmenden Thematisierung von Emotionen in Politik und Politikwissenschaft, bleibt deren Bedeutung für den vorderhand besonders emotionsgeladenen Konflikt um die Endlagerung radioaktiver Abfälle bislang eher unterbelichtet. Eine differenzierte Analyse der emotionalen Dimension dieses Konflikts kann einen wichtigen Beitrag zu seiner politischen Bearbeitung leisten. BASIL BORNEMANN verfolgt in seiner Analyse zwei Ziele: eine konzeptionelle Klärung der Bedeutung von Emotionen in Umwelt- und Technikkonflikten sowie eine Präzisierung des Verhältnisses von Emotionen und Ansätzen der politischen Partizipation, die im Zusammenhang mit der Bearbeitung des Konflikts um die Endlagerung radioaktiver Abfälle immer wieder gefordert werden. Zunächst werden einige allgemeine Koordinaten einer politikwissenschaftlichen Emotionsanalytik bestimmt. Anschließend wird ein analytischer Bezugsrahmen zur differenzierten Analyse von Umwelt- und Technikkonflikten und der Bedeutung von Emotionen in solchen Konflikten vorgeschlagen. Sodann wird nach den möglichen funktionalen und dysfunktionalen Beiträgen von Emotionen in bzw. für politische Partizipationsverfahren gefragt. Der Beitrag schließt mit einigen Überlegungen zum weiteren wissenschaftlichen und politischen Umgang mit Emotionen in der Endlagersuche.

Ausgehend von der Gemengelage aus Kernenergie, Atommüll, Recht und Emotionen, die in einschlägigen rechtswissenschaftlichen Publikationen bisher nur selten und wenn dann eher schemenhaft angesprochen worden ist, beleuchtet ULRICH SMEDDINCK zunächst den Stellenwert von Emotionen als Thema in Recht und Rechtswissenschaft generell. Im Anschluss wird an die nach wie vor wirkungsmächtige Idee des rationalen Staates als Erklärungsmuster für nicht (nachhaltig) konfliktlösende Entscheidungen erinnert, ehe der Wechsel der Leitbilder für die Konfliktregulierung thematisiert wird, der Rechtswissenschaft, Gesetzgebung und Rechtspraxis weiterhin beschäftigt. Es werden die durchaus fortschrittlichen Möglichkeiten zur Berücksichtigung von Emotionen im Standortauswahlgesetz vorgestellt und es wird nach der Lösung des historischen Konflikts um die friedliche Nutzung der Kernenergie gefragt. Schließlich richtet der Beitrag noch den Blick auf den bisher wenig erörterten Aspekt der Bedeutung von Emotionen in der Organisation des Endlager-Betriebs.

Empörungsgefühle und Haltungen sowie deren Ausdruck in Sprechakten oder Protesthandlungen nehmen im Bereich des Sozialen und Politischen eine besondere Stellung ein, weil sie als Kritikformen öffentlich geäußerte Formen normativer Stellungnahmen darstellen. Der negative Charakter der Empörung, die auf Verletzungen von normativen Erwartungen reagiert, ist häufig klarer identifizierbar und öffentlich sichtbarer, als normative Zustimmungen oder Indifferenz.

Die philosophische Analyse der Empörung von ANNE REICHOLD untersucht begrifflich und argumentationstheoretisch die normativ-rationalen Strukturen von Empörungshaltungen. Empörung wird als Reaktion auf empfundene Verletzungen von (häufig impliziten) Normen und normativen Erwartungen interpretiert. Die philosophische Analyse der Empörung macht die jeweiligen Bezugsnormen der empörten Personen oder Gruppen explizit und erlaubt so eine Beschreibung unterschiedlicher normativer Standpunkte und Haltungen in Bezug auf gesellschaftliche Kontroversen. Die Explikation der normativen und begrifflichen Struktur der Empörung legt dann die Grundlage für eine Bewertung sowohl der Gegenstände der Empörung als auch der Empörungshaltungen und -äußerungen selbst. Diese philosophische Analyse der Empörung trägt dazu bei, normative Standpunkte und Kontroversen im Kontext gegenwärtiger politischer Debatten um die Endlagerung von Atommüll in öffentlichen Debatten zu identifizieren und normativ zu bewerten.

Lange Zeit herrschte in Japan der Glaube, dass ein schwerer Atomunfall im eigenen Land unmöglich sei. Auf Grund der strengen Sicherheitsvorschriften auf hohem Niveau sowie der exzellenten japanischen Technologie könnte eine hundertprozentige Sicherheit in den japanischen AKWs gewährleistet werden. 2011 wurde dieser Aberglaube widerlegt, als ein Erdbeben der Stärke neun die veralteten Vorschriften und unzureichenden Sicherheitsmaßnahmen bei einem Ernstfall offenlegte. NICOLE TERNE betrachtet diesen Mythos der nuklearen Sicherheit ein wenig genauer. Dabei stellt sie die Frage in den Vordergrund, wie es der japanischen Regierung gelingen konnte, trotz der Erlebnisse der Atombombenabwürfe 1945 eine pro-nukleare Einstellung innerhalb der japanischen Gesellschaft zu fördern und den Glauben an den Sicherheitsmythos über viele Jahrzehnte hinweg aufrecht zu erhalten. Bei näherer Betrachtung kommt man dabei um das Schlagwort „Atomdorf“ nicht herum, welches vor allem nach 2011 auch außerhalb Japans stark diskutiert wurde und hier vorgestellt werden soll. Mit Hilfe von Beispielen bekannter und weniger bekannter nuklearer Zwischenfälle in Japan, sowie der Reaktion der verantwortlichen Stellen darauf, sollen die Geschehnisse in Japan seit 1945 verdeutlicht werden.

Literaturverzeichnis

Bebber, Werner van, Altmeister der Wahlkämpfe, Der Tagesspiegel v. 27.1.2015, S. 6.

Bode, Sabine, Kriegsspuren – Die deutsche Krankheit *German Angst,* Stuttgart 2016.

Bornemann, Basil/Ulrich Smeddinck, Anstößiges Anstoßen? – Kritische Beobachtungen über Nudging im deutschen Kontext, ZParl 2016, 437 ff.

Brunnengräber, Achim, Die atompolitische Wende – Paradigmenwechsel, alte und neue Narrative und Kräfteverschiebungen im Umgang mit radioaktiven Abfällen, in: Hrsg. Achim Brunnengräber, Problemfalle Endlager – Gesellschaftliche Herausforderungen im Umgang mit Atommüll, Baden-Baden 2016, S. 13 ff.

Brunnengräber, Achim/Peter Hocke, Bewegung Pro-Endlager? Zum soziotechnischen Umgang mit hochradioaktiven Reststoffen, FJSB 4/2014, 59 ff.

Budde, Heinz, Gesellschaft der Angst, Hamburg 2014.

Bürger, Manfred/Michael Buck/Georg Pohlner/Jörg Starflinger, Lernen aus der Katastrophe, in: Hrsg. bpb, Ende des Atomzeitalters? Von Fukushima in die Energiewende, Bonn 2012, S. 39 ff.

Ciompi, Luc/Elke Endert, Gefühle machen Geschichte – Die Wirkung kollektiver Emotionen – von Hitler bis Obama, Göttingen 2011.

Di Nucci, Maria Rosaria, NIMBY oder IMBY – Akzeptanz, Freiwilligkeit und Kompensationen in der Standortsuche für die Endlagerung radioaktiver Abfälle, in: Hrsg. Achim Brunnengräber, Problemfalle Endlager – Gesellschaftliche Herausforderungen im Umgang mit Atommüll, Baden-Baden 2016, S. 119 ff.

Dolde, Klaus-Peter, Neue Formen der Bürgerbeteiligung? NVwZ 2013, 769 ff.

Eichstädt, Tilman, Den Populisten mit Emotionen begegnen, Der Tagesspiegel v. 13.12.2016, S. 10.

Eidenmüller, Horst, Liberaler Paternalismus, JZ 2011, 814 ff.

Franck, Georg, Lasst uns alle Feinde sein, v. 12.2.2017, S. 7.

Frankenberg, Günter, Staatstechnik – Perspektiven auf Rechtsstaat und Ausnahmezustand, Berlin 2010.

Frevert, Ute, Was haben Gefühle in der Geschichte zu suchen? Geschichte und Gesellschaft 2009, 183 ff.

Funke, Joachim/Daniel Holt, Zur Rationalität von Emotionen beim Problemlösen – Eine psychologische Perspektive, in: Hrsg. Arno Scherzberg/u. a., Kluges Entscheiden, Tübingen 2006, S. 77 ff.

Gabriel, Markus, „Eine Reise durch das Unendliche“, Interview mit Markus Gabriel, Der Spiegel 27/2013, 122 ff.

Gassert, Philipp, Popularität der Apokalypse: Überlegungen zu einer Kulturgeschichte der Nuklearangst seit 1945, in: Hrsg. bpb, Ende des Atomzeitalters? Von Fukushima in die Energiewende, Bonn 2012, S. 127 ff.

Gigerenzer, Gerd, Risiko – Wie man die richtigen Entscheidungen trifft, 3. Aufl., München 2013.

Greiner, Bernd, Angst als Emotion und Instrument – Beobachtungen zu einem nervösen Zeitalter, in: Hrsg. Anselm Doering-Manteuffel/Bernd Greiner/Oliver Lepsius, Der Brokdorf-Beschluss, Tübingen 2015, S. 61 ff.

Grunwald, Armin, Der lange Weg zum Konsens, PÖ 2016, 124 ff.

Hertel, Wolfram/Christoph-David Munding, „Frühe Öffentlichkeitsbeteiligung" bei der Planung von Großvorhaben, NJW 2012, 2622 ff.

Hilbk, Merle, Die Versöhnung, Der Spiegel 19/2013, 48 f.

Hof, Hagen, Rechtsethologie – Recht im Kontext von Verhalten und außerrechtlicher Verhaltensregelung, Heidelberg 1996.

Hoffmann-Riem, Wolfgang, Rechtsformen, Handlungsformen, Bewirkungsformen, in: Hrsg. Wolfgang Hoffmann-Riem/Eberhard Schmidt-Aßmann/Andreas Voßkuhle, Grundlagen des Verwaltungsrechts, 2. Aufl., München 2012, § 33.

Honneth, Axel, Kampf um Anerkennung – Zur moralischen Grammatik sozialer Konflikte, 8. Aufl., Berlin 2014.

Illouz, Eva, Lieben bis zum Abwinken, Die Zeit v. 9.10.2014, S. 55.

Jessen, Jens, Warnung! Dieser Artikel kann Gefühle der Kränkung auslösen, Die Zeit v. 6.10.2016, S. 41 ff.

Joas, Hans, „Ängste stehen in Deutschland sofort unter Verdacht", Interview mit Hans Joas, FR v. 27.11.2015, S. 30 f.

Kalmbach, Karena, Revisiting the nuclear age – State of the art research in nuclear history, Neue Politische Literatur 2017, 49 ff.

Kara, Stefanie/Alina Schadwinkel, Was uns zittern lässt, Die Zeit v. 28.1.2016, S. 21.

Kaufmann, Johannes, Bürger-Wut ist konstruktiv, Braunschweiger Zeitung v. 9.7.2016, S. 2.

Korte, Karl-Rudolf, Mit uns gähnt die neue Zeit, Der Tagesspiegel v. 24.2.15, S. 14.

Landweer, Hilge/Dirk Koppelberg (Hrsg.), Recht und Emotion I: Verkannte Zusammenhänge, Freiburg/München 2016.

Landweer, Hilge/Fabian Bernhardt (Hrsg.), Recht und Emotion II: Sphären der Verletztlichkeit, Freiburg/München 2017.

Landweer, Hilge/Dirk Koppelberg, Der verkannte Zusammenhang von Recht und Emotion, in: Hrsg. Hilge Landweer/Dirk Koppelberg, Recht und Emotion I: Verkannte Zusammenhänge, Freiburg/München 2016, S. 13 ff.

Lehming, Malte, Das Wort des Jahres ist „postfaktisch", Der Tagesspiegel v. 10.12.2016, S. 1.

Link, Christoph, „Gorleben hat massiv Vertrauen zerstört", Interview mit Klaus Toepfer, Stuttgarter Nachrichten v. 10.7.2017, http://www.stuttgarter-nachrichten.de/inhalt.klaus-toepfer-im-interview-gorleben-hat-massiv-vertrauen-zerstoert.633e2ca3-aac3-49b6-9b6a-8fc12eb33ae5.html, Zugriff am 1.12.2017.

Maaz, Hans-Joachim, Das falsche Leben – Ursachen und Folgen unserer normopathischen Gesellschaft, München 2017.

Mann, Thomas, Großvorhaben als Herausforderung für den demokratischen Rechtsstaat, VVDStRL 2013, 544 ff.

Marti, Michèle, Risikoansichten, ENTRIA-Arbeitsbericht-05, Zollikerberg 2016.

Michel, Rolf, Strahlenschutz und Risikowahrnehmung, Beitrag zur 19. LPS Sommerschule, 22.6.–26.6.2015, https://www.irs.uni-hannover.de/uploads/tx_tkpublikationen/151112_Michel_Strahlenschutz_Risikowahrnehmung_03.pdf, Zugriff am 5.12.2017

Middeldorf, Annika, Gefühlte Welten erkunden, Der Tagesspiegel v. 11.7.2015, S. B 1.

Nanz, Patricia/Claus Leggewie, Die Konsultative – Mehr Demokratie durch Bürgerbeteiligung, Berlin 2016.

Nussbaum, Martha C., Politische Emotionen, Berlin 2014.

Plamper, Jan, Geschichte und Gefühl – Grundlagen der Emotionsgeschichte, München 2012.

Pörksen, Bernhard, Die postfaktische Universität, Die Zeit v. 15.12.2016, S. 70.

Radkau, Joachim, Geschichte der Zukunft – Prognosen, Visionen, Irrungen in Deutschland von 1945 bis heute, Berlin 2017.

Renn, Ortwin, Das Risikoparadox – Warum wir uns vor dem Falschen fürchten, 3. Aufl., Frankfurt/M. 2014.

Richardt, Johannes, Bastelanleitung für den braven Bürger, Novo Argumente 119/2015, 23 ff.

Roedig, Andrea, Bitte recht freundlich, Der Tagesspiegel v. 22.12.2016, S. 23.

Roose, Jochen, Der endlose Streit um die Atomenergie – Konfliktsoziologische Untersuchung einer dauerhaften Auseinandersetzung, in: Hrsg. Peter H. Feindt/Thomas Saretzki, Umwelt- und Technikkonflikte, Wiesbaden 2010, S. 79 ff.

Ropohl, Günther, Technologische Aufklärung, Frankfurt/M. 1991.

Roßnagel, Alexander/Christoph Ewen/Konrad Götz/Tomas Hefter/Anja Hentschel/Antonia Huge/Carla Schönfelder, Mit Interessengegensätzen fair umgehen, ZNER 2014, 329 ff.

Roth, Gerhard/Nicole Strüber, Wie das Gehirn die Seele macht, Stuttgart 2014.

Rüb, Friedbert W., Multiple-Streams-Ansatz – Grundlagen, Probleme und Kritik, in: Hrsg. Klaus Schubert/Nils Bandelow, Politikfeldanalyse 2.0, Berlin 2008, S. 348 ff.

Rüb, Friedbert W., Rapide Politikwechsel in der Demokratie – Gründe, Akteure, Dynamiken und Probleme, in: Hrsg. Jens Kersten/Gunnar Folke Schuppert, Politikwechsel als Governanceproblem, Baden-Baden 2012, S. 15 ff.

Rudolph, Hermann, Von der eigenen Moral begeistert, Der Tagesspiegel v. 26.7.2017, S. 21.

Schaal, Gary S., Politik der Gefühle – Zur Rolle von Emotionen in der Demokratie, APuZ 2013, Download, S. 1 ff., http://www.bpb.de/apuz/165744/zur-rolle-von-emotionen-in-der-demokratie?p=all, Zugriff am 3.1.2018.

Schnabel, Ulrich, Große Koalition des Mitgefühls, Die Zeit v. 10.11.2015, S. 33.

Schuppert, Gunnar Folke, Zwischen Freiheit und Bevormundung – Das Konzept des libertären Paternalismus aus governancetheoretischer Perspektive, in: Hrsg. Utz Schliesky/Christian Ernst/Sönke E. Schulz, Die Freiheit des Menschen in Kommune, Staat und Europa, Heidelberg 2011, S. 291 ff.

Schwab, Joachim, Frühe Öffentlichkeitsbeteiligung und behördliche Genehmigungsverfahren, UPR 2014, 281 ff.

Schwenger, Hannes, Der deutsche Furor, Der Tagesspiegel v. 23.11.2015, S. 21.

Skidelsky, Robert/Edward Skidelsky, Wieviel ist genug? Vom Wachstumswahn zu einer Ökonomie des guten Lebens, München 2013.

Smeddinck, Ulrich, Innovative Ansätze im Umweltrecht – Standortauswahlgesetz und Nudge-Ansatz: rechtswissenschaftliche Forschung zu Emotionen und Verhalten als Perspektive, in: Hrsg. Wolfgang Hoffmann-Riem, Innovationen im Recht, Baden-Baden 2016, S. 403 ff.

Smeddinck, Ulrich, Umgang mit Ungewissheit bei der Realisierung eines Endlagers für Atommüll – resilient reguliert? in: Hrsg. Hermann Hill/Utz Schliesky, Management von Unsicherheit und Nichtwissen, Baden-Baden 2016, S. 147 ff.

Smeddinck, Ulrich, Die Fortentwicklung des StandAG – Novellierungen, Beispiele, Reflektionen, EurUP 2017, 195 ff.

Smeddinck, Ulrich/Ulf Roßegger, Partizipation bei der Entsorgung radioaktiver Reststoffe – unter besonderer Berücksichtigung des Standortauswahlgesetzes, NuR 2013, 548 ff.

Stender-Vorwachs, Jutta, Stärkung der Bürgerbeteiligung bei der Vorhabenplanung, NdsVBl. 2015, 153 ff.

Sunstein, Cass R., Gesetze der Angst, Frankfurt/M. 2007.

Thaler, Richard H./Cass R. Sunstein, Nudge – Wie man kluge Entscheidungen anstößt, Berlin 2009.

Troitzsch, Ulrich, Technik- und Umweltgeschichte, in: Hrsg. Hans-Jürgen Goertz, Geschichte – Ein Grundkurs, 3. Aufl., Reinbek 2007, S. 431 ff.

Verheyen, Nina, Geschichte der Gefühle, oO 2010, https://docupedia.de/zg/Geschichte_der_Gef%C3%BChle, Zugriff am 3.1.2018.

Völz, Johannes, Die bedrohliche Welt steckt voller Möglichkeiten, FAZ v. 5.4.2016, S. 11.

Weisker, Albrecht, Powered by Emotion? Affektive Aspekte in der westdeutschen Kernenergiegeschichte zwischen Technikvertrauen und Apokalypseangst, in: Hrsg. Franz-Josef Brüggemeier/Jens Ivo Engels, Natur- und Umweltschutz nach 1945 – Konzepte, Konflikte, Kompetenzen, Frankfurt/New York 2005, S. 203 ff.

Wolpert, Lewis, Anatomie der Schwermut – Über die Krankheit Depression, München 2008.

Ziekow, Jan, Frühe Öffentlichkeitsbeteiligung – Der Beginn einer neuen Verwaltungskultur, NVwZ 2013, 754 ff.

Christian Götter

Emotionen als Argument
– Die Debatte um die Kernenergie im Biblis der 1970er Jahre

Inhaltsverzeichnis

In den 1970er Jahren beherbergte die hessische Gemeinde Biblis das größte Kernkraftwerk der BRD. Zeitweise hielt der dortige Reaktor sogar globale Rekorde. Die Kernenergie war in den lokalen Zeitungen, die um Biblis herum erschienen, immer wieder Thema. Die entsprechenden Äußerungen konnten äußerst emotional werden. So hieß es im März 1979 in einem Leserbrief an die Südhessische Post, der sich auf die in Gorleben geplante Wiederaufbereitungsanlage – und somit das Herzstück des geplanten Brennstoffkreislaufs in der BRD – bezog:

> Es ist mir ein dringendes Anliegen, zur hitzigen Diskussion über die geplante atomare Wiederaufbereitungsanlage in Gorleben (Niedersachsen) einige Bemerkungen zu machen. […] In Gorleben soll die größte und teuerste Industrieanlage in der Geschichte Europas gebaut werden! Für 15 Milliarden (!!) DM soll dort die gigantischste und gefährlichste Fabrik in unseren Breiten entstehen. Hier geht es um Dimensionen, die weit außerhalb unseres Vorstellungsvermögens liegen. So wäre ein großer atomarer Unfall in Biblis, der ‚nur' alles menschliche Leben im Umkreis von ca. 30 Kilometern vernichtet, harmlos gegen eine vergleichbare Katastrophe in Gorleben: Bei einer derartigen Katastrophe werden weite Teile Mitteleuropas (!!) zu einer verseuchten, unbewohnbaren Wüste. […] Das steht auf dem Spiel!![1]

Der Text ist ganz eindeutig emotional aufgeladen, Wut und Angst sind unübersehbare Elemente der hier geäußerten Kritik an der Kernenergie.

Dass Angst vor der Kernenergie ein Hemmnis für ihren Ausbau werden würde, war den Befürwortern der Technologie von Beginn an klar gewesen. Ängste vor der Atomtechnologie hatten sich bereits in den Kampagnen gegen Atomwaffen politisch manifestiert und zu Reaktionen seitens der Politik geführt, die hier ganz dezidiert Emotionen am Werk sah – in einer Frage, die eigentlich Teil des rationalen Denkens sein sollte, als das die Strategie des Kalten Krieges galt.[2] Als dann Ende der 1950er Jahre das zivile deutsche Kernenergieprogramm Gestalt anzunehmen begann, bestanden führende deutsche Wissenschaftler darauf, dieses als etwas fundamental anderes als die Atomwaffen zu betrachten.[3] Mit Blick auf die zivile Kernenergie schrieb nun *Carl Friedrich von Weizsäcker,* einer der führenden Kernphysiker der Bundesrepublik, man dürfe angesichts der neuen Technologie keine übertriebene Angst haben – auch wenn sie, wie jede Technologie, Gefahren berge.[4] Zwanzig Jahre später waren Kernkraftwerke in der Bundesrepublik mehr als umstritten. An geplanten Reaktorstandorten wie Wyhl oder Brokdorf fanden regelrechte Schlachten zwischen Gegnern der Kernenergie und der Polizei statt. Im Februar 1977 warnte von Weizsäckers Bruder, der CDU-Politiker und spätere Bundespräsident *Richard von Weizsäcker,* in der Wormser Zeitung, man müsse

1 *Kandler, Harald,* Gipfel des Wahnsinns! Südhessische Post, 26.3.1979 (Leserbrief).

2 *van Lente* (2012), in: Hrsg. van Lente, S. 1–17, hier S. 12–15; *Erickson* u. a. (2013), S. 183–188.

3 Beachte das Göttinger Manifest, https://www.uni-goettingen.de/de/text-des-g%C3%B6ttinger-manifests/54320.html (Zugriff am 23.8.2016).

4 *von Weizsäcker* (1957), S. 109–111.

verhindern „daß die öffentliche Meinung im Gewirr von irrationaler Urangst und gesundem Sinn völlig durcheinander gerät".[5]

Der Emotionalität, der Angst der Kritiker der Kernenergie, setzten die Befürworter also vor allem Rationalität entgegen. Dieser Eindruck scheint in der historischen Forschung zu Emotionen und Kernenergie bestätigt zu werden. Das wesentliche Werk zum Thema ist nach wie vor eine Arbeit des US-amerikanischen Physikhistorikers *Spencer Weart* über ‚Nuclear Fear'. Es wurde ursprünglich nach Tschernobyl, 1988, verfasst und nach Fukushima neu aufgelegt. In ihm spürt der Autor den mit der Kernenergie verbundenen Emotionen und Bildern nach und stellt von den USA ausgehend für die Zeit von den 1960er Jahren an fest: „For many young people nuclear weapons and reactors seemed horrid because, well, somehow anything nuclear was just bad, wasn't it?"[6] Die Angst vor der Kernenergie verhinderte und verhindert demnach den rationalen Umgang mit ihren Potentialen. *Joachim Radkau* meint in seiner – 2013 in einer aktualisierten Fassung erneut aufgelegten – Habilitationsschrift aus dem Jahr 1983 mit Blick auf die Anti-Atom-Bewegung: „Latente Gefahren und latente Ängste, die es seit langem gab, wurden zur Geschichte. Insofern ist die Atomkraft in der Tat zum negativen Symbol geworden."[7] Auch andere Historiker betonen die Verbindung zwischen Kernenergie und Angst, so etwa *Frank Schumacher,* der die Angst vor Reaktoren in derjenigen vor den Kernwaffen wurzeln sieht,[8] während *Philipp Gassert* die Frage aufwirft, warum Kernwaffen im Allgemeinen stärkere Ängste zu schüren scheinen als Kernreaktoren – und als hypothetische Antwort auf „eine gewisse Alltagsnormalität" der Kernkraftwerke verweist.[9] *Albrecht Weisker* meint, in den 1970er Jahren sei in der BRD um die Kernenergie herum eine Atmosphäre der Angst vor der atomaren Apokalypse und Krebs entstanden, die ihre Gegner in der Breite mobilisiert habe.[10]

Im folgenden Aufsatz vertrete ich dagegen erstens die These, dass Emotionalität – hier insbesondere fokussiert auf eine starke, sozusagen die Vernunft vernebelnde Angst – in lokalen Debatten über die Kernenergie in den 1970er Jahren zwar durchaus vorkam, dass sie in der Mehrheit der Fälle aber eine Zuschreibung von außen war. Diese wurde nicht zuletzt von Kernkraftbefürwortern eingesetzt, um Aussagen von Kernkraftgegnern als unsachlich darstellen und ihnen so ihre Legitimation entziehen zu können.[11] Hinzu kam, dass es auch Kernkraftgegner gab, die die Emotionalität anderer Kritiker der Technologie betonten – namentlich handelte es sich hier um die Sprecher institutionalisierter Gruppen, die ihr eigenes

5 *von Weizsäcker, Dr. Richard,* Nicht länger ausweichen! Zur Diskussion um die Kernenergie, Wormser Zeitung, 5.2.1977.

6 *Weart* (2012), S. 263.

7 *Radkau* (1983), S. 474.

8 *Schumacher,* Sozialwissenschaftliche Informationen 2001, S. 63–71, hier S. 71.

9 *Gassert,* APuZ 2011, S. 48–54, besonders S. 49.

10 *Weisker* (2003), in: Hrsg. Frevert, S. 394–421, hier S. 410 f.

11 *Matthias Jung* zeigt, dass deutsche Kernkraftgegner von den frühen 1970ern an letztlich aus diesem Grund möglichst sachlich auftraten – um zu verhindern, dass sie als fortschrittsfeindliche Ideologen galten, *Jung* (1994), 84–87.

Handeln legitimieren wollten, indem sie die starken Emotionen derer anführten, in deren Namen sie zu sprechen angaben. Demgegenüber blieben die genuinen emotionalen Aussagen von Kernkraftkritikern vergleichsweise selten und in den meisten Fällen eher gedämpft emotional. Sie bezeichneten sich selbst eher als ‚besorgt' oder ‚beunruhigt' und führten – um mit den Worten der Quellen zu sprechen – vor allem ‚sachliche' Argumente an, um ihre Position zu untermauern.[12]

Meine zweite These knüpft an diese erste an: So war es nicht der Unterschied zwischen ängstlich-emotionalen Menschen einerseits und rationalen Menschen andererseits, der Kernkraftgegner von Kernkraftbefürwortern trennte, sondern die Frage, ob sich die einzelnen Personen in der Lage sahen, den Kernkraftwerksbetreibern und den zuständigen Aufsichts- und Genehmigungsbehörden zu vertrauen oder nicht. Vertrauen verstehe ich dabei mit *Niklas Luhmann* als einen ‚Mechanismus der Reduktion sozialer Komplexität', der Akteuren in ihrer Gegenwart hilft, Entscheidungen über komplexe Fragen in der für sie offenen Zukunft zu treffen, indem sie dem Urteil akzeptierter Fachleute folgen (diesen also vertrauen). Dieses Vertrauens konnten sich die entsprechenden Stellen aus Sicht der Vertrauenden dann in konkreten Situationen als würdig oder eben unwürdig erweisen, was zu Veränderungen im zukünftig zugebilligten Vertrauen führen konnte.[13]

Die hier vorgestellten Überlegungen sind ein Auszug aus meinem aktuellen Forschungsprojekt zur Wahrnehmung der Kernenergie an ausgewählten Standorten von Kernkraftwerken in der BRD und in Großbritannien. Da sich das Projekt noch in der Phase der Materialsammlung befindet, hat dieser Beitrag einen explorativen Charakter. Inhaltlich konzentriere ich mich im Folgenden auf die lokalen Debatten über Kernenergie im hessischen Biblis der 1970er Jahre, namentlich auf den massenmedialen Teil dieser Debatten. Als Quellen dienen dabei vor allem die vier wichtigsten Lokalzeitungen vor Ort, das Darmstädter Echo, der Mannheimer Morgen, die Südhessische Post und die Wormser Zeitung.[14]

Wenn in den medialen Debatten zur Kernenergie in Biblis von ‚Angst' die Rede war, dann wurde, wie bereits angedeutet, in aller Regel nicht von jemandem, sondern über jemanden gesprochen. Zum einen waren es dabei die organisierten Kernkraftkritiker und Umweltverbände, die das Wort im Munde führten. *Eduard Bernhard* vom BUND sprach wiederholt über „[d]ie Ängste und Sorgen der Bevölkerung",[15] um seinem Auftreten Gewicht zu verleihen, und *Wolfgang Staab* vom BUND-Landesverband Rheinland-Pfalz äußerte sich in einem

12 Siehe auch unten, Fußnote 60.

13 *Luhmann* (1968), besonders S. 9 f., 23–36. *Ute Frevert* verweist zwar darauf, dass letztlich auch Vertrauen ein Gefühl sei, dies ist für die von mir vertretene These jedoch nicht von Belang, da sich diese auf die Konsequenzen eines auf konkrete Handlungen gegründeten Vertrauensbruchs im Unterschied zur in den Debatten vorgenommenen Zuweisung von Emotionalität oder Rationalität als Ursache für die jeweilige Haltung zur Kernenergie bezieht, *Frevert* (2013); ähnlich, bei anderer Herangehensweise, auch bereits *Cohen* (1980), in: Hrsg. Deutsch/Markovits, S. 29–58.

14 Die hier zitierten Artikel entstammen einer Sammlung von Zeitungsausschnitten zum Thema Kernenergie, die im Bibliser Rathaus angelegt wurde und im Gemeindearchiv archiviert ist.

15 OS, ‚Das Recht auf Leben und Gesundheit'. Radfahr-Sternfahrt zum Kernkraftwerk Biblis, Darmstädter Echo, 7.5.1979.

Leserbrief an die Wormser Zeitung von 1974 entsprechend.[16] Auch der Journalist *Hans Wüllenweber* beobachtete andere, als er über einen Prozess um Pannen im Kernkraftwerk Würgassen berichtete, die zahlreichen Zwischenfälle hätten „[d]ie Sorgen der Menschen [...] bis zur Angst gesteigert".[17]

Zum zweiten waren es die Befürworter der Kernkraft, die sich in den Bibliser Debatten über Kernenergie zum Thema Angst äußerten, namentlich wenn sie über ihre Kritiker sprachen, denen sie Ängstlichkeit, Hysterie oder schlicht aus ihrer Sicht unangebrachte Emotionalität attestierten. Ein Beispiel hierfür ist *Prof. Dr. Heinrich Mandel.* Er war langjähriges Vorstandsmitglied der Betreiberin des Bibliser Kernkraftwerks, der Rheinisch-Westfälischen Elektrizitätswerke AG (RWE), später auch Präsident des Deutschen Atomforums, und gilt als einer der wesentlichen Verfechter der zivilen Nutzung der Kernenergie seiner Zeit. Schon 1971 meinte er mit Blick auf 16.000 Einwendungen gegen ein Kernkraftwerk bei Bad Breisig, dass dahinter der ‚Weltbund zum Schutze des Lebens' stehe, der „ausschließlich die Emotionen der Bevölkerung anheizen" wolle. „Es sei fast unmöglich, mit rationalen Argumenten gegen diese aufgeputschten Emotionen zu streiten", fasste der Mannheimer Morgen seine Klage zusammen.[18] Ein Jahr später schrieb die Südhessische Post mit Blick auf die Bauarbeiten in Biblis: „Die Bauleute betrachten sich [...] gewissermaßen als Pioniere, um die vielerorts genährte Umwelthysterie wieder in sachliche Bahnen zu lenken."[19] Auf einer Diskussion mit einem Bauernverband aus dem Biblis am anderen Rheinufer gegenüberliegenden Worms mit, wie das Darmstädter Echo beobachtete, „temperatmentgeladenen Höhepunkten", warf der Bibliser Bürgermeister *Josef Seib* den Kernenergiekritikern 1974 vor, sie seien „fanatisch wie die Zeugen Jehovas".[20] Drei Jahre später meinte der Mannheimer Morgen:

> Wer übertreibt, wird unglaubhaft. Der ‚Bundesverband Bürgerinitiativen Umweltschutz' hat der Öffentlichkeit zwei Untersuchungen des Instituts für Reaktorsicherheit vorgelegt, die jedermann das Gruseln lehren sollen. Diese wissenschaftlichen Arbeiten sollen angeblich beweisen, daß die halbe Bevölkerung der Bundesrepublik mit einer tödlichen Strahlendosis zu rechnen habe, wenn die Kühlung auch nur an einem Tank für Brennelemente oder Abfallösungen in Aschendorf[21] ausfalle [...]. Die Nütz-

16 *Staab, Wolfgang,* Katastrophenpläne lesen, Wormser Zeitung, 27.4.1974 (Leserbrief).

17 *Wüllenweber, Hans,* Prozeß um ‚Kettenreaktion der Pannen'. Juristen beschäftigen sich mit Kernkraftwerk Würgassen/Anwohner verlangt: Nie wieder in Betrieb nehmen, Mannheimer Morgen, 19.9.1974.

18 WM, Umweltschützer rücken dem Atom zu Leibe. Immer schärfere Proteste gegen Kernkraftwerke/RWE warnt vor Hysterie, Mannheimer Morgen, 14.10.1971.

19 LH, Zur Zeit größte Kernkraftwerke des Kontinents. Aber Biblis ist nur eine Etappe – Schon an das nächste Jahrzehnt gedacht, Südhessische Post, 27.7.1972.

20 K, Umweltschäden durch Atomenergie? Aktionsgemeinschaft Umweltschutz diskutierte mit RWE-Vertretern über Kernkraftwerk, Darmstädter Echo, 31.1.1973.

21 Der niedersächsische Kreis Aschendorf-Hümmling war als ein möglicher Standort für das geplante nukleare Entsorgungszentrum in den 1970er Jahren im Gespräch, siehe z. B. Widerstand. ‚Wir gehen in die Pilze'. Wohin mit dem Atommüll?, Die Zeit, 12.11.1976, http://pdf.zeit.de/1976/47/wir-gehen-in-die-pilze.pdf (Zugriff am 15.6.2016).

lichkeit von Bürgerinitiativen soll nicht heruntergespielt werden [...], aber die Vorkämpfer dieser Bewegung stehen langsam in der Gefahr, der Sektiererei zu verfallen [...]. Schlimm genug, daß wir uns in unserer Energienot mit Kernkraftwerken einlassen, aber sie zum Gespenst des Jahrtausends hinaufzustilisieren, das macht sie ja eher noch interessant. Also bitte keine gruselhafte Atomromantik, sondern reale Betrachtung, sie ist schon unangenehm genug.[22]

Etwa zeitgleich wandte sich ein Kernkraftkritiker in einem Leserbrief im Darmstädter Echo an einen Befürworter der Technologie und formulierte: „Zeigen Sie mir einen Landwirt im Ried, der beim Anblick der Atomkraftwerke in Biblis in Freudentränen ausbricht. Zeigen Sie mir einen Landwirt in Wyhl, Brokdorf oder Gorleben, der nicht um die Qualität seiner Produkte fürchtet".[23] Die Antwort, die er daraufhin erhielt, lautete:

‚Viel Gefühl und keine Argumente', so möchte ich Ihre Antwort [...] auf meinen Leserbrief [...] charakterisieren. [...] Da Sie nicht bestreiten konnten, daß Kernkraftwerke keine Umweltbelastung darstellen [...], präsentieren Sie statt Tatsachen Gefühle [...], schade. Sie sollten einmal mit Landwirten in der Umgebung von im Betrieb befindlichen Kernkraftwerken reden. Sie werden über deren Meinung erstaunt sein. Wie gesagt, viel Gefühl, keine Argumente. Nirgends eine Widerlegung der von mir angeführten Fakten. Leider findet sich das immer häufiger bei Kernenergiegegnern. Es ist bei bestimmten Gruppierungen geradezu Methode geworden, bei der Bevölkerung (unbegründete) Angstgefühle zu schüren, in der Hoffnung, daraus später politisches Kapital zu schlagen. Es wird daher höchste Zeit, dass Befürworter wie Gegner von Kernkraftwerken sich um eine Versachlichung des Themas bemühen. Nur so können Meinungen durch Tatsachen ersetzt werden.[24]

Diese Argumentationsweise war geradezu typisch. Kernenergiekritikern, die sich nicht von ihrer Haltung abbringen ließen, wurde systematisch die ‚Sachlichkeit' abgesprochen. Sie wurden als ‚emotional' bezeichnet, um ihre Position zu entwerten. Explizit zeigt sich dies bei einem Bericht des Darmstädter Echos zur Reaktion des bereits erwähnten *Heinrich Mandel* auf die Proteste gegen das geplante Kernkraftwerk in Wyhl 1975:

Professor Mandel teilte die Kernkraftwerksgegner in mehrere Gruppen ein. Da sei zuerst die Gruppe, die ‚aus echter Sorge' gegen Kernkraftwerke protestierte. Diese Gruppe sei aber ‚einer sachlichen Diskussion zugänglich' und durch Information meist auch zu überzeugen. Nicht beizukommen sei den beiden anderen Gruppen, die aus ‚sektiererischem Glauben' oder aus ‚politischen Gründen' nicht ansprechbar sei.[25]

In Biblis, so meinte er, habe nicht zuletzt eine umfangreiche Informationskampagne der RWE von Anfang an dazu geführt, dass es hier „eine nüchterne, wenn auch kritische Haltung ge-

---

22 *Ackermann, Karl,* Blinder Eifer, Mannheimer Morgen, 13.1.1977.

23 *Staab, Manfred,* Irreführende Verharmlosungen, Darmstädter Echo, 16.5.1977 (Leserbrief).

24 *Bantle, Siegfried,* Ungeeignete Argumente, Darmstädter Echo, vermutlich 6.6.1977 (Leserbrief).

25 *Schulze, Gerd-Peter,* Die Atomenergie nach Wyhl: Ratlos. Führen Bürgerproteste zur Krise beim Bau von weiteren Kernkraftwerken? – Alternativen sind nicht in Sicht, Darmstädter Echo, 16.4.1975.

genüber der neuen Energie" gebe.[26] Eine entsprechende Trennung der Kernkraftwerksgegner in ‚ernsthaft besorgte' mit ‚sachlicher Kritik' und ‚unsachliche', ‚emotionalisierte' Gegner, mit denen nicht zu reden sei, nahm auch der Bibliser Bürgermeister *Seib* vor. In einem Interview mit dem Darmstädter Echo im Jahr 1975 sagte er, er erwarte, dass eine Mehrheit der Bibliser Bürger die Erweiterung des lokalen Kraftwerks von zwei auf vier Reaktorblöcke begrüßen würde, wenn es „eine objektive Aufklärung durch die Behörden" gäbe. „Die Bevölkerung ist durch für meine Begriffe unverantwortliche Panikmacher verunsichert worden. Nach einer objektiven Aufklärungsaktion wird sich die Mehrheit der Bevölkerung in Biblis für den weiteren Ausbau im positiven Sinn aussprechen." Die Frage, ob er weiterhin Diskussionsveranstaltungen von Umweltschutzgruppen besuchen würde, verneinte er, da er „die Erfahrung machen mußte, daß man in jedem Fall ausgeschrien wird, da man offenbar an einer objektiven Feststellung gar nicht interessiert ist."[27] Auf der Fachtagung ‚Betriebserfahrungen mit Kernkraftwerken' in Köln herrschte im gleichen Jahr gar die Ansicht vor: „Kernkraftwerke als ‚Schreckgespenster' künftiger radioaktiver Verseuchungen existieren heute nur noch in den Köpfen oft fanatisierter, kaum Sachargumenten zugänglicher und falsch programmierter Umweltschützer."[28]

Diese Äußerungen deuten zudem an, dass die Kernkraftbefürworter ihre Gegner nicht nur übermäßig emotional und unsachlich sahen, sondern dass ihnen dieser Zustand fremdgesteuert, zumindest aber von außen herbeigeführt schien. Als Übeltäter galten dabei vor allem zwei Gruppen, die zeitlich aufeinander folgten. Zunächst, während der Hochphase der teils äußerst gewalttätigen Auseinandersetzungen von Wyhl bis Brokdorf, wurden kommunistische Kreise am Werk gesehen. So meinte ein Redakteur des Darmstädter Echos Anfang 1975, die Kernenergie sei „mit dem Geburtsfehler der Bomben von Hiroshima und Nagasaki behaftet [...]. Hinzu kommt die oft von falschen Propheten und Panikmachern ausgenutzte Angst vor der unsichtbaren und nicht fühlbaren radioaktiven Strahlung."[29] Die Wormser Zeitung schrieb mit Blick auf Wyhl:

> Dort machen besorgte Winzer auf von ihnen befürchtete negative Auswirkungen der warmen Abluft auf ihren Weinbau aufmerksam. Daß ein Gutachten des Weinbauverbandes solche Gefahren nicht sieht, läßt vermuten, daß bei den Demonstranten Emotionen die Oberhand über sachliche Überlegungen gewonnen haben. Hüten sollten sich die Gegner eines solchen Projekts [...] vor falschen Freunden und Helfern, die aus den Sorgen von Winzern [...] politisches Kapital zu schlagen bemüht sind.[30]

---

26 Ebd.

27 DE/OS, Unverantwortliche Panikmache in der Bevölkerung. Gespräch mit dem Bibliser Bürgermeister *Josef Seib* über die Pläne zur Kernkraftwerkerweiterung, Darmstädter Echo, 7.7.1975.

28 DPA, ‚Keine Angst vor Kernkraftwerken'. Derzeitige Technologie bietet nur noch geringes Restrisiko, Wormser Zeitung, 1.11.1975.

29 *Schulze, Gerd-Peter,* Beherrscht der Mensch sein neues Feuer? Wie sicher sind Atomkraftwerke nun eigentlich? – Bewußte Risiken. Datum aus Kontext erschlossen, Darmstädter Echo, 28.2.1975.

30 G.L., Wyhlmäuse, Wormser Zeitung, 25.2.1975.

Deutlicher wurde etwa der bereits eingangs zitierte *Richard von Weizsäcker,* als er 1977 meinte, Bürgerinitiativen seien vor allem dort erfolgreich, wo es eine große Distanz von Bürgern und Regierung gebe. Die Regierung müsse die Bürger und ihre Sorgen ernst nehmen, sonst könnten sie unterwandert werden. Der ‚Osten' versuche, hier Stimmung zu machen mit dem Ziel, die NATO zum gegenseitigen Verzicht auf die Erstschlagsoption zu bewegen – was die östliche konventionelle Überlegenheit ausspielen würde.[31] Am Ende des Jahrzehnts, nach dem Unglück im US-amerikanischen Kernkraftwerk Three-Mile-Island bei Harrisburg, wurde dann vor allem den Medien die Position des Schuldigen hinter der Kernkraftkritik in den entsprechenden Debattenbeiträgen zugewiesen. Ein Beispiel bietet der CDU-Energieexperte und Geschäftsführer der Kernenergieunternehmen Reaktor-Brennelement Union GmbH und Alkem GmbH, *Dr. Alexander Warrikoff.* Er äußerte sein Unverständnis dafür, „daß die Angst vor der Kernenergie so groß ist. [...] Der Protest gegen die Kernkraftwerke berge viele irrationale Aspekte in sich [...]. Zudem werde die Furcht vor der Atomenergie häufig durch eine einseitige Berichterstattung in den bundesdeutschen Medien geschürt."[32] Der Bibliser Bürgermeister *Seib* sah es ähnlich. Im Interview mit dem Darmstädter Echo meinte er, „bei Unfällen in Kernkraftwerken [seien] die Zeitungen immer tagelang voll mit Hiobsbotschaften, bei anderen Katastrophen in wichtigen Industrieunternehmen, die sogar [...] mehrere Menschenleben forderten, werde dies aber nicht so hochgespielt."[33] Zuerst Kommunisten und später Massenmedien waren also – neben Bürgerinitiativen und Umweltschützern sowie einer verfehlten Aufklärung durch die linksliberale Regierung in Bonn wie Wiesbaden – aus Sicht gerade konservativer Kernkraftbefürworter die wesentlichen Akteure hinter der aus ihrer Sicht emotionalisierten und unsachlichen Gegnerschaft.

Untersucht man allerdings die Äußerungen eben dieser Gegner in der Debatte um die Kernenergie in Biblis, zeigt sich ein anderes Bild. Beiträge, in denen sich individuelle Kritiker der Kernenergie selbst als ängstlich bezeichneten, blieben die Ausnahme – und wenn hier von Angst die Rede war, war sie nicht unbedingt auf die Kernenergie an sich bezogen, sondern beispielsweise auf das Themenfeld des allüberwachenden Atomstaats. So wollte bei einer Diskussion über die Kernenergie in Biblis Anfang 1975 ein Diskutant seinen Namen nicht nennen und begründete dies mit seiner „Angst ‚von der Polizei am Arbeitsplatz aufgesucht zu werden'".[34] Überhaupt sind stark emotionale oder hysterische Äußerungen – mit wenigen Ausnahmen wie der eingangs zitierten – kaum zu finden. Wenn emotionale Aussagen getätigt wurden, bewegten sich diese in aller Regel im Bereich des Besorgt-seins. So sprach die Wormser Zeitung, anfangs auf redaktioneller Ebene durchaus eine Kritikerin des Bibliser

31 *von Weizsäcker,* Nicht länger ausweichen! Zur Diskussion um die Kernenergie, Wormser Zeitung, 5.2.1977.

32 NZ, ‚Kernenergie ohne Alternative'. Vortrag bei der Sektion Darmstadt des CDU-Wirtschaftsrats, Darmstädter Echo, 18.10.1979.

33 MAI, ‚Ich bin mir sicher, daß Block C kommt'. Gespräch mit Bürgermeister *Josef Seib* zum Harrisburger Unfall, Darmstädter Echo, 14.4.1979.

34 *JuSo-AG Heppenheim,* Der Innenminister soll Konsequenzen ziehen, vermutlich Südhessische Post, 30.9.1975.

Kraftwerksprojekts, 1973 von „Unruhe“[35] oder stellte im Folgejahr fest, Menschen seien „verunsichert“ ob der Geheimhaltung von Katastrophenschutzplänen und ihre „Gemüter“ seien „erregt“.[36] Von „Bedenken“ war im Mannheimer Morgen die Rede, als es 1975 um die Erweiterung des Bibliser Kraftwerks zunächst um einen dritten Block ging.[37] Generell sorgten die entsprechenden Pläne für eine Vielzahl besorgter Äußerungen. Die SPD aus dem wenige Jahre zuvor nach Biblis eingemeindeten Nordheim beobachtete „Unruhe“ und „tiefe Sorge um die Zukunft der engsten Heimat und ihrer Menschen“.[38] Die SPD aus Biblis selbst meldete „Sorgen und Bedenken“ angesichts der drohenden Reaktorkonzentration an,[39] die Regionale Planungsgemeinschaft Starkenburg stellte fest, einigen Südhessen sei das Bibliser Kernkraftwerk „zunehmend weniger geheuer“[40] und die Gemeinde Einhausen hatte nun „erhebliche Bedenken“.[41]

Selbst diese recht zurückgenommenen emotionalen Äußerungen blieben in den Beiträgen der Kernkraftkritiker in Biblis in den 1970er Jahren die Ausnahme. Die Mehrheit der Beiträge bezog sich vielmehr auf eben das, was vonseiten der Kernenergiebefürworter gern in Abrede gestellt wurde: ‚sachliche‘ Kritik. Diese freilich fand sich schon sehr frühzeitig – und sie ging nicht zuletzt von staatlichen beziehungsweise kommunalen Akteuren aus.[42] So berichtete der Hessische Kommunal-Anzeiger im März 1971 über Befürchtungen, mehrere Kernkraftwerke in der Größenordnung des Bibliser Reaktors könnten den Rhein aufheizen und verschmutzen, so dass kein Leben mehr darin möglich wäre. Um dies zu verhindern, arbeite eine internationale Kommission der Rhein-Anliegerstaaten an gemeinsamen Standards, während eine „Arbeitsgruppe Wärmebelastung der Gewässer“ der Bundesländer bereits im kommenden Sommer einen Wärmelastplan vorstellen werde. Dem Bericht nach war auch die RWE überzeugt, dass die Abwärme das drängendste Problem des neuen Kraftwerks sei. Sie prüfte daher, ob es nicht besser sei, den geplanten zweiten Reaktor an einem anderen Ort zu errichten.[43]

Die lokale Bevölkerung begann im Großen und Ganzen erst, als auch der zweite Reaktor in Biblis entstand, sich kritisch zu Wort zu melden. Es war zunächst ein Redakteur der

35 FF, Die Umweltschützer alarmieren die Minister. Hessen erteilte Genehmigung für Atomblock B, Wormser Zeitung, 3.2.1973.

36 GZ, Umweltschützer fordern Antwort, Wormser Zeitung, 7.8.1974.

37 OS, Bedenken der Gemeinde vorgetragen. Groß-Rohrheimer Gemarkungsrundgang führte zum Kernkraftwerk Biblis, Mannheimer Morgen, 13.5.1975.

38 NH, Durch Erweiterung spürbare Unruhe. Vorsitzender Kreider: SPD nicht gegen den Fortschritt, Wormser Zeitung, 3.7.1975.

39 OS, SPD Biblis bei Osswald. Resolution gegen Kernkraftwerkserweiterung übergeben, Darmstädter Echo, 28.11.1975.

40 *Keber, Walter,* Kontroverses von Wissenschaftlern bei der RPS-Tagung in Groß-Gerau. Kernkraftwerke: Bisher ist alles prima gelaufen, Frankfurter Rundschau, 16.12.1975.

41 Einhäuser Bedenken gegen eine KKW-Erweiterung. Bürgermeister Kögler nennt elf Punkte, Südhessische Post, 15.2.1977.

42 Beachte hierzu *Jung* (1994), S. 74 f.

43 Der Rhein darf nicht zu Europas Riesenbadewanne werden. Atomkraftwerk Biblis regte Länderkommission an, einen ‚Wärmelastplan‘ zu entwickeln, Hessischer Kommunal-Anzeiger, 25.3.1971.

Wormser Zeitung, der sich entsprechend äußerte; liegt doch Worms mit seinem Stadtteil Ibersheim auf der linken Seite des Rheins in Rheinland-Pfalz dem Kernkraftwerk näher als das hessische Biblis selbst. Hier wies der erwähnte Redakteur im Januar 1973 auf verschiedene mögliche Gefahren hin. So bedrohten im Rheintal mögliche Erdbeben das Kernkraftwerk, seine Kühltürme könnten das lokale Klima negativ beeinflussen und auch geringe radioaktive Emissionen könnten langfristige Schäden hervorrufen. Zudem erwähnte er die bereits bekannte Rheinerwärmung und verwies auf die „Beeinträchtigung der Landschaft durch oberirdische Energieleitungen". Dies alles sei besonders besorgniserregend, da von politischer Seite auf kritische Fragen nur „mit faulen Entschuldigungen und Ausflüchten" reagiert werde. Deshalb seien „Bürgerinitiativen dringend vonnöten". Auch wenn diese das Kernkraftwerk nun nicht mehr verhindern könnten, so könnten sie doch auf eine Verschärfung der Sicherheitsmaßnahmen hinarbeiten.[44]

Damit waren wesentliche inhaltliche Themen der Kernenergiekritik bereits angesprochen. Hinzu kamen in den folgenden Jahren noch die fehlenden Erfahrungen mit Kernkraftwerken der Bibliser Größenordnung,[45] die Auswirkungen der Kühlwasserentnahme auf die Trinkwasserversorgung und der Kühltürme auf die Landwirtschaft der Umgebung,[46] technische Defekte und eine NATO-Tiefflugschneise, die den Genehmigungsbehörden selbst zunächst nicht bekannt schien, bis der Feuerwehrkommandant des rheinland-pfälzischen Mettenheim im Januar 1973 darauf hinwies.[47] Des Weiteren wurden genannt: unvollständige oder fehlende Gutachten sowie die Vernetzung zwischen den Genehmigungsbehörden, Sicherheitsexperten, Baufirmen und Betreibern der Kernkraftwerke, die Intransparenz der Katastrophenschutzplanung, die allgemein mangelnde Kooperations- und Auskunftsbereitschaft der Behörden, statistische Aussagen über erhöhte Raten von Krebserkrankungen und Kindersterblichkeit um Kernkraftwerke herum und die Befürchtungen hunderttausender Toter im Fall einer Katastrophe,[48] fehlende Ausrüstung bei den Katastrophenschützern, Missbildungen bei Neugeborenen,[49] unklare Langzeitfolgen der Strahlung[50] und schließlich Einschränkungen für Wanderer am Rhein.[51] Als im Frühjahr 1975 bekannt wurde, dass RWE zwei weitere Reaktoren in Biblis errichten und den ersten davon bereits 1981 in Betrieb nehmen wollte,

---

44 FF, Umweltschützer nehmen Bibliser Kernkraftwerk aufs Korn, Wormser Zeitung, 15.1.1973.

45 K, Umweltschäden durch Atomenergie? Aktionsgemeinschaft Umweltschutz diskutierte mit RWE-Vertretern über Kernkraftwerk, Darmstädter Echo, 31.1.1973.

46 FF, Die Umweltschützer alarmieren die Minister. Hessen erteilte Genehmigung für Atomblock B, Wormser Zeitung, 3.2.1973.

47 FF, Wachsame Umweltschützer entdeckten die Flugschneise über Bibliser Atomwerk, Wormser Zeitung, 17.5.1973.

48 NI, Bürgerinitiative warnt vor Reaktor: Im Katastrophenfall 100000 Tote, Wormser Zeitung, vermutlich 23.7.1974.

49 *Ackermann, Karl,* Leiter der Freiwilligen Feuerwehr Mettenheim: Katastrophenplan-Geheimhaltung: ‚Vollkommen unverständlich', Wormser Zeitung, 1.8.1974 (Leserbrief).

50 *Roth, Friedrich,* Seidenbuch: Statt Kern- Windenergie, Südhessische Post, 21.4.1975 (Leserbrief).

51 OS, Bedenken der Gemeinde vorgetragen. Groß-Rohrheimer Gemarkungsrundgang führte zum Kernkraftwerk Biblis, Mannheimer Morgen, 13.5.1975.

nahm der Protest deutlich zu und wurde nun auch in der Bibliser Gemeindevertretung laut, wo die oppositionelle SPD Bürgermeister *Seib* blinden Enthusiasmus vorwarf – mithin also eine emotionale Haltung, doch dazu später.[52] Nun rückten auch neue Themen in den Mittelpunkt, namentlich die ungeklärte Frage des Atommülls, des Rückbaus der Reaktoren und der Glaubwürdigkeit der Energieverbrauchsprognosen sowie, mit Blick auf die Pläne der BASF für einen Reaktor in Ludwigshafen, der unterschiedlichen Sicherheitsstandards bei verschiedenen Kraftwerken im Bundesgebiet.[53] Zunehmend wurde auf widersprüchliche Haltungen unterschiedlicher Wissenschaftler verwiesen,[54] die Industrialisierung der Region beklagt, wurden Terroranschläge ebenso befürchtet wie staatliche Überwachung und Repressionen gegen Gegner der Kernenergie, bis hin zur Aushöhlung der Demokratie bei der als inszeniert kritisierten Bürgerbeteiligung an den Genehmigungsprozessen.[55] Die Informationspolitik der Energieversorgungsunternehmen wurde als Propaganda gesehen[56] und auf den Zusammenhang zwischen Kernkraftwerken und Atombomben auf der einen Seite, Wiederaufbereitungsanlagen und Plutoniumwirtschaft auf der anderen hingewiesen.[57] Als 1979 schließlich bekannt wurde, dass die Abklingbecken für verbrauchte Brennelemente in Kompaktlager umgerüstet werden sollten, intensivierte sich die Kritik noch einmal und hob vor allem auf die Vergrößerung des Gefahrenpotentials ab.[58]

Auch wenn es dabei immer wieder einzelne apokalyptisch anmutende Beiträge gab, so ist doch sichtbar, dass starke Emotionen in der Debatte über die Kernenergie in Biblis vor allem als ein Werkzeug zur Delegitimation der Kernenergiekritik aufscheinen, während tatsächliche emotionale Äußerungen seitens der Kritiker mehrheitlich in einem sehr begrenzten Rahmen blieben – sowohl was die Heftigkeit der emotionalen Äußerung als auch was deren Häufigkeit angeht.[59] Die überwiegend vorgetragenen Einwände waren ‚sachliche' Fragen, was sogar vonseiten der Kernenergiebefürworter bestätigt wurde: So hatte im Mai 1975 eine Gruppe aus Groß-Rohrheim unter der Führung des dortigen Bürgermeisters das Kernkraft-

---

52 BS, SPD läßt sich nicht in linksextreme Ecke schieben. Opposition in Biblis verurteilt Äußerungen von Bürgermeister *Seib.* Warnung vor ‚gedankenlosen, enthusiastischen Befürwortern' weiterer Kernreaktoren, Mannheimer Morgen, 22.5.1975.

53 B., Mit dem Risiko leben – wer will das? Fachschaft Biologie rief zur Diskussion: In Biblis kein Nuklearpark, vermutlich Wormser Zeitung, 26.6.1975.

54 NH, Durch Erweiterung spürbare Unruhe. Vorsitzender Kreider: SPD nicht gegen den Fortschritt, Wormser Zeitung, 3.7.1975.

55 OS, ‚Wir wollen hier auch leben und nicht nur Technik sehen'. Bürgergespräch in Biblis endete mit einem schweren Eklat – Kripobeamte im Saal, Darmstädter Echo, 26.9.1975.

56 OS, SPD Biblis bei Osswald. Resolution gegen Kernkraftwerkserweiterung übergeben, Darmstädter Echo, 28.11.1975.

57 *Staab, Manfred,* Irreführende Verharmlosungen, Darmstädter Echo, 16.5.1977 (Leserbrief).

58 OS, ‚Das Recht auf Leben und Gesundheit'. Radfahr-Sternfahrt zum Kernkraftwerk Biblis, Darmstädter Echo, 7.5.1979.

59 Beachte zum Verhältnis von ausgedrückter und empfundener Emotion die Literaturhinweise bei *Hitzer, Bettina,* Emotionsgeschichte – ein Anfang mit Folgen, HSoz-Kult, 23.11.2011, http://hsozkult.geschichte.hu-berlin.de/forum/2011-11-001, S. 8 (Zugriff am 14.6.2016).

werk Biblis besucht und vor Ort die Bedenken der Gemeinde gegen dessen Ausbau vorgetragen. Hinterher „bescheinigte" ihnen, wie es der Mannheimer Morgen formulierte, der Sicherheitsbeauftragte des Kraftwerks, *Dr. Heinrich Schröder,* „daß sie ihren Antrag ernst, aber nicht sektierisch ernst meinten".[60] Die Anzahl der Kritiker, ihre Position innerhalb der Kommunen um das Kernkraftwerk herum und auch die Vielfalt ihrer Argumente veränderte sich jedoch wie erwähnt im Verlauf der 1970er Jahre deutlich, insbesondere infolge der erwähnten Ankündigung der RWE im Frühjahr 1975, zwei zusätzliche Reaktorblöcke bei Biblis errichten zu wollen.

Der Grund für die zu diesem Zeitpunkt überall um das Kernkraftwerk herum und auch in der Bibliser Gemeindevertretung mehrheitlich laut werdende Kritik und Ablehnung dieser Pläne war, so formulierte es die SPD auf der entscheidenden Sitzung der Gemeinde Biblis im Juni 1975, ein Mangel an Erfahrung mit den Reaktoren.[61] Man wollte, mit anderen Worten, nicht länger den Angaben und Prognosen der RWE und auch der Genehmigungsbehörden sowie des TÜV vertrauen, sondern selbst erleben, was die Präsenz des Kernkraftwerks bedeutete. Explizit von einem Vertrauensverlust „in wissenschaftliche Prognosen" sprach im August desselben Jahres der SPD-Landtagsabgeordnete des Kreises, *Heinz Fraas.*[62] Ein wesentlicher Grund für diesen Vertrauensverlust war in den Augen der Kritiker das Verhalten der RWE selbst. Dies zeigte sich bereits bei einem Gespräch zum Thema der Erweiterung, das die RWE mit Vertretern der verschiedenen Gemeinden aus dem Umfeld im Juni geführt hatte: Der Vorsitzende der SPD-Fraktion Groß-Rohrheims warf der Firma vor, die Bevölkerung über die Ausbaupläne anfänglich in die Irre geführt und „zumindest mit längeren Zeitabschnitten operiert" zu haben, als dies nun der Fall war. Das Misstrauen trat klar hervor, als der Beigeordnete derselben Gemeinde fragte: „Wer will es un[s] und der Bevölkerung verdenken, wenn wir uns jetzt überlegen, daß es dem RWE vielleicht einmal einfällt, durch die bereits vorhandene Infrastruktur erleichtert, in Biblis zwanzig Blöcke zu erstellen"? Die RWE-Vertreter schienen dieses Problem deutlich zu erkennen. Zwar waren sie laut des Darmstädter Echos überzeugt, bei allen „sachlichen Einwände[n] [...] die besseren Argumente zu haben." Dennoch räumte der stellvertretende Leiter des Kraftwerks, *Dr. Horst Gutmann,* ein, „daß offenbar in der Bevölkerung der umliegenden Gemeinden ein Vertrauensschwund festzustellen sei" – und dies sei „für das RWE schlimmer" als jegliche sachliche Kritik.[63] Von ebendieser

---

60 OS, Bedenken der Gemeinde vorgetragen. Groß-Rohrheimer Gemarkungsrundgang führte zum Kernkraftwerk Biblis, Mannheimer Morgen, 13.5.1975.

61 Protokoll der Gemeindevertretungssitzung Biblis, 18.6.1975, S. 7 f., Gemeindevertretungsprotokolle, Gemeindearchiv Biblis.

62 OS, ‚Klassische Kehrtwendung der CDU'. Neue SPD-Initiativen gegen die KKW-Erweiterung in Biblis, Darmstädter Echo, 30.8.1975.

63 OS, Baubeginn für Block C im nächsten Jahr? Pressegespräch in Biblis – Schärfere Kontrollen seit Panzerfaust-Gag, Darmstädter Echo, 19.6.1975. Auf einen direkten und starken Zusammenhang zwischen Vertrauen in die Institutionen der Kernenergiebranche und die Einschätzung des mit der Kernenergie verbundenen Risikos sowie die generelle Haltung zur Energieform weisen *Whitfield* u. a. hin, *Whitfield* u. a., Risk Analysis 2009, S. 425–437, hier S. 435 f., mit Dank für den Hinweis an *Prof. Dr. Barbara Thies,* Braunschweig.

freilich rollte nun eine wahre Lawine auf das Unternehmen zu, bis schließlich die Erweiterungspläne in den 1990er Jahren aufgegeben wurden. Der Grund für den Umschwung war allerdings eben keine plötzliche Veränderung der emotionalen Verfassung der Menschen im Umfeld des Kraftwerks. Diese beschrieben sich vor wie nach 1975 in aller Regel allenfalls als ‚beunruhigt'. Entscheidend für die zunehmende Kritik war vielmehr der Vertrauensverlust angesichts der Erweiterungspläne und der Art und Weise ihrer versuchten Umsetzung.[64] Am Ende des Jahres beobachtete das Darmstädter Echo: „Wurde Biblis vor einem Jahr noch von dem Rheinisch Westfälischen Elektrizitätswerk als Musterbeispiel einer zufriedenen und ‚gescheiten' Gemeinde hingestellt, so steht heute der Bürgermeister mit seiner Sympathie und seinem uneingeschränkten Vertrauen ziemlich allein."[65] Der Grund dafür war nicht zuletzt im Vorgehen der RWE zu sehen, das aus der Sicht zahlreicher Menschen in der Umgebung von Biblis einen Vertrauensbruch darstellte. Damit wurden zugleich ihre Zukunftserwartungen erschüttert, gerieten auf ein unsicheres Fundament. Dies verstärkte den Protest und die Skepsis gegenüber den Plänen und Prognosen seitens der RWE und der Behörden. Eine besondere, gewissermaßen veranlagte, Ängstlichkeit oder Emotionalität spielte dabei keine erkennbare Rolle.

Im Konflikt um die Kernenergie in Biblis standen sich also nicht emotionale und rationale Menschen gegenüber, sondern Personen, die über verschiedene Aspekte des Kernkraftwerks, von seinen optischen Auswirkungen auf die Umgebung bis hin zur akzeptablen Höhe von Unfallwahrscheinlichkeiten und -konsequenzen unterschiedlicher Ansicht waren. Entscheidend für eine merkliche Zunahme des Protests in der Bibliser Umgebung waren nicht Veranlagungen einzelner Personen als ‚emotional' oder ‚rational', sondern vielmehr ihre Wahrnehmung des Verhaltens der Betreibergesellschaft des Kernkraftwerks und der zuständigen Aufsichtsbehörden. Solange diese in einer vertrauenswürdigen Art und Weise zu handeln schienen, einer Art und Weise, die die Zukunft der Region berechenbar und vorhersehbar erscheinen ließ, blieben die Widerstände eher moderat. Sie wuchsen rasant an, als diese Vorhersehbarkeit unvermittelt nicht mehr gegeben schien, als von vielen ein Vertrauensbruch seitens der Behörden und Betreiber gesehen wurde. Emotionalität war im Konflikt um die Kernenergie vor allem ein Vorwurf, der erhoben wurde, um die Sachlichkeit der Widersacher in Zweifel zu ziehen. Dieser rhetorischen Strategie bedienten sich vor allem die Kernkraftbefürworter, allerdings nicht ausschließlich. Das Beispiel des Enthusiasmus-Vorwurfs der Bibliser Opposition gegen den dortigen Bürgermeister deutete bereits an, dass auch die Gegenseite Emotionalität als diskreditierend darstellen konnte.[66] Eine vergleichende Betrachtung (behaupteter) emotionaler Äußerungen beider Seiten der Kernkraftdebatten an unterschiedlichen Standorten von Kernkraftwerken und der Versuche, diese jeweils als Angriffspunkte zu verwenden, wäre ein lohnenswertes Unterfangen für eine weitergehende Untersuchung.

---

64 Zusätzlich hatten zahlreiche wichtige Schlüsselfiguren der Kernforschung in den Jahren zuvor in das Lager der Kritiker gewechselt, vergleiche *Weisker* (2003), in: Hrsg. Frevert, S. 394–421, hier S. 399 f.

65 *Scharf, Gerlinde,* Am Jahresende waren die Sorgen doch nicht so groß. Rückblick auf wichtige Ereignisse im vergangenen Jahr im Kreis Bergstraße, Darmstädter Echo, 31.12.1975.

66 Beachte hierzu die Ausführungen zum Wandel der Wahrnehmung weinender Politiker in den USA seit den 1970ern bei *Plamper* (2012), S. 330.

Quellen

Darmstädter Echo

Die Zeit

Frankfurter Rundschau

Gemeindevertretungsprotokolle, Gemeindearchiv Biblis.

Hessischer Kommunal-Anzeiger

Mannheimer Morgen

Südhessische Post

Wormser Zeitung

Literaturverzeichnis

Cohen, I. Bernard, The Fear and Distrust of Science in Historical Perspective: Some First Thoughts, in: Hrsg. Karl W. Deutsch/Andrei S. Markovits, Fear of Science – Trust in Science. Conditions for Change in the Climate of Opinion, Cambridge (MA) 1980, S. 29–58.

Erickson, Paul u. a., How Reason Almost Lost its Mind. The Strange Career of Cold War Rationality, Chicago, London 2013.

Frevert, Ute, Vertrauensfragen. Eine Obsession der Moderne, München 2013.

Gassert, Philipp, Popularität der Apokalypse: Zur Nuklearangst seit 1945, APuZ 2011, Bd. 61, H. 46/47, S. 48–54.

Hitzer, Bettina, Emotionsgeschichte – ein Anfang mit Folgen, HSoz-Kult, 23.11.2011, http://hsozkult.geschichte.hu-berlin.de/forum/2011-11-001, S. 8 (Zugriff am 14.6.2016).

Jung, Matthias, Öffentlichkeit und Sprachwandel. Zur Geschichte des Diskurses über die Atomenergie, Opladen 1994.

Luhmann, Niklas, Vertrauen. Ein Mechanismus der Reduktion sozialer Komplexität, Stuttgart 1968.

Plamper, Jan, Geschichte und Gefühl. Grundlagen der Emotionsgeschichte, München 2012.

Radkau, Joachim, Aufstieg und Krise der deutschen Atomwirtschaft 1945–1975. Verdrängte Alternativen in der Kerntechnik und der Ursprung der nuklearen Kontroverse, Reinbek 1983.

Schumacher, Frank, ‚Atomkraft für den Frieden'. Eine amerikanische Kampagne zur emotionalen Kontrolle nuklearer Ängste, Sozialwissenschaftliche Informationen 2001, Bd. 30, H. 3, S. 63–71.

van Lente, Dick, Introduction: A Transnational History of Popular Images and Narratives of Nuclear Technologies in the First Two Postwar Decades, in: Hrsg. Dick van Lente, The

Nuclear Age in Popular Media. A Transnational History, 1945–1965, New York 2012, pp. 1–17.

von Weizsäcker, Carl Friedrich, Atomenergie und Atomzeitalter. Zwölf Vorlesungen, Frankfurt am Main 1957.

Weart, Spencer R., The Rise of Nuclear Fear, Cambridge (MA), London 2012.

Weisker, Albrecht, Expertenvertrauen gegen Zukunftsangst. Zur Risikowahrnehmung der Kernenergie, in: Hrsg. Ute Frevert, Vertrauen. Historische Annäherungen, Göttingen 2003, S. 394–421.

Whitfield, Stephen C. u. a., The Future of Nuclear Power: Value Orientations and Risk Perception, Risk Analysis 2009, Vol. 29, no. 3, pp. 425–437.

Barbara Thies, Melanie Misamer und Florian Henk

Protestverhalten aus psychologischer Perspektive

Inhaltsverzeichnis

A. Einleitung: Bürgerproteste und -bewegungen

Bürgerproteste und -bewegungen haben in der Bundesrepublik eine lange Tradition. Besonders hohe Öffentlichkeitswirksamkeit haben beispielsweise die Proteste um die Erweiterung des Frankfurter Flughafens, um Stuttgart 21, aber natürlich auch die Anti-Atomkraftbewegung erlangt. Blickt man auf aktuelles und vielerorts anzutreffendes Protestverhalten, erscheint es ratsam, zwischen Protestbewegungen (‚social movements') und Ad-hoc-Protesten gegen ein singuläres Vorhaben zu unterscheiden. Auch die – gleichermaßen wissenschaftliche und öffentliche – Bewertung von Protestverhalten ist unterschiedlich konnotiert. So spricht *Schilling* (2011) von „Akte[n] öffentlicher Kommunikation durch Ungehorsam" (S. 3), die niederländische Forschungsgruppe um *Klandermans* argumentiert, dass „recent social and cultural changes have led to a ‚normalization of protest' and have created a social movement society".[1]

Eine Reihe von Untersuchungen gingen und gehen der Frage nach, welche Bürgerinnen und Bürger protestieren, ob es sich also um spezifische gesellschaftliche Gruppen oder aber um einen repräsentativen Querschnitt der Bevölkerung handelt, und vor allem, welche Beweggründe Menschen antreiben, sich Protesten oder Protestbewegungen anzuschließen. So finden sich aktuell rege Diskussionen über die Rolle und die Bedeutung von Protest, teilweise mit einer starken Fokussierung auf Ausschnitte dieses komplexen Phänomens.[2] Protestierende gegen Stuttgart 21 beispielsweise waren tendenziell älter (40–64 Jahre), verfügten über höhere Bildungsabschlüsse und waren häufig Angestellte oder Beamte.[3] *Marg, Geiges, Butzlaff und Walter* (2013) fanden in ihrer Studie einen deutlichen Überhang an männlichen Protestierenden (70 %, lediglich zu Themen von Bildung und Erziehung fand sich ein Überhang an weiblichen Protestierenden). Darüber hinaus fanden sie – analog zu den Befunden zu Stuttgart 21 und ebenfalls gemessen an der Allgemeinbevölkerung – ein höheres Bildungsniveau in der Gruppe der Protestierenden. Ebenfalls vermehrt diskutiert werden politische Einstellungen und Überzeugungen (häufig operationalisiert über die Sonntagsfrage) als Einflussfaktoren auf Protestverhalten. So wurde in älteren Untersuchungen bei Atomkraftgegnerinnen und -gegnern eine *„ausgeprägte linke Ideologie"*[4] gefunden. Was aber motiviert nun Bürgerinnen und Bürger, sich in Protesten oder Protestbewegungen zu engagieren? In den folgenden Kapiteln werden zentrale Erklärungsansätze und Befunde unter einer psychologischen Perspektive dargestellt. Die Psychologie als Wissenschaft beschäftigt sich mit der Erklärung, Beschreibung, Vorhersage und ggf. der Modifikation menschlichen Erlebens und Verhaltens.[5] Bezogen auf die Protestforschung bedeutet dies zunächst, zu verstehen, was Menschen dazu bewegt, Protestverhalten zu zeigen. Zentrale Fragen lauten demnach: Welche individuellen Merkmale liegen vor? Welche interindividuellen Unterschiede lassen sich feststellen? Wel-

1 *v. Stekelenburg/Klandermans* (2009), S. 19.

2 Z. B. die Frage nach dem konservativen „Wutbürger", *Roth* (2012).

3 *Daphi/Rucht/Stuppert/Teune/Ullrich* (2014); *Hadjar/Becker* (2007); *Vogeler/Bandelow* (2015); *Vogeler/Bandelow* (2016).

4 *Opp* (1985), S. 292.

5 U. a. *Myers* (2008).

che subjektiven Informationsprozesse sind entscheidend? Welchen Einfluss haben Gruppenzugehörigkeiten bzw. die Wahrnehmung und Beurteilung anderer Personen?

B. Betroffenheit und Bürgerbeteiligung

An der Schnittstelle zwischen Psychologie und den Politik- sowie den Sozialwissenschaften ist die Rolle der persönlichen Betroffenheit für Protestverhalten gut untersucht. Besonders prominent geworden ist das NIMBY-Phänomen[6] sowie etwas weniger prominent das NIABY-Phänomen.[7] Bürgerinnen und Bürger können sich somit auf verschiedene Weise von gesellschaftlichen Vorgängen und Projekten, z. B. Infrastruktur- und Bauvorhaben, betroffen fühlen. Die subjektive Betroffenheit hängt auch von den grundsätzlichen (politischen) Einstellungen oder Wertüberzeugungen ab, insbesondere wenn es um neue oder auch riskante Technologien geht.[8] So resümiert *Götsch* (1994), dass direkt betroffene Bürgerinnen und Bürger durchaus bereit sind, moderate Risiken zu tolerieren, wenn die Vorteile (z. B. finanzieller Art) überwiegen und sie gleichzeitig einen gesellschaftlichen Nutzen erkennen können. Alternativ diskutiert wurden und werden Ausgleichszahlungen (im Falle eher materieller Betroffenheit). Diese sind vor dem Hintergrund spieltheoretischer Erkenntnisse gut untersucht und sollten deeskalierend wirken.[9] Im Falle ideologisch motivierter Betroffenheit würden Ausgleichszahlungen allerdings zu einem gegenteiligen Effekt führen – eine eskalationsfördernde Wirkung (verstanden als die Intensivierung von Protestverhalten in quantitativer und qualitativer Hinsicht) wäre mehr als wahrscheinlich.[10]

Gesellschaftliche Konflikte sollen und können mithilfe der zuständigen Institutionen gelöst werden (sofern die Konflikte als legitimiert wahrgenommen werden). Insbesondere bei direkter Betroffenheit (z. B. NIMBY) geraten zunehmend direkt-demokratische Verfahren sowie solche der Bürgerbeteiligung in den Fokus politischer und gesellschaftlicher Diskurse. Insgesamt lässt sich neben einer zunehmend geringen Wahlbeteiligung feststellen, dass Bürgerinnen und Bürger nur geringes Vertrauen in politische Entscheidungsträger, dennoch aber ein hohes Interesse an direkt-demokratischen Verfahren und Bürgerentscheiden haben und solche Verfahren auch einfordern. In dieser Hinsicht kommt eine Studie der Bertelsmann-Stiftung (2009) zu dem Schluss, dass Bürgerinnen und Bürger sich tendenziell von repräsentativ-demokratischen Verfahren ab- und direkt-demokratischen Verfahren zuwenden. Auch eine Studie der RWE AG (2012) kommt zu dem Ergebnis, dass Bürgerinnen und Bürger ein verstärktes Interesse an direkt-demokratischen Verfahren haben. So sei Stuttgart 21 nicht nur ein Konflikt um das Bauprojekt als solches gewesen, sondern auch eine Auseinandersetzung um

---

6 ‚Not in my backyard', *Schütz* (2008); *Perry* (1983); *Gallardo/Aoki* (2012); *Schnelle/Voigt* (2012).

7 ‚Not in anybody's backyard', *Heiman* (1990).

8 *Renn/Burns/Kasperson/Kasperson/Slovic* (1992); *Bandelow* (2000).

9 *Deutsch/Coleman/Marcus* (2011).

10 *Barthe/Brand* (1996).

„das grundlegende Verständnis von Demokratie und Beteiligung in unserer Gesellschaft"[11], die Unzufriedenheit mit dem gegenwärtigen Funktionieren der Demokratie in Deutschland[12] oder gar Politikverdrossenheit[13] ausdrückt.

Politik und Wissenschaft haben insofern reagiert, als zunächst Mediations- und Bürgerbeteiligungsverfahren, inzwischen auch gesetzliche Regelungen zur Bürgerbeteiligung entwickelt und implementiert werden.[14] Solchen Instrumenten liegt die Erkenntnis zugrunde, dass Proteste (zumindest solche gegen Infrastruktur- und Bauvorhaben) letztendlich ein sozial zu akzeptierender Ausdruck informierter und emanzipierter Bürgerinnen und Bürger sind, die ihre demokratischen Rechte wahrnehmen.[15] Der in vielen Befragungen geäußerte Wunsch nach stärkeren Partizipationsmöglichkeiten von Bürgerinnen und Bürgern steht jedoch teilweise in Kontrast zu geringer faktischer Beteiligung. Auch entsteht ein Paradox dadurch, dass Beteiligungsmöglichkeiten (verstanden als Einflussnahme auf den Entscheidungsprozess) in frühen Projektphasen gleichermaßen inhaltlich als auch juristisch am größten sind – in diesen frühen Phasen sind das öffentliche Bewusstsein und die (subjektive) persönliche Betroffenheit aber noch wenig ausgeprägt. Intensivieren sich letztere, treffen sie zum Teil auf einen Planungsstand, in dem Kurskorrekturen nur noch schwer möglich sind. Von daher liegen vielfältige Forderungen vor, Bürgerinnen und Bürger frühzeitig in Projekte zu involvieren – auch, um Akzeptanz zu schaffen und den Projekterfolg zu sichern.[16]

C. Erkenntnisse psychologisch orientierter Protestforschung

Die (psychologische) Protestforschung existiert seit etwa den 1960er Jahren[17], hier sind das subjektive Empfinden und individuelle Unterschiede zentral. Allerdings standen und stehen hier eher komplexe Protestbewegungen (‚social movements'), denen Menschen über viele Jahre angehören und die dadurch auch einen identitätsstiftenden Charakter haben, im Vordergrund der Analysen. So wurden hier hauptsächlich Konstrukte wie Persönlichkeit, Identifikation und Soziale Identität[18] untersucht.

---

11 RWE AG (2012), S.62.

12 *Baumgarten/Rucht* (2013); *Hornig/Bauer* (2016).

13 *Renn* (2013).

14 Z.B. *Nanz/Fritsche* (2012); Bundesministerium für Verkehr und digitale Infrastruktur (2014).

15 RWE AG (2012), s.a. Kompetenzzentrum für Öffentliche Wirtschaft, Infrastruktur und Daseinsvorsorge e.V. (2013).

16 Bertelsmann Stiftung (2011).

17 *v. Stekelenburg/Klandermans* (2013).

18 U.a. *Simon et al.* (1998); *v. Stekelenburg/Klandermans* (2007).

I. Persönlichkeit

Viel diskutiert wurde und wird der mögliche Einfluss von zeitlich stabilen Persönlichkeitsmerkmalen[19] auf Protestverhalten: Beeinflussen Persönlichkeitsmerkmale die Wahrscheinlichkeit, mit der sich Bürgerinnen und Bürger in Protesten engagieren?[20] In dieser Tradition gehen einige Forschungslinien, insbesondere die Arbeitsgruppe von *Schoen*[21], dem Einfluss von Persönlichkeitsfaktoren auf politische Einstellungen nach. *Pötzschke, Rattinger und Schoen* (2012) zeigen z.B. an einer amerikanischen Stichprobe, dass Offenheit, Extraversion und Gewissenhaftigkeit Einfluss auf politische Einstellungen haben. Hohe Werte an Gewissenhaftigkeit sagen beispielsweise militaristische Einstellungen vorher, hohe Werte an Extraversion internationalistische Haltungen. *Swami et al.* (2012) zeigen den Einfluss von Verträglichkeit, Gewissenhaftigkeit und Offenheit auf Einstellungen zu Menschen- und Bürgerrechten („HR-CL", ‚human rights and civil liberties'). Allerdings sind grundlegende Wertorientierungen, insbesondere der ‚right-wing-authoritarianism', ein zusätzlicher relevanter Einflussfaktor. Vereinzelt gehen Untersuchungen direkter dem Zusammenhang von Persönlichkeit und Protestverhalten nach, so etwa die (ältere, von den Autoren reanalysierte) Studie von *Brandstätter und Opp* (2014). Bürgerinnen und Bürger der ehemaligen DDR, die in hohem Maße Protestanlässe gesehen und sich auch engagiert haben, hatten hohe Offenheits-, geringe Verträglichkeits- und geringe Neurotizismuswerte. *Crawford* (1993) konnte für die baskische Bevölkerung zeigen, dass die Befürwortung von Gewalt als legitimes Mittel zur Lösung politischer Konflikte mit hohen Werten auf dem Faktor Offenheit und geringen Werten auf den Faktoren Verträglichkeit und Gewissenhaftigkeit korrespondierte. Trotz dieser Befunde ist der Stellenwert der Big Five zur Vorhersage von konkretem Protestverhalten nicht sehr hoch, der Zusammenhang von Dispositionen und Verhalten ist insgesamt nicht sehr eng. In dieser Hinsicht formulierten *Bem und Allen* bereits 1974 das ‚personality paradox': Menschen glauben mehr oder weniger intuitiv, dass Interaktionspartner aufgrund grundlegender Erlebens- und Verhaltensmuster (Dispositionen, z.B. Persönlichkeitsmerkmale, Einstellungen und Überzeugungen) ein spezifisches Verhalten zeigen – ein solcher dispositionaler Einfluss lässt sich aber empirisch nicht annähernd nachweisen. Ähnliches beschreibt der „fundamentale Attributionsfehler" (im Rahmen sozialer Wahrnehmungsprozesse neigen Menschen dazu, die Ursachen für beobachtetes Verhalten verzerrt wahrzunehmen): Das Verhalten anderer Menschen wird tendenziell stärker auf deren Persönlichkeit zurückgeführt, soziale und situationale Einflussfaktoren werden hierbei eher vernachlässigt. Dies gilt insbesondere für extreme oder selten auftretende Verhaltensweisen.[22] Der schwache Zusammenhang zwischen (sozialen) Einstellungen und Verhalten[23] lässt sich aus psychologischer Sicht ähnlich erklären, neben der

19 Üblicherweise operationalisiert über die „Big Five": Neurotizismus, Extraversion, Offenheit, Verträglichkeit und Gewissenhaftigkeit, s. a. *Borkenau/Ostendorf* (2008).

20 U. a. *Mondak/Halperin* (2008); *Steinbrecher/Schoen* (2012).

21 *Schoen* (2007); *Schumann/Schoen* (2005).

22 ‚Oversimplification', z.B. *Jonas/Stroebe/Hewstone* (2014); s. a. *Heider* (1958); *Ross* (1977).

23 *Ajzen/Fishbein* (1975).

Einstellung als solcher tragen beispielsweise soziale Normen zur tatsächlichen Intentionsbildung und damit dem Verhalten bei. Je nach Einflussstärke kann demnach auch einstellungskonträres Verhalten beobachtet werden. Übertragen auf Protestverhalten müssen also zum einen eher indirekte dispositionale Effekte, die z. B. über grundlegende Überzeugungssysteme oder eben Einstellungen vermittelt werden, in die Erklärungsmodelle mit einbezogen werden. Zum anderen gilt es, gerade bei der Betrachtung von Ad hoc-Protesten (im Vergleich zu umfassenden Protestbewegungen), situative Einflüsse und teilweise auch gruppendynamische Effekte nicht zu unterschätzen.

II. Identität und Emotion

Protestverhalten ist immer in soziale Kontexte eingebunden. Menschen protestieren selten als isoliertes Individuum – Proteste finden vielmehr in mehr oder weniger strukturierten Gruppen statt. Kollektive Identitäten (gespeist durch geteilte Unzufriedenheit, Groll oder Kummer) und Gefühle der sozialen Eingebundenheit werden auf diese Weise handlungsleitend.

Als theoretisches Rahmenmodell werden hier in der Regel auf der Theorie der Sozialen Identität[24] basierende soziale Kategorisierungsansätze genutzt: So verfügen Individuen neben einer persönlichen Identität auch über eine soziale Identität, die sich aus Gruppenzugehörigkeiten speist. Individuen nehmen demnach ihre soziale Umwelt anhand der Differenzierung in ‚in-group' (Eigengruppe, zu der man sich zugehörig fühlt) und ‚out-group' (Fremdgruppe, der man sich nicht zugehörig fühlt) wahr. Diese Einteilung strukturiert nicht nur die soziale Welt, sondern führt zu einer Reihe von Diskriminierungsprozessen, die ‚in-group' wird auf- und die ‚out-group' abgewertet. In spieltheoretischer Tradition zeigen viele Untersuchungen, dass die Tendenz besteht, nicht nur den Nutzen für die ‚in-group' zu maximieren, sondern der ‚out-group' maximalen Schaden zuzufügen – auch wenn dadurch der Gewinn für die ‚in-group' verringert wird.[25] Unter einer politikwissenschaftlichen Perspektive analysieren *Vogeler und Bandelow* (2016) aktuell ein verwandtes Phänomen, den sogenannten ‚devil shift'. Damit beschreiben sie die Tendenz von an Protesten Beteiligten (Protestierende und Vorhabenträger), die jeweils andere Seite zu dämonisieren, ihr also beispielsweise Schädigungsabsichten zu unterstellen. Für die ‚in-group' und ihre Hauptvertreterinnen und -vertreter lässt sich ein analoges Phänomen, der sogenannte ‚angel shift', ebenfalls empirisch finden, es handelt sich hierbei um eine extreme Form der Aufwertung der ‚in-group'.

Die soziale Identität besteht nun aus mehreren verschiedenen Gruppenzugehörigkeiten, die je nach Situation unterschiedlich relevant sind. Je nach Kontext bzw. real vorhandener Gruppe treten also einzelne Kategorien in den Vordergrund und werden wahrnehmungs- und handlungsleitend. Je höher die Identifikation mit der ‚in-group' erlebt wird, desto wahrscheinlicher ist dann auch Protestverhalten im Namen eben dieser Gruppe.[26] Gruppenzuge-

24 *Tajfel/Turner* (1986).

25 *Lemyre/Smith* (1985); *Tajfel/Billig/Bundy/Flament* (1971).

26 *v. Stekelenburg/Klandermans* (2007).

hörigkeiten sind nicht nur kognitive Strukturierungshilfen, die die Komplexität der sozialen Welt reduzieren helfen, sie sind auch im Zuge der emotionalen Verarbeitung relevant. Da der Mensch kein ausschließlich rational handelndes Wesen ist, stellt sich für die Psychologie immer auch die Frage nach erlebten Emotionen, ihrer Entstehung und ihren Effekten. Die Frage nach primär emotions- oder kognitionsgesteuerten Handlungsentscheidungen ist nicht trivial. Zum einen wird emotionales Handeln aufgrund (vermeintlich) mangelnder Rationalität häufig abgewertet. Zum anderen bieten sich zum Teil divergente Handlungsmöglichkeiten für den Umgang mit eher rational agierenden versus hoch emotionalisierten Interaktionspartnerinnen und -partnern an. Als grundsätzliche psychologische Erkenntnis gilt aber, dass Emotion, Kognition und Verhalten inhaltlich nicht unabhängig voneinander sind, sondern situationsspezifisch eine Trias bilden.

Emotionen rücken zunehmend auch in den Fokus der Protestforschung, insbesondere in Bezug auf ihren protestfördernden oder -hemmenden Gehalt.[27] Vor allem Ärger (‚group-based anger') als eher negativ und soziale Eingebundenheit (‚social embeddedness') als eher positiv getöntes Erleben stehen im Vordergrund. Darüber hinaus ist die Unterscheidung in die Objekte, auf die emotional reagiert wird, von Interesse. Üblicherweise werden hier die wahrgenommene Gegenseite, die ‚in-group' und der Inhalt bzw. das Thema voneinander abgegrenzt. Da alle drei Objekte im Rahmen von Bürgerprotesten relevant sind, erleben Beteiligte oft unterschiedliche Emotionen, die für die Aufnahme oder Aufrechterhaltung von Protestverhalten verschiedene Funktionen haben können. Von besonderem Interesse für die Protestforschung ist in dieser Hinsicht die Intergroup-Emotion-Theorie, die die Erkenntnisse der oben angesprochenen Theorie der Sozialen Identität integriert: Ergänzend zu den Grundannahmen allgemeiner und etablierter Appraisal-Theorien, die davon ausgehen, dass Merkmale der Umwelt kontinuierlich in Bezug auf ihre Relevanz für das persönliche Wohlbefinden geprüft und dann bewertet werden[28], geht etwa *Smith* (1993) davon aus, dass Merkmale der Umwelt nicht nur auf ihre persönliche Relevanz überprüft werden, sondern auch in Bezug auf ihre Relevanz für die ‚in-group'. Dies gilt immer dann, wenn die Gruppenzugehörigkeit „salient" wird, man sich also aktuell als Teil einer Gruppe fühlt. Im Rahmen von Protesten ist darüber hinaus die Bewertung der „Wirksamkeit" (verstanden als Kompetenz, die selbst gesetzten Ziele zu erreichen) der ‚in-group' von hoher Relevanz. Wird die ‚in-group' als wenig wirksam erlebt, führt dies auf der emotionalen Ebene zu Furcht oder Angst. Wird die ‚in-group' als hoch wirksam erlebt, entsteht Ärger.[29] Ärger führt eher zu legitimen Protestformen. Ärger ist auch die Emotion, die Handlungen initiiert; ärgerliche Bürgerinnen und Bürger sind eher bereit, für ihre Belange einzutreten.[30] D. h. – möglicherweise entgegen alltagspsychologischen Überzeugungen - dass Ärger die Emotion ist, die politische Partizipation fördert und zu legitimen Ausdrucksformen im Rahmen von Konflikten führt. Menschen, die z. B. aufgrund mangelnden Vertrauens in die Demokratie eher Resignation, Zynismus oder Gefühle der Verachtung erle-

27 *v. Troost/v. Stekelenburg/Klandermans* (2013).

28 *Lazarus* (1996).

29 *Klandermans/v. d. Toorn/v. Stekelenburg* (2008).

30 *v. Troost et al.* (2013).

ben, engagieren sich weniger in legalen Protestformaten. Sie verharren eher in Handlungsunfähigkeit oder greifen zu illegalen Protestformen.[31]

Generell liegt die Funktion von Emotionen auch darin, Verhalten zu beschleunigen. Möglicherweise sind Emotionen im Rahmen von Bürgerprotesten handlungsleitender als rationale Kosten-Nutzen-Überlegungen, so zumindest die Annahmen der bereits mehrfach angesprochenen Niederländischen Forschungsgruppe um *Klandermans*.[32] Für hoch wirksam erlebte 'in-groups' gehen die Autorinnen und der Autor davon aus, dass blockierte Ziele, für die eine Gegenseite verantwortlich gemacht werden kann, zu Ärger und damit verbunden zu einer höheren Wahrscheinlichkeit für Protestverhalten führen. Gleichzeitig werden durch die Situation, in der man sich mit seiner ‚in-group' befindet, Zielerreichungen ermöglicht, sodass Hoffnung und Freude resultieren. Auch diese verstärken aufgrund ihrer positiven Konsequenz für das eigene Erleben Protestverhalten bzw. das Engagement in Protestbewegungen.

D. Machtdynamische Prozesse

Ein vielfach vernachlässigter Aspekt in der Erforschung von Bürgerprotesten sind die durchaus schwer zu fassenden Machtdynamiken, die gleichermaßen objektiv (welche Machtmittel sind faktisch verfügbar?) als auch subjektiv (wie werden die eigenen Machtmittel wahrgenommen und welche Einsätze dieser Mittel werden als effizient erlebt?) von Bedeutung sind. Die subjektive Ebene weist Parallelen zur erlebten Wirksamkeit der ‚in-group' auf:[33] Der Machtanwendung vorgeschaltet dürfte die Erwartung in die erfolgreiche Durchsetzung eigener Ziele mithilfe eigener Ressourcen und Kompetenzen sein. Hierzu gehört auch die Erwartung, dass die 'in-group' überhaupt über genügend Ressourcen verfügt, um die eigene Position zu bestärken oder wirksam durchzusetzen. Am Beispiel des Gelingens eines Bioenergiedorfs als Dorfgemeinschaftsprojekt konnte gezeigt werden, dass die kollektive Selbstwirksamkeitserwartung Einfluss auf die Einschätzung zum Gelingen des Projekts als solches hat.[34] Zudem kann die (kollektive) Selbstwirksamkeitserwartung auch zu Protestverhalten animieren bzw. dieses initiieren.[35]

Wie aber lässt sich Macht definieren? Klassische psychologische und somit stärker auf das Individuum bezogene Definitionen beschreiben Macht als die Fähigkeit einer Person (oder Gruppe), wirksam Einfluss auf eine andere Person (oder Gruppe) ausüben zu können, im Zweifel auch gegen deren Widerstreben.[36] In anderen Disziplinen wie der Philosophie[37]

31 Ebd.

32 *v. Troost et al.* (2013).

33 S. Kap. C.II.

34 *Wüste et al.* (2011).

35 Zusammenfassend *v. Stekelenburg/Klandermans* (2013).

36 Z. B. *Heider* (1958), *Lewin* (1936) oder *Schmalt* (2009).

37 *Russel* (1947).

oder der Soziologie[38] wird dieselbe grundsätzliche Dynamik beschrieben: Machtverhältnisse werden in einem dynamischen Prozess generiert und sind an Situationen gebunden, die nicht per se konstant oder statisch und somit veränderbar sind.[39] Das bedeutet, dass sich beispielsweise erst im Rahmen eines Protests um ein spezielles Vorhaben konkret zeigt, wie und mit welchen Mitteln die Parteien aufeinander einwirken. Natürlich bringen große Vorhabenträger zunächst ein höheres Maß an Ressourcen (verstanden als potenziell verfügbare Machtmittel) mit als eine bereits formierte Initiative oder gar einzelne Bürgerinnen und Bürger. Dass diese Asymmetrie zumindest teilweise relativiert werden kann, zeigen aktuelle Partizipations-, zum Teil auch Mediationsverfahren wie etwa das groß angelegte „Dialogforum Schiene Nord", in dessen Logik Machtmittel mit betroffenen Bürgerinnen und Bürgern bzw. deren Vertretungen „geteilt" wurden.[40] Das Vorhandensein einer Machtasymmetrie bzw. auch der Einsatz von Machtmitteln ist nicht generell negativ konnotiert. So unterscheidet z. B. *Scholl*[41] für den organisationspsychologischen Bereich promotive (förderliche) und restriktive (einschränkende) Formen der Machtanwendung. Macht kann demnach in Form von Machtausübung (gegen die Interessen der Betroffenen) oder in Form von Einflussnahme (im Einklang mit den Interessen der Betroffenen) genutzt werden. Diese konzeptuelle Unterscheidung für den Umgang mit Machtasymmetrien ist u. a. auf den pädagogischen Kontext[42] oder den Kontext der Sozialen Arbeit[43] bereits erfolgreich übertragen und ersten empirischen Überprüfungen unterzogen worden.[44]

Eine weitere Relativierung objektiver Machtasymmetrien können formierte Initiativen oder andere Zusammenschlüsse durch ihre kollektive Identität erfahren. Diese ermöglicht eine gruppeninhärente Zuschreibung der eigenen Einflussmöglichkeiten durch das Kollektiv. Ein positiver Zusammenhang eines Zusammenschlusses von Personen unter einer kollektiven Identität (mit erfolgreicher Vernetzung in gemeinnützigen Organisationen) und politischen Ambitionen konnte im Rahmen der Protestforschung bereits nachgewiesen werden.[45] Dies führt zunächst zu einer subjektiven Erhöhung vorhandener Machtmittel, perspektivisch können daraus tatsächlich größere Einflusspotenziale entstehen. Eng verwoben mit der Einschätzung der eigenen Einflussmöglichkeiten oder auch denen des Gegenübers ist die relative Wirksamkeit von Machtmitteln, je nachdem, welche Bedeutung ihnen durch die jeweilige Partei beigemessen wird. So sind etwa Konsequenzandrohungen (unter einer lerntheoretischen Perspektive verstanden als Konsequenzen, die psychologisch ein Bestrafungserleben beinhal-

38 *Weber* (1980), zitiert nach *Plaßmann* (2003).

39 *Emerson* (1962).

40 Niedersächsisches Ministerium für Wirtschaft, Arbeit und Verkehr (2015); s. a. *Nanz/Fritsche* (2012); Bundesministerium für Verkehr und digitale Infrastruktur (2014).

41 *Scholl* (1999); *Scholl* (2014).

42 *Misamer/Thies* (2014a).

43 *Misamer/Hackbart/Thies* (2017).

44 *Misamer/Thies* (2014b); *Misamer/Thies* (2015); *Misamer/Thies* (2016); *Misamer/Hackbart/Thies* (2017).

45 *v. Stekelenburg/Klandermans* (2013).

ten) nur dann ein wirksames Mittel, wenn die Macht anwendende Person oder Gruppe auch über die Mittel verfügt, diese Konsequenz zu realisieren und diese zudem für die „zu bestrafende“ Person tatsächlich nachteilig wirkt oder als nachteilig erlebt wird.[46] Für die Protestforschung zusätzlich relevant sind hier rechtliche Aspekte, die den Einsatz legitimer und illegitimer Protestmittel juristisch bewerten und ggf. sanktionieren.[47] Die Effekte legitimer und illegitimer Machtmittel im Rahmen von Bürgerprotesten wurden nach Kenntnis der Autorinnen und des Autors bislang nicht vergleichend empirisch erforscht.

Pollard und Mitchell (1972) stellen ein prozessuales Rahmenmodell auf, in dem zunächst von einem Machtpotenzial ausgegangen wird (‚possible power‘). Dieses führt, sofern die Entscheidung zur Anwendung der vorhandenen Machtmittel getroffen wird, zur Umsetzung (‚realized power‘). Hieraus ergibt sich die Wirkung der Machtanwendung (‚effective power‘). Welche Machtmittel (legitim oder auch illegitim) sind aber nun bei Bürgerprotesten vorhanden? Wie werden diese in ihrer Stärke bzw. Wirksamkeit eingeschätzt und lassen sich Stärkegrade oder gar Stufen abbilden? Forschungslinien zu möglichen Machtmitteln (und ihrer Effizienz) wie Demonstrationen, Petitionen, juristische Klagewege oder gar „Steine werfen“, sind bisher nur rudimentär vorhanden. Zwar liegen aus Disziplinen wie der Politikwissenschaft theoretische Modelle vor,[48] diese haben jedoch bislang keine hinreichende empirische Fundierung erfahren und können somit nur bedingt für die Analyse real stattfindenden Protestverhaltens herangezogen werden. Der Einsatz verschiedener Protest- (und damit Macht-) mittel und hiermit verbunden die Frage nach einer möglichen Skalenbildung zur Protestbereitschaft bzw. unter dieser Perspektive der Machtmittel ist bislang ebenfalls nicht hinreichend empirisch erforscht. Erste Analysen liegen aus Kooperationen verschiedener Teilprojekte der Eskalationsforschung Niedersachsen vor.[49] So wurde im Rahmen einer das Projekt pilotierenden Online-Studie anhand ausgewählter Protestverhaltensmuster sowohl für die Protestbereitschaft als auch für das Protestverhalten eine klare Trennung in gewaltfreie und Gewalt implizierende Protestmittel empirisch gezeigt.[50] Zudem wird aktuell auf der Basis einer heuristisch angelegten Interviewstudie, die verschiedene Grade von Eskalationsverhalten fokussiert,[51] geprüft, ob Protest- bzw. Eskalationsstufen empirisch abgesichert werden können. Untersucht wird multimethodal und aus dem Blickwinkel mehrerer Parteien (Protestierende, ehemalige Protestierende, Expertinnen und Experten), welche Mittel im Rahmen von Protesten angewendet werden können, als wie „eskalativ“ diese eingestuft werden und ob es konkrete Stufen von Protest bzw. Eskalation gibt, die ggf. den Wechsel von einer Stufe zur nächsten vorhersagbar machen.

---

46 *Witte* (2001).

47 S. analog die Unterscheidung in legitimierte und illegitime Macht, z. B. nach *Luhmann* (1975).

48 Z. B. *Spillmann/Spillmann* (1989), oder die Weiterentwicklung durch *Glasl* (2013), der explizit auf machtdynamische Prozesse rekurriert.

49 *Bandelow/Schulz-Hardt/Siefer/Stender-Vorwachs/Thies* (2016).

50 *Thies/Misamer/Henk/Bandelow* (2015); *Thies/Misamer/Henk/Bandelow* (2017); s. hierzu auch Kap. G.

51 *Thies et al.* (2016).

Insgesamt sind machtdynamische Prozesse trotz der hohen alltagspsychologischen Relevanz („Machtmissbrauch“) in der Protestforschung bisher wenig systematisch berücksichtigt worden. Das mag auch der Komplexität des Phänomens geschuldet sein. Die Berücksichtigung von Machtdynamiken, insbesondere die Transformation objektiver Machtmittel in subjektive und ihre situationsspezifische Nutzung, könnten zu einem besseren Verstehen realer Bürgerproteste beitragen.

E. Vertrauen

Blickt man präventionsorientiert auf mögliche Schutzfaktoren gegen Eskalationsprozesse, fällt die Relevanz erlebten Vertrauens in die entscheidenden Akteure und Akteursgruppen ins Auge. Vertrauen (im Sinne eines Vertrauensurteils) kann als Ergebnis subjektiver Informationsverarbeitungsprozesse betrachtet werden. Im Zuge der sozialen Wahrnehmung werden Vorannahmen und vertrauensrelevante Erwartungen darüber, wie eine Interaktionspartnerin oder ein Interaktionspartner sein sollte, relevant.[52] Vertrauen sichert Interaktionen ab und führt zu einer Reihe von positiven Effekten. Psychologisch betrachtet dient Vertrauen der Risikominderung (im Falle des Vertrauens werden potenziell die eigene Person schädigende Handlungen der Interaktionspartnerin oder des Interaktionspartners subjektiv ausgeschlossen) und befriedigt dadurch zentrale Sicherheits- und Kontrollbedürfnisse, sodass die eigene Handlungsplanung erleichtert wird. Dem oben angesprochenen Phänomen des ‚devil shift‘ könnte Vertrauen also entgegenwirken. Darüber hinaus zeigen vielfältige Untersuchungen für verschiedene Lebensbereiche positive Korrelate mit Vertrauen wie Zufriedenheit mit der Situation,[53] Angstfreiheit,[54] höhere Motivation[55] oder auch höheres ‚organizational citizenship behaviour‘.[56] Auch auf der gesellschaftlichen Ebene (systemisches Vertrauen) wird dem Vertrauen eine stützende Funktion zugeschrieben. Folgt man dem TCC-Modell,[57] ist Vertrauen immer dann relevant, wenn Zuversicht (verstanden als erfahrungsbasierte Erwartungshaltung an beobachtbare Handlungen) gefährdet oder zerstört ist. Auch hier wird die Sicherheitsfunktion von Vertrauen in den Vordergrund gestellt.

Wie ist es nun um das Vertrauen von Bürgerinnen und Bürgern bestellt? Blickt man in die mediale Landschaft, finden sich Schlagzeilen und Ausführungen zu schwindendem Vertrauen der deutschen Bevölkerung in ihre Volksvertreterinnen und -vertreter. Die Bertelsmann Stiftung spricht 2009 gar von einer „Vertrauenskrise“ in der Bundesrepublik Deutsch-

52 *Schweer/Thies* (2003); *Schweer/Thies* (2008).

53 *Schweer* (1997a).

54 *Thies* (2002); *Thies* (2005).

55 *Schweer* (1997b).

56 Intensivierung von in einer Organisation positiv bewerteten Verhaltensweisen, die den Zielen der Organisation nützen, *Aryee/Budhwar/Chen* (2001).

57 ‚Trust, confidence and cooperation‘, *Earle/Siegrist/Gutscher* (2007).

land. Klassische Umfragewerte, wie vom GfK-Verein regelmäßig publiziert (aktuell: 2015), zeigen wiederholt, dass politischen Entscheidungsinstitutionen wie Parteien und Organisationen nur wenig Vertrauen entgegengebracht wird. Als besonders vertrauenswürdig werden hingegen öffentliche Gewährleistungsinstitutionen[58] wie die Polizei oder die Justiz angesehen. Eine eigene aktuelle Studie zeigt für junge Erwachsene zwar moderate Vertrauenswerte in zentrale gesellschaftliche Institutionen, gleichzeitig befinden sich die jungen Erwachsenen aber in einem subjektiven Zustand schwindenden Vertrauens.[59] Wichtig für positive Vertrauensurteile in diesem Kontext ist die erlebte Gerechtigkeit von Verfahren bzw. von beteiligten Akteuren. Das Erleben von Gerechtigkeit hilft, Unsicherheiten (z. B. im Falle fehlenden Wissens) zu reduzieren[60] und fördert die Wahrnehmung einer Organisation oder Person als vertrauenswürdig sowie die übermittelten Informationen als glaubwürdig.[61] Im Sinne des ‚fair-process'-Effekts[62] führt Vertrauen wiederum zu einer Erhöhung der erlebten Gerechtigkeit. Vertrauen kann somit als zentraler „Puffer" gegen Eskalationsprozesse angesehen werden.[63] Kontrastierend erlebten lediglich 10 Prozent der von *Zöllner, Rau und Schweizer-Ries* (2009) befragten Bürgerinnen und Bürger einen Planungsprozess als gerecht. Blickt man auf Proteste und Protestbewegungen, differieren die Vertrauensurteile für die jeweiligen Akteure und Akteursgruppen. Laut einer Studie der RWE AG (2012) finden sich niedrige bzw. sinkende Vertrauenswerte in Vorhabenträger, gleichzeitig finden sich hohe bzw. steigende Vertrauenswerte in Nichtregierungsorganisationen. Auch *Zöllner et al.* (2009) fanden geringe Vertrauenswerte im Rahmen von Planungsprozessen, hohe Vertrauenswerte erzielten hingegen die beteiligten Bürgerinitiativen. *Schnelle und Voigt* (2012) ermittelten insbesondere Intransparenz als verantwortlich für teilweise dramatische Vertrauensverluste von Bürgerinnen und Bürgern und damit verbunden eine schlechte Reputation der Vorhabenträger. Vertrauensverluste in Vorhabenträger werden auch für die Intensivierung von Protestbereitschaft verantwortlich gemacht.[64] Akzeptanz oder im gegenteiligen Fall Protestbereitschaften sind also häufig auch eine Frage des (mangelnden) Vertrauens in die entscheidenden Akteure und Akteursgruppen. Darüber hinaus zeichnen sich eskalierende Infrastruktur- und Bauprojekte oftmals durch den zu späten Einsatz von Bürgerbeteiligung und Mediationen aus, sodass die Schaffung einer Vertrauensgrundlage nicht mehr möglich ist.[65]

58 Zur Differenzierung zwischen politischen Entscheidungsinstitutionen und Gewährleistungsinstitutionen vgl. *Martens* (2010)

59 Operationalisiert über die Frage, ob sich das erlebte Vertrauen in den letzten zwölf Monaten verändert hat, *Henk/Thies/Misamer* (2016).

60 *van den Bos/Wilke/Lind* (1998); *Pearce/Bigley/Brayiczki* (1998); für die psychologische Gerechtigkeitsforschung als solche s. *Lind/Tyler* (1988).

61 Bertelsmann Stiftung (2011); *Schweer/Thies* (2005).

62 *Zala-Mezö/Raeder* (2007).

63 *Bandelow/Thies* (2014).

64 RWE AG (2012).

65 *Bandelow/Thies* (2014).

F. Exkurs: Handlungsfeld Nukleare Energien

Analysiert man infrage kommende Handlungs- oder, genauer, Konfliktfelder, finden sich jeweils spezifische Forschungslinien. Insbesondere, wenn es um die Einführung neuer oder die Nutzung riskanter Technologien geht, fragen viele Forschungsgruppen nach Gründen für die Akzeptanz solcher Technologien bzw. nach Möglichkeiten der Akzeptanzsteigerung. Vereinzelt wird – sozusagen als Gegenpol zur Akzeptanz – auch die Protestbereitschaft mit untersucht. Ebenfalls zentral bei Handlungsfeldern wie diesen sind neben der subjektiven Risikowahrnehmung Wertorientierungen und moralische Überzeugungen. So zeigt die Untersuchung von *de Groot, Steg und Poortinga* (2010), dass der Einfluss des wahrgenommenen Risikos nuklearer Energien auf die Protestbereitschaft durch eine persönliche Norm, nämlich die moralische Verpflichtung, gegen die Nutzung nuklearer Energie aktiv zu werden, vermittelt wird. Analoges gilt für den Einfluss des wahrgenommenen Nutzens auf die Akzeptanz nuklearer Energien, wenngleich die Zusammenhänge hier deutlich schwächer sind (insgesamt passt das gewählte Untersuchungsmodell besser für opponierende als befürwortende Einstellungen). In einer weiteren Studie geht die Forschungsgruppe der Frage nach, ob Wertorientierungen die Risikowahrnehmung nuklearer Energien beeinflussen.[66] Sie unterscheiden egoistische, altruistische und umweltbezogene Wertorientierungen und finden die erwarteten Zusammenhänge: Altruistische und umweltbezogene Wertorientierungen hängen mit einem höheren wahrgenommenen Risiko nuklearer Energien zusammen, egoistische Wertorientierungen hingegen mit einem höheren wahrgenommenen Nutzen.

Whitfield, Rosa, Dan und Dietz (2009) widmen sich ähnlichen Zusammenhängen, um die Einstellungen von Bürgerinnen und Bürgern zu nuklearen Energien vorherzusagen, zusätzlich integrieren sie Vertrauensmaße. Das Vertrauen in Umweltorganisationen zeigt hier keine Einflüsse auf die Risikowahrnehmung, das Vertrauen in Energieunternehmen hängt hingegen mit einer deutlich geringeren Risikowahrnehmung zusammen. Insgesamt lässt sich aufzeigen, dass im europäischen Ausland vermehrt untersucht wird, was die Akzeptanz nuklearer Energien bedingt bzw. wie es um die Akzeptanz dieser Energieform bestellt ist. Für Schweden hat *Sjöberg* (2004) eine reale Endlagersuche wissenschaftlich begleitet. Die Bedrohungseinschätzung durch das potenzielle Endlager hat sich als die zentrale Variable heraus gestellt, die die Haltung zur Standorterkundung beeinflusst. Darüber hinaus war das Vertrauen in die potenziellen Betreiber des Endlagers zentral. Die Ausführungen von *Sjoberg* weisen zudem darauf hin, dass die Relevanz des NIMBY-Phänomens in Schweden zu sinken scheint: NIMBY scheint gegen die aktuelle ‚political correctness' insofern zu verstoßen, dass es einen breiten Konsens dahingehend gibt, den radioaktiven Abfall innerhalb der eigenen Landesgrenzen lagern zu müssen und zu wollen.

Dieser kurze Blick in ein potentielles Konfliktfeld verweist (erneut) auf die Relevanz projekt- oder themenspezifischer Analysen. Er zeigt aber auch, dass gesellschaftliche Rahmenbedingungen und Wandlungsprozesse in künftige Analysen miteinzubeziehen sind, wie die mög-

---

66 *de Groot/Steg* (2010).

liche Veränderung des NIMBY-Phänomens veranschaulicht. Last but not least deuten sich hier auch interessante Ansatzpunkte für internationale oder interkulturelle Vergleichsstudien an.

G. Einflussfaktoren auf Protestverhalten: Eine Zusammenschau

Die bisherigen Ausführungen haben gezeigt, dass sich im Rahmen der Protestforschung durchaus konsensuale und replizierbare Befunde zu einzelnen Konstrukten finden. Die Ausrichtung bzw. der Stellenwert, der den einzelnen Konstrukten beigemessen wird, variiert durchaus. Hinzu kommen wenig vergleichbare Messverfahren, insbesondere zur Erfassung von Aspekten des Protestverhaltens. In einer eigenen Studie, in der gemäß grundlegender psychologischer Überlegungen Protestbereitschaft und -verhalten voneinander getrennt erfasst wurden,[67] ließen sich beispielsweise beide Konstrukte faktorenanalytisch klar in je eine gewaltfreie und eine gewaltbejahende Dimension trennen. Darüber hinaus zeigte sich für die Vorhersage von Protestverhalten, dass die Bereitschaft, auch zu Gewalt inkludierenden Mitteln zu greifen, mit einer geringeren Bereitschaft zu legalen Protestformen zusammenhängt. Das lässt den vorsichtigen Schluss zu, dass Protestverhalten sich vermutlich nicht kontinuierlich von gewaltfreien zu Gewalt inkludierenden Formen steigert. Gewalt inkludierende Verhaltensmöglichkeiten scheinen demnach keine direkte Folge oder logische Stufe zu sein, die nach Ausschöpfung gewaltfreier Protestmittel mehr oder weniger automatisch folgt.

Zur Erklärung tatsächlich gezeigten Protestverhaltens haben wir darüber hinaus schrittweise (a) soziodemografische, (b) personale und (c) projektbezogene Faktoren in die Analysen integriert[68] – alle Variablengruppen haben einen signifikanten Vorhersagewert. Betrachtet man zusätzlich die einzelnen erhobenen Konstrukte, zeigt sich, dass vor allem die persönliche Betroffenheit (materiell und ideell – die häufig postulierte Trennung der beiden ließ sich in unserer Stichprobe[69] faktorenanalytisch nicht abbilden) und das wahrgenommene (negative) Verhalten der Gegenseite Protestverhalten fördern.

Darüber hinaus kommt auch in der angesprochenen Studie der erlebten Partizipation eine starke Bedeutung zu: Gruppiert man die Stichprobe nach dem Ausmaß erlebter Partizipation, zeigt sich, dass je geringer die erlebte Partizipation ist, umso höher Protestbereitschaft und -verhalten und umso geringer das Gerechtigkeitserleben und das systemische Ver-

67 *Thies et al.* (2015); *Thies et al.* (2016).

68 Es wurde eine hierarchische Regressionsanalyse berechnet, in der in einem ersten Schritt alle erhobenen soziodemografischen Variablen eingeflossen und in zwei weiteren Schritten die personalen bzw. projektbezogenen Variablen. Auf diese Weise lässt sich der Einfluss jeder der drei Variablengruppen auf das Protestverhalten getrennt voneinander spezifizieren. Die (kollektive) Selbstwirksamkeitserwartung wurde hier nicht einbezogen.

69 Online-Befragung von $N = 157$ Bürgerinnen und Bürgern, die aktiv in Protesten engagiert waren, im Zeitraum vom 12. Juni bis 9. Juli 2014 auf der Basis etablierter, zum Teil aber auch selbst konstruierter Messinstrumente.

trauen ausgeprägt sind. Letzteres deutet darauf hin, dass das Erleben von Protestanlässen auch das Vertrauen in gesellschaftliche Systeme (nicht nur in einzelne Akteure und Akteursgruppen) tangieren kann. Ähnlich fanden *Rucht, Baumgarten, Teune und Stuppert* (2010) besonders geringe Vertrauensintensitäten im Umfeld von Stuttgart 21: Das Vertrauen in die Bundesregierung und die Polizei war hier deutlich geringer ausgeprägt als in der repräsentativen Stichprobe einer im ähnlichen Zeitraum stattgefundenen ALLBUS-Umfrage.[70] Gleichzeitig erweist sich das Vertrauen in das politische System und in politische Akteure in der bereits in Abschnitt 4 erwähnten eigenen Studie zum systemischen Vertrauen als der mit Abstand einflussreichste Einflussfaktor auf die Zufriedenheit junger Erwachsener mit der Demokratie in Deutschland.[71] Die Demokratieunzufriedenheit vieler Bürgerinnen und Bürger gilt vor allem seit den Protesten gegen Stuttgart 21 als ein Motiv für Protesthandlungen.[72] Auch *Hornig und Bauer* (2016) weisen einen entsprechenden Effekt im Kontext der Proteste um den derzeitigen Ausbau des Frankfurter Flughafens nach.

Um ein differenzierteres Bild der Menschen, die bereits gegen ein Bau- oder Infrastrukturvorhaben protestiert haben, zu erhalten, wurde in der bereits angesprochenen Studie zu Protestbereitschaft und -verhalten eine Clusteranalyse[73] über die zentralen Konstrukte gewaltfreie Protestbereitschaft, gewaltfreies Protestverhalten und Betroffenheit berechnet. Auf diese Weise ließen sich vier Subgruppen bilden. Auch wenn sich in den Ergebnissen das in der Einleitung skizzierte Bild des älteren, gut gebildeten Mannes als prototypischer Protestierender grundsätzlich wiederfindet (wobei es in unserer Stichprobe keine Unterschiede der vier gefundenen Gruppen in Bezug auf den Bildungsstand gab), lassen sich die gefundenen Cluster(-unterschiede[74]) bei aller methodischen Vorsicht und in Anbetracht der für die Gesamtbevölkerung nicht repräsentativen Stichprobe als Hinweise auf verschiedene Protestprofile interpretieren. Besonders auffällig sind hierbei die gegensätzlichen Muster zwischen den Clustern 2 und 3: Die höchsten Werte, sowohl für Betroffenheit als auch für Protestbereitschaft und das tatsächlich gezeigte Protestverhalten, erzielen mit den Personen in Cluster 3 in der Tat überzufällig ältere, männliche Personen (s. Abbildung 1).[75]

70 Allgemeine Bevölkerungsumfrage der Sozialwissenschaften (2008), *Terwey/Baltzer* (2015).

71 *Henk/Thies/Misamer* (2017).

72 S. Abschnitt B.

73 Die Clusteranalyse wurde nach dem Ward-Verfahren berechnet. Zur Ermittlung von potenziellen Ausreißern wurde vorab eine Clusteranalyse nach der Single-Linkage-Methode berechnet. Auf Basis der Ergebnisse dieser Analyse wurden 3 Fälle von der eigentlichen Clusteranalyse ausgeschlossen. Die optimale Anzahl von Clustern wurde anhand des Elbow-Kriteriums, des Tests von Mojena und des Variance Ratio Criterion nach Calinski und Harabasz bestimmt, vgl. *Backhaus/Erichson/Plinke/Weiber* (2016).

74 Zur Identifikation von Unterschieden zwischen den Clustern wurden für metrisch skalierte Variable eine MANOVA und post hoc-Tests und für nominal skalierte Variablen ein loglineares Modell und Kreuztabellen berechnet.

75 Für weitere Informationen s. Abschnitt J.

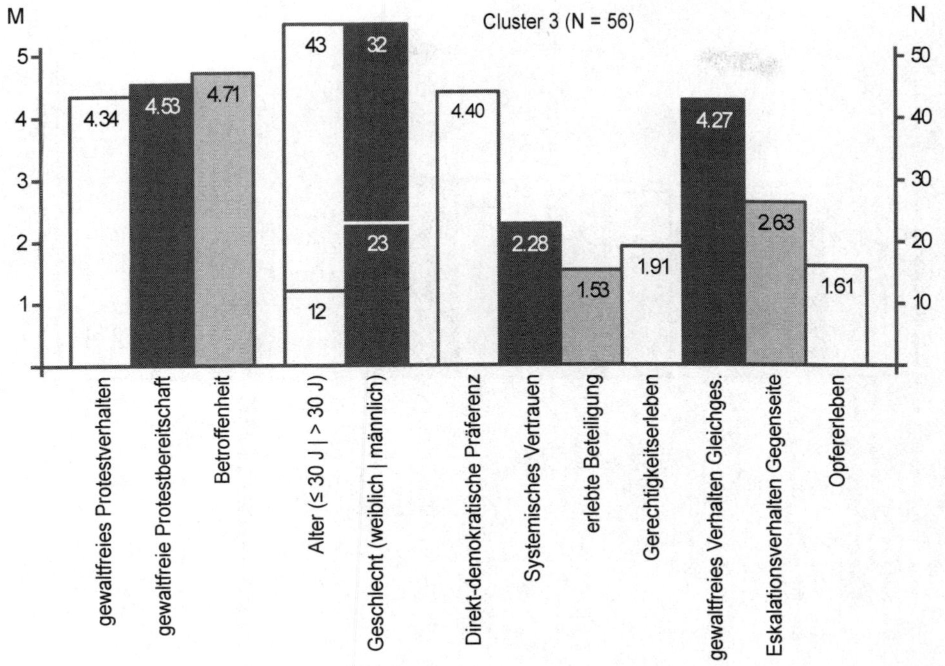

Abbildung 1: Mittelwerte (M) und Häufigkeiten (N) der soziodemografischen Angaben für Cluster 3.

Gleichzeitig erleben diese vergleichsweise wenig Beteiligungsmöglichkeiten und Gerechtigkeit hinsichtlich des Entscheidungsprozesses, ihr Vertrauen in relevante gesellschaftliche Systeme ist ebenfalls gering ausgeprägt. Sie nehmen das Verhalten der Gegenseite als schädigend wahr – sowohl in Bezug auf andere Personen und Dinge („Eskalationsverhalten Gegenseite") als auch in Bezug auf die eigene Person, indem sie sich stärker als Opfer erleben. Auch zeigen sie eine höhere Präferenz für direkt-demokratische Verfahren und berichten ebenso verstärkt von (gewaltfreiem) Protestverhalten Gleichgesinnter. Die Personen aus Cluster 3 scheinen zudem unserem politischen System eher kritisch gegenüber zu stehen: Bei der Sonntagsfrage geben sie zum einen häufiger als verteilungstheoretisch zu erwarten wäre an, Piraten oder Linke zu wählen, zum anderen aber auch relativ häufig, dass sie gar nicht oder eine andere (nicht genannte) Partei wählen oder sich noch unschlüssig sind.

Demgegenüber steht in Cluster 2 eine Gruppe v. a. jüngerer Protestierender, die sich wenig betroffen fühlen und auch wenig Protestbereitschaft oder -verhalten zeigen (s. Abbildung 2).

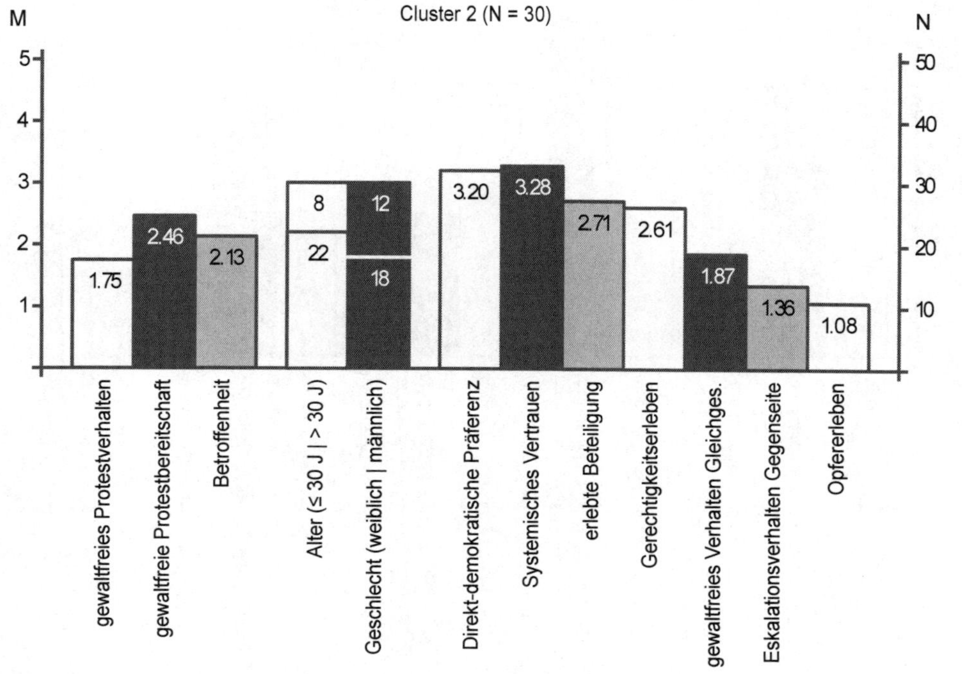

Abbildung 2: Mittelwerte (M) und Häufigkeiten (N) der soziodemografischen Angaben für Cluster 2.

Diese Personen fühlen sich am Entscheidungsprozess bezüglich des Vorhabens beteiligt und erleben ihn als gerecht. Sie sehen zudem kein schädigendes Verhalten der Gegenseite – sei es gegenüber der eigenen Person oder anderen bzw. Dingen – und berichten auch kaum von Protestverhalten Gleichgesinnter. Ferner zeichnen sie sich durch ein vergleichsweise hohes systemisches Vertrauen und eine niedrige Präferenz für direkt-demokratische Verfahren aus.

Auch die Personen in Cluster 1 sind eher jung, wobei sich hier deutlich mehr Frauen finden als bei einer zufälligen Verteilung zu erwarten wäre (s. Abbildung 3). Sie unterscheiden sich von Cluster 2 nur in wenigen Punkten: Zum einen erleben sie eine geringere Beteiligung am Entscheidungsprozess. Zum anderen fühlen sie sich stärker betroffen und weisen eine höhere Bereitschaft zu (gewaltfreiem) Protest auf – beides aber im Vergleich zu Cluster 3 noch moderat. Die höhere Protestbereitschaft wird von ihnen anscheinend aber eher nicht in Protestverhalten, umgesetzt – zumindest nicht unmittelbar: In dieser Gruppe finden sich mehr Wählerinnen und Wähler vor allem der AfD als erwartet, was möglicherweise auch Ausdruck ihres Protests sein könnte.

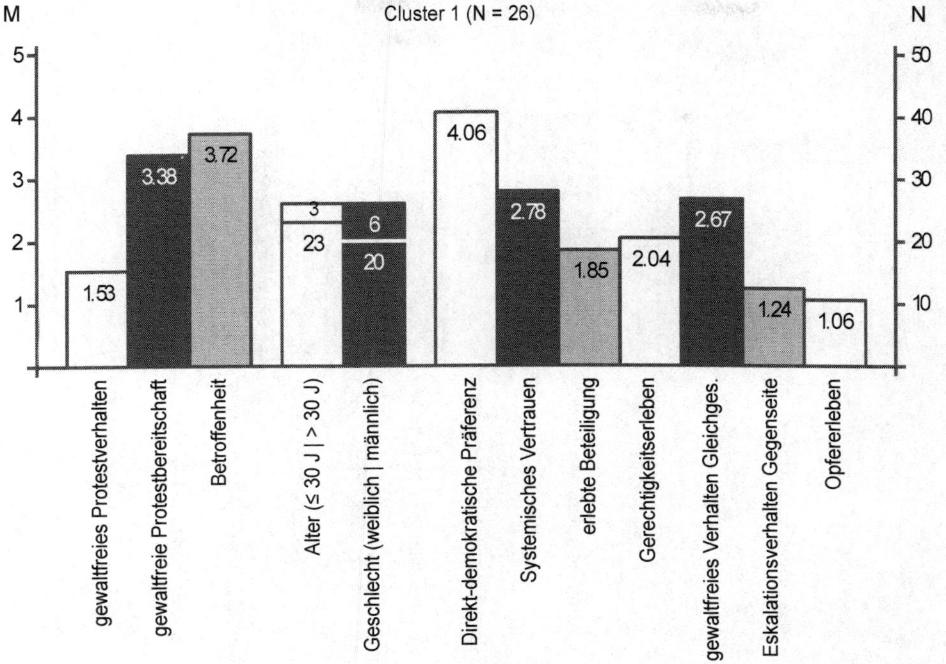

Abbildung 3: Mittelwerte (M) und Häufigkeiten (N) der soziodemografischen Angaben für Cluster 1.

Cluster 4 schließlich fühlt sich ebenfalls moderat betroffen und zeigt eine ebenfalls moderat hohe Protestbereitschaft (s. Abbildung 4). Anders als Cluster 1 berichten die Personen dieser Gruppe aber auch von einem moderat hohen Protestverhalten. Damit zeigen sie ein Cluster 1 vergleichbares Muster – nur auf einem etwas niedrigeren Niveau. Ähnlich wie diese nehmen sie das Verhalten der Gegenseite als vergleichsweise schädigend gegenüber anderen Personen bzw. Dingen wahr, erleben sich aber selbst nicht als Opfer dieses Verhaltens. Das Protestverhalten ihrer Gleichgesinnten ist zudem weniger stark ausgeprägt als bei Cluster 1, auch erleben sie verstärkt Beteiligungsmöglichkeiten und systemisches Vertrauen. Dennoch zeigen die Personen, die dem Cluster 4 zugeordnet sind, eine hohe Präferenz direkt-demokratischer Verfahren – möglicherweise unterscheiden sie sich in ihrem Demokratieverständnis von den anderen Clustern, indem sie (gewaltfreien) Protest als eine legitime Form demokratischer Partizipation ansehen und äußern. In Cluster 4 sind jüngere und ältere Frauen und Männer gleichermaßen und auffällig viele BÜNDNIS 90/DIE GRÜNEN-Wählerinnen und -Wähler vertreten.

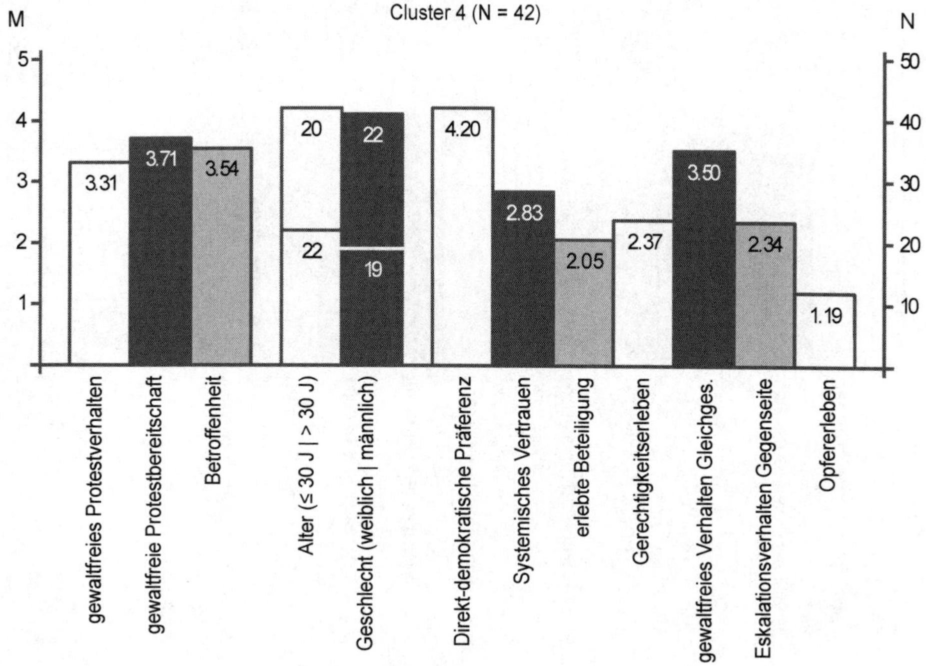

Abbildung 4: Mittelwerte (M) und Häufigkeiten (N) der soziodemografischen Angaben für Cluster 4.

Insgesamt verweisen die berichteten Befunde (neben der Bestätigung vorhandener Studien zur Relevanz einzelner Konstrukte) auf die Notwendigkeit weiterer, auch prozessualer (protestbegleitender) Studien. So erscheint die Frage von hohem Interesse, ob sich spezifische Vorhaben oder gesellschaftliche Projekte identifizieren lassen, in denen sich jeweils spezifische Gruppen von Protestierenden finden bzw. in deren Rahmen sich Eskalationsprozesse deutlich voneinander unterscheiden lassen. Auf der Basis solcher Befunde ließen sich belastbare, auch projektspezifische Ansatzpunkte zur Deeskalation ableiten. Zudem sollte der Zusammenhang zwischen gewaltfreiem und Gewalt implizierenden Protestverhalten der Gegenstand weiterer Analysen sein. Zumindest den berichteten ersten Befunden nach scheint sich keine zwangsläufige Steigerung vom einen zum anderen im Konfliktverlauf anzudeuten.

H. Fazit

In der Zusammenschau lässt sich feststellen, dass psychologische Merkmale und Befindlichkeiten einen erheblichen Einfluss auf gezeigtes Protestverhalten haben. Dies betrifft bereits die Bildung von Einstellungen gegenüber strittigen Fragen oder Projekten. Darüber hinaus führen Betroffenheiten, soziale Identitäten, emotionale Bewertungen und Erwartungen zur Beteiligung an Protesten. Einen erheblichen Einfluss haben hierbei soziale Wahrnehmungsprozesse, die für die ‚in-group' und die ‚out-group' verschieden verlaufen.

Wenngleich im Zentrum der bisherigen Ausführungen primär das Protestverhalten beeinflussende Faktoren gestanden haben, lassen die Ausführungen doch auch Rückschlüsse auf eine Verbesserung im Umgang mit gesellschaftlich strittigen Fragen zu. Zu den Voraussetzungen erfolgreicher Bürgerbeteiligung gehört neben einer Intensivierung früher, als transparent erlebter öffentlicher Beteiligung, die über reine Informationsweitergabe hinaus geht,[76] auch eine echte „Beteiligungsbereitschaft", die reine Lippenbekenntnisse übersteigt und die Belange sich betroffen fühlender Bevölkerungsgruppen ernst nimmt und zumindest deren gewaltfreies Protestverhalten als Ausdruck demokratischen Partizipationsverhaltens versteht.

Hierzu bedarf es sicherlich auf Lang- oder zumindest Mittelfristigkeit angelegter Strategien, um die eigene Glaub- und Vertrauenswürdigkeit zu transportieren. Authentizität an sich ist eben nicht kommunizierbar.[77] Von daher sind andere Strategien nötig, um Authentizität beurteilbar zu machen. Häufig vorgeschlagen werden in diesem Zusammenhang Bekenntnisse zu ethisch-moralischen Grundsätzen im Sinne eines Wertemanagements. Wertemanagement kann trotz Zweifeln an den ethisch-moralischen Absichten der Kommunikatorin oder des Kommunikators Vertrauensurteile erleichtern. Auch an die Verbindlichkeit getroffener Aussagen kann dann leichter geglaubt werden. Dies setzt selbstverständlich eine tatsächliche Verpflichtung auf die kommunizierten Werte voraus. Versuche, die eigene Vertrauenswürdigkeit mit Verweisen oder Beteuerungen auf die eigene Ehrlichkeit (wieder-)herzustellen, sind hier nicht anzuraten, da immer ein Strategieverdacht entsteht.[78]

Neben der eben angesprochenen Beteiligungsbereitschaft bedarf es aber auch kommunikativer Kompetenzen der beteiligten Akteure. In diesem Zusammenhang liefert die Analyse von *Horlings und Hinssen* (2014) wertvolle Hinweise. Im Zuge größerer niederländischer Proteste gegen sogenannte ‚mega-farms' konnten die Autorin und der Autor zeigen, dass medial und gesellschaftlich verschiedenste Diskurse geführt wurden – allerdings kein Metadiskurs, in dem die verschiedenen Befürchtungen, Vor- und Nachteile der infrage stehenden Bauprojekte, integriert wurden. Darüber hinaus wurden die Befürchtungen der Bürgerinnen und Bürger den Forschenden zufolge schnell als nicht rational und damit nicht weiter betrachtungswürdig abgetan (Autorin und Autor sprechen hier von einem ‚rationalization reflex'). In der Folge fühlten sich die Bürgerinnen und Bürger nicht ernst genommen und missverstanden. Insgesamt waren die Diskursformen also wenig aufeinander abgestimmt bzw. fanden jeweils auf verschiedenen Ebenen respektive vor verschiedenen Hintergründen statt, sodass eine tatsächliche Lösung des Konflikts per se unwahrscheinlich wurde.

Insgesamt fällt eine zwar rege und steigende Forschungstätigkeit zu Protesten und Bürgerbeteiligungen auf. Diese bleibt allerdings vielfach in einer Disziplin verhaftet, so dass zwar hoch relevante, aber eben nur Teilausschnitte komplexer sozialer Phänomene und Probleme

76 Analog zum organisationalen Change Management im Sinne von: „Man muss Betroffene zu Beteiligten machen"; *Brodbeck* (2012).

77 *Strulik* (2011).

78 *Schweer/Thies* (2008).

betrachtet werden können. Eine systematische, interdisziplinäre Verknüpfung scheint insgesamt vonnöten, um komplexe gesellschaftliche Probleme besser zu verstehen und empirisch belastbare Vorschläge zum Umgang mit eben diesen Problemen bzw. idealiter Lösungsvorschläge unterbreiten zu können.

Literaturverzeichnis

Ajzen, Icek/Martin Fishbein, Belief, attitude, intention and behavior: An introduction to theory and research. Reading, MA 1975.

Aryee, Samual/Pawan S. Budhwar/Zhen Xiong Chen, Trust as a mediator of the relationship between organizational justice and organizational outcomes: Test of a social exchange model, Journal of Organizational Behavior 2002, Vol. 23, pp. 267–285.

Backhaus, Klaus/Bernd Erichson/Rolf Weiber, Multivariate Analysemethoden, 14. Aufl., Berlin 2016.

Bandelow, Nils Christoph, Systeme der Zulassung und Überwachung riskanter Techniken: Machtverluste diskursiver Verwaltung und Gegenstrategien, Politische Vierteljahresschrift 2000, Vol. 31, S. 302–318.

Bandelow, Nils Christoph/Stefan Schulz-Hardt/Thomas Siefer/Jutta Stender-Vorwachs/Barbara Thies, Eskalationsforschung zur Kommunikation großer Infrastruktur- und Bauvorhaben, 2016, Zugriff über https://www.tu-braunschweig.de/innenpolitik/forschung/eskalationsforschung/.

Bandelow, Nils Christoph/Barbara Thies, Gerechtigkeitsempfindungen bei Großprojekten als Ursache von Konflikteskalationen? Vertrauen und Legitimität als moderierende Faktoren illustriert am Beispiel der Konflikte um die Erweiterung des Frankfurter Flughafens, Politische Psychologie 2014, H. 3, S. 24–37.

Barthe, Susan/Karl-Werner Brand, Reflexive Verhandlungssysteme. Diskutiert am Beispiel der Energiekonsens-Gespräche, in: Hrsg. Volker von Prittwitz, Verhandeln und Argumentieren, Opladen 1996, S. 71–109.

Baumgarten, Britta/Dieter Rucht, Die Protestierenden gegen „Stuttgart 21" – einzigartig oder typisch?, in: Hrsg. Frank Brettschneider/Wolfgang Schuster, Stuttgart 21. Ein Großprojekt zwischen Protest und Akzeptanz, Wiesbaden 2013.

Bem, Daryl/Andrea Allen, On predicting some of the people some of the time: The search for cross-situational consistencies in behavior, Psychological Review 1974, Vol. 81, pp. 506–520.

Bertelsmann Stiftung, Vertrauen in Deutschland. Eine qualitative Wertestudie der Bertelsmann Stiftung. Task Force „Perspektive 2020 – Deutschland nach der Krise", Gütersloh 2009.

Bertelsmann Stiftung, Bürgerbeteiligung und Planungsverfahren. Rechtliche Rahmenbedingungen neu gestalten?, Gütersloh 2011, Zugriff über www.bertelsmann-stiftung.de/buergerbeteiligung-planungsverfahren

Borkenau, Peter/Fritz Ostendorf, NEO-Fünf-Faktoren-Inventar nach Costa & McCrae, Göttingen 2008.

Brandstätter, Hermann/Karl-Dieter Opp, Personality traits (big five) and the propensity to political protest: Alternative models, Political Psychology 2014, Vol. 35, pp. 515–537.

Brodbeck, Felix, „Man muss Betroffene zu Beteiligten machen“, Personalführung 2012, H. 4, S. 44–49, Zugriff über https://www.dgfp.de/wissen/personalwissen-direkt/dokument/88664/herunterladen/.

Bundesministerium für Verkehr und digitale Infrastruktur, Handbuch für eine gute Bürgerbeteiligung, Berlin 2014.

Crawford, Joanne, Basque attitudes towards political violence: Its correlation with personality variables, other socio-political attitudes, and political party vote, Aggressive Behavior 1993, Vol. 19, pp. 325–346.

Daphi, Priska/Dieter Rucht/Wolfgang Stuppert/Simon Teune/Peter Ullrich, Occupy Frieden. Eine Befragung von Teilnehmer/innen der „Montagsmahnwache für Frieden“, 2. überarb. Fassung, Zentrum Technik und Gesellschaft, Technische Universität Berlin 2014.

De Groot, Judith/Linda Steg, Morality and nuclear energy: Perceptions of risks and benefits, personal norms, and willingness to take action related to nuclear energy, Risk Analysis 2010, Vol. 30, pp. 1363–1373.

De Groot, Judith/Linda Steg/Wouter Poortinga, Values, perceived risks and benefits, and acceptability of nuclear energy, Risk Analysis 2013, Vol. 33, pp. 307–317.

Deutsch, Morton/Peter Thomas Coleman/Eric Marcus, The handbook of conflict resolution. Theory and practice, 2nd edition, San Francisco, CA 2011.

Earle, Timothy/Michael Siegrist/Heinz Gutscher, Trust, risk perception, and the TCC model of cooperation, in: Eds. Michael Siegrist/Timothy Earle/Heinz Gutscher, Trust in cooperative risk management, London 2007.

Emerson, Richard Marc, Power-dependence relations, American Sociological Review 1962, Vol. 27, pp. 31–41.

Gallardo, Adrian/Hideo Aoki, Attitude toward the geological disposal of radioactive wastes in Japan: The opinion of the youth prior to the Tohoku earthquake, International Journal of Environmental Research 2012, Vol. 6, Issue 2, pp. 399–408.

GfK Verein, Euro und Große Koalition steigen in der Gunst der Deutschen, Nürnberg 2015, Zugriff über http://www.gfk-verein.org/sites/default/files/medien/359/dokumente/pm_global_trust_2015_final_dt.pdf.

Glasl, Friedrich, Eskalationsdynamik sozialer Konflikte, in: Hrsg. Thomas Trenczek/Detlev Berning/Christina Lenz, Mediation und Konfliktmanagement, Baden-Baden 2013.

Götsch, Katja, Riskantes Vertrauen. Theoretische und empirische Untersuchung zum Konstrukt Glaubwürdigkeit, Münster 1994.

Hadjar, Andreas/Rolf Becker, Unkonventionelle politische Partizipation im Zeitverlauf, Kölner Zeitschrift für Soziologie und Sozialpsychologie 2007, Bd. 59, S. 410–439.

Heider, Fritz, The psychology of interpersonal relations, New York 1958.

Heiman, Michael, From ‘not in my backyard!’ to ‘not in anybody‘s backyard!’, Journal of the American Planning Association 1990, Vol. 56, pp. 359–362.

Henk, Florian/Barbara Thies/Melanie Misamer, Vertrauen in gesellschaftliche Systeme und Institutionen: Konzeptualisierung, Messung, Ausprägung. Vortrag auf der 29. Jahrestagung des Forums Friedenspsychologie, Landau 2016.

Henk, Florian/Barbara Thies/Melanie Misamer, Die Erfassung und Ausprägung des Vertrauens junger Erwachsener in die Politik und andere gesellschaftliche Systeme, 2017.

Horlings, Lummina/Jules Hinssen, Sustainable innovation in intensive animal husbandry: Policy and public protests towards a mega-farm in the Netherlands, ESSACHESS – Journal for Communication Studies 2014, Vol. 7, pp. 125–145.

Hornig, Eike-Christian/Simon Bauer, Infrastrukturproteste und Demokratieunterstützung. Die Demonstrationen gegen den Ausbau des Frankfurter Flughafens zwischen NIMBY- und Demokratieprotest, Zeitschrift für Politikwissenschaft 2016, Bd. 26, S. 153–172.

Jonas, Klaus/Wolfgang Stroebe/Miles Hewstone, Sozialpsychologie, 6. Aufl., Berlin, Heidelberg 2014.

Klandermans, Bert/Jojanneke v. d. Toorn/Jacquelien v. Stekelenburg, Embeddedness and grievances: Collective action participation among immigrants, American Sociological Review 2008, Vol. 73, pp. 992–1012.

Kompetenzzentrum für Öffentliche Wirtschaft, Infrastruktur und Daseinsvorsorge e.V., Optionen moderner Bürgerbeteiligung bei Infrastrukturprojekten. Ableitung für eine verbesserte Beteiligung auf Basis von Erfahrungen und Einstellungen von Bürgern, Kommunen und Unternehmen, Universität Leipzig 2013, Zugriff über https://www.baufachinformation.de/literatur.jsp?bu=2014019015455.

Lazarus, Richard, Psychological stress and the coping process, New York 1966.

Lemyre, Louise/Philip Smith, Intergroup discrimination and self-esteem in the minimal group paradigm, Journal of Personality and Social Psychology 1985, Vol. 49, pp. 660–670.

Lewin, Kurt, Principles of topological psychology, New York 1936.

Luhmann, Niklas, Macht, Stuttgart 1975.

Lind, Allan/Tom Tyler, The social psychology of procedural justice, New York 1988.

Marg, Stine/Lars Geiges/Felix Butzlaff/Franz Walter, Die neue Macht der Bürger, Reinbek 2013.

Martens, Bernd, Politische Einheit – gespaltene Meinungsmuster, Bundeszentrale für politische Aufklärung, 2010, Zugriff über http://www.bpb.de/geschichte/deutsche-einheit/lange-wege-der-deutschen-einheit/47116/politische-einheit?p=all.

Misamer, Melanie/Barbara Thies, Demokratische Nutzbarkeit von Potenzialen der Lehrer-Schüler-Beziehung, Politische Psychologie 2014a, Bd. 3, S. 51–61.

Misamer, Melanie/Barbara Thies, Macht-, Gerechtigkeits- und Vertrauenserleben in der Schule: Empirische Analysen zur Überlappung der Konstrukte, Poster auf dem 49. Kongress der deutschen Gesellschaft für Psychologie, Bochum 2014b.

Misamer, Melanie/Barbara Thies, Macht-, Gerechtigkeits- und Vertrauenserleben aus Schüler/innen/sicht, Poster auf der 15. Fachgruppentagung Pädagogische Psychologie, Kassel 2015.

Misamer, Melanie/Barbara Thies, Erlebtes partizipatives und restriktives Verhalten von Lehrkräften: Effekte auf die Unterrichtszufriedenheit von Schüler/inne/n, Poster auf dem 50. Kongress der deutschen Gesellschaft für Psychologie, Leipzig 2016.

Misamer, Melanie/Marcel Hackbart/Barbara Thies, Der Umgang mit Macht in der Sozialen Arbeit – Wie Sozialarbeiterinnen und Sozialarbeiter aus der Kinder- und Jugendhilfe die Machtanwendung gegenüber ihrem Klientel einschätzen, Soziale Arbeit, (im Druck).

Mondak, Jeffery/Karen Halperin, A framework for the study of personality and political behavior, British Journal of Political Science 2008, Vol. 38, pp. 335–362.

Myers, David Guy, Psychologie, Heidelberg 2008.

Nanz, Patrizia/Martin Fritsche, Handbuch Bürgerbeteiligung. Verfahren und Akteure, Chancen und Grenzen, Bonn 2012.

Niedersächsisches Ministerium für Wirtschaft, Arbeit und Verkehr, Dialogforum Schiene Nord, 2015, Zugriff über http://www.dialogforum-schiene-nord.de/.

Opp, Karl-Dieter, Konventionelle und unkonventionelle politische Partizipation, Zeitschrift für Soziologie 1985, Bd. 14, S. 292–296.

Pearce, Jone/Gregory Bigley/Imre Branyiczki, Procedural justice as modernism: Placing industrial/organizational psychology in context, Applied Psychology: An International Review 1998, Vol. 47, pp. 371–396.

Perry, Ronald, Standhalten oder Weichen?: Reaktionsweisen von Bürgern bei Natur- und Nuklearkatastrophen, in: Hrsg. Lars Clausen/Wolf Dombrowsky/Thomas Drabek/Ronald Perry/Enrico Louis Quarantelli/Kathleen Tierney, Einführung in die Soziologie der Katastrophen, Bonn 1983.

Plaßmann, Anica Maria, Macht und Erziehung – Erziehungsmacht: Über die Machtanwendung in der Erziehung, Dissertation, Christian-Albrechts-Universität Kiel 2003, Zugriff über http://eldiss.uni-kiel.de/macau/receive/dissertation_diss_1197.

Pollard, William/Terence Mitchell, Decision theory analysis of social power, Psychological Bulletin 1972, Vol. 78, pp. 433–446.

Pötzschke, Jana/Hans Rattinger/Harald Schoen, Persönlichkeit, Wertorientierungen und Einstellungen zu Außen- und Sicherheitspolitik in den Vereinigten Staaten, Politische Psychologie 2012, Bd. 2, S. 4–29.

Renn, Ortwin, Partizipation bei öffentlichen Planungen. Möglichkeiten, Grenzen, Reformbedarf, in: Hrsg. Silke Keil/Isabell Thaidigsmann, Zivile Bürgergesellschaft und Demokratie, Wiesbaden 2013.

Renn, Ortwin/William Burns/Roger E. Kasperson/Jeanne X. Kasperson/Paul Slovic, The Social amplification of risk: Theoretical foundations and empirical application, Social Issues 1992, Vol. 48, pp. 137–160.

Ross, Lee, The Intuitive psychologist and his shortcomings: Distortions in the attribution process, in: Ed. Leonard Berkowitz, Advances in experimental social psychology, New York 1977.

Roth, Roland, Vorboten einer neuen Protestgeneration? Aus Politik und Zeitgeschichte 2012, Bd. 62, S. 36–43.

Rucht, Dieter/Britta Baumgarten/Simon Teune/Wolfgang Stuppert, Befragung von Demonstranten gegen Stuttgart 21 am 18.10.2010, Zugriff über https://www.wzb.eu/sites/default/files/projekte/stgt21kurzbericht2010.pdf.

RWE AG, Akzeptanz für Großprojekte. Essen 2012, Zugriff über http://www.rwe.com/web/cms/mediablob/de/1716208/data/1701408/4/rwe/verantwortung/akzeptanzstudie/Akzeptanzstudie-als-PDF-herunterladen.pdf.

Russell, Bertrand, Macht. Eine sozialkritische Studie, London 1947.

Schilling, Thorsten, Editorial, Fluter – Magazin der Bundeszentrale für politische Bildung 2011, Nr. 40, S. 3, Zugriff über http://www.bpb.de/system/files/dokument_pdf/pdf_article9744.pdf.

Schmalt, Heinz-Dieter, Macht, in: Hrsg. Veronika Brandstätter/Jürgen H. Otto, Handbuch der Allgemeinen Psychologie – Motivation und Emotion, Göttingen 2009, S. 225–230.

Schnelle, Kerstin/Matthias Voigt, Energiewende und Bürgerbeteiligung. Öffentliche Akzeptanz von Infrastrukturprojekten am Beispiel der „Thüringer Strombrücke", Erfurt 2012, Zugriff über https://germanwatch.org/4475.

Schoen, Harald, Personality traits and foreign policy attitudes in german public opinion, Journal of Conflict Resolution 2007, Vol. 51, pp. 408–430.

Scholl, Wolfgang, Restrictive control and information pathologies in organizations, Journal of Social Issues 1999, Vol. 55, pp. 101–118.

Scholl, Wolfgang, Führung und Macht: Warum Einflussnahme erfolgreicher ist, Wirtschaftspsychologie aktuell 2014, Bd. 13, S. 28–32.

Schütz, Holger, Risikokommunikation – eine Sache des Vertrauens? Newsletter der Forschungsgemeinschaft Funk 2008, Bd. 16, S. 10–19.

Schumann, Siegfried/Harald Schoen (Hrsg.), Persönlichkeit – eine vergessene Größe der empirischen Sozialforschung, Wiesbaden 2005.

Schweer, Martin, Interpersonales Vertrauen, Ausbildungsatmosphäre und persönlicher Lernerfolg. Eine empirische Untersuchung zu den Korrelaten erlebten Vertrauens in der pädagogischen Beziehung, Empirische Pädagogik 1997a, Bd. 11, S. 447–466.

Schweer, Martin, Bedingungen interpersonalen Vertrauens zum Lehrer: Implizite Vertrauenstheorie, Situationswahrnehmung und Vertrauensaufbau bei Schülern, Psychologie in Erziehung und Unterricht 1997b, Bd. 44, S. 143–151.

Schweer, Martin/Barbara Thies, Vertrauen als Organisationsprinzip, Bern 2003.

Schweer, Martin/Barbara Thies, Vertrauen durch Glaubwürdigkeit – Möglichkeiten der (Wieder-)Gewinnung von Vertrauen aus psychologischer Perspektive, in: Hrsg. Beatrice Dernbach/Michael Meyer, Vertrauen und Glaubwürdigkeit. Interdisziplinäre Perspektiven, Wiesbaden 2005, S. 47–63.

Schweer, Martin/Barbara Thies, Vertrauen, in: Hrsg. Ann Elisabeth Auhagen, Positive Psychologie, 2. Aufl., Weinheim 2008, S. 125–138.

Simon, Bernd/Michael Loewy/Stefan Stümer/Ulrike Weber/P. Freytag,/Corinna Habig, Collective identification and social movement participation, Journal of Personality and Social Psychology 1998, Vol. 74, pp. 646–658.

Sjöberg, Lennart, Local acceptance of a high-level nuclear waste repository, Risk Analysis 2004, Vol. 24, pp. 737–749.

Smith, Eliot, Social identity and social emotions: Toward new conceptualizations of prejudice, in: Eds. Diane Mackie/David Hamilton, Affect, cognition, and stereotyping: Interactive processes in group perception, San Diego 1993, pp. 297–315.

Spillmann, Kurt Robert/Kati Spillmann, Feindbilder. Entstehung, Funktion und Möglichkeiten ihres Abbaus, Zürcher Beiträge zur Sicherheitspolitik und Konfliktforschung Nr. 12, Forschungsstelle für Sicherheitspolitik und Konfliktanalyse, Eidgenössische Technische Hochschule, Zürich 1989, Zugriff über http://www.css.ethz.ch/publications/pdfs/zb_ 12.pdf.

Steinbrecher, Markus/Harald Schoen, Persönlichkeit und politische Partizipation im Umfeld der Bundestagswahl 2009, Politische Psychologie 2012, Bd. 2, S. 58–74.

Strulik, Torsten, Vertrauen. Ein Ferment gesellschaftlicher Risikoproduktion, Erwägen Wissen Ethik 2011, Bd. 22, S. 239–251.

Swami, Viren/Ingo Nader/Jakob Pietschnig/Stefan Stieger/Ulrich Tran/Martin Voracek, Personality and individual difference correlates of attitudes toward human rights and civil liberties, Personality and Individual Differences 2012, Vol. 53, pp. 443–447.

Tajfel, Henri/John Charles Turner, The social identity theory of intergroup behavior, in: Eds. Stephen Worchel/William Austin, Psychology of intergroup relations, Chicago 1986, pp. 7–24.

Tajfel, Henri/Michael Billig/Robert Bundy/Claude Flament, Social categorization and intergroup behavior, European Journal of Social Psychology 1971, Vol. 1, pp. 149–178.

Terwey, Michael/Stefan Baltzer, ALLBUS 2008 – Variable Report, Köln 2015, Zugriff über https://dbk.gesis.org/dbksearch/file.asp?file=ZA4600_ cdb.pdf.

Thies, Barbara, Vertrauen als Kernmerkmal von Schule? Empirische Befunde zur Kompatibilität des Vertrauenserlebens zwischen Lehrern und Schülern, in: Hrsg. Birgit Spinath/Elke Heise, Pädagogische Psychologie unter gewandelten gesellschaftlichen Bedingungen, Dokumentation des 5. Dortmunder Symposions für Pädagogische Psychologie, Hamburg 2002, S. 161–177.

Thies, Barbara, Dyadisches Vertrauen zwischen Lehrern und Schülern, Psychologie in Erziehung und Unterricht 2005, Bd. 52, S. 85–99.

Thies, Barbara/Florian Henk/Melanie Misamer/Nils Christoph Bandelow, Psychological predictors of (non-violent) behavioural escalation of civil-protestants, Paper presented at the 2nd International Conference on Public Policy (ICPP), Mailand 2015.

Thies, Barbara/Melanie Misamer/Florian Henk/Nils Christoph Bandelow, Why do Germans become political protesters? Manuskript in Vorbereitung, 2017.

Thies, Barbara/Stella Wanzel/Florian Henk/Sylvana Drewes/Melanie Misamer/Stefan Schulz-Hardt, Zur Messung und Modellierung von Eskalationsbereitschaft, Vortrag auf der Konferenz „Von ‚Stuttgart 21' bis zur Schiene Nord – Konflikteskalation und -deeskalation in der Verkehrsinfrastrukturpolitik" der Deutschen Verkehrswissenschaftlichen Gesellschaft Niedersachsen-Bremen e.V (DVWG), Braunschweig 2016.

Van den Bos, Kees/Henk Wilke/Allan Lind, When do we need procedural fairness? The role of trust in authority, Journal of Personality and Social Psychology 1998, Vol. 75, pp. 1449–1458.

Vogeler, Colette Sophie/Nils Christoph Bandelow, Devil Shift und Angel Shift in eskalierten politischen Konflikten am Beispiel von Stuttgart 21, Zeitschrift für Politikwissenschaft, 2016, Bd. 26, S. 301–324.

v. Stekelenburg, Jacquelien/Bert Klandermans, Individuals in movements: A social psychology of contention, in: Eds. Bert Klandermans/Conny Roggeband, Handbook of social movements across disciplines, New York 2007, pp. 157–204.

v. Stekelenburg, Jacquelien/Bert Klandermans, Social movement theory: Past, present and prospect, in: Eds. Ineke v. Kessel/Stephen Ellis, Movers and shakers: Social movements in Africa, Leiden 2009, pp. 17–43.

v. Stekelenburg, Jacquelien/Bert Klandermans, The social psychology of protest, Current Sociology Review Articles 2013, Vol. 61, pp. 886–905.

v. Troost, Dunya/Jacquelien v. Stekelenburg/Bert Klandermans, Emotions of protest, in: Ed. Nicolas Demertzis, Emotions in politics: The affect dimension in political tension, Basingstoke 2013, pp. 186–203.

Whitfield, Stephen/Eugene Rosa/Amy Dan/Thomas Dietz, The future of nuclear power: Value orientations and risk perception, Risk Analysis 2009, Vol. 29, pp. 425–437.

Witte, Erich, Theorien zur sozialen Macht, Hamburger Forschungsberichte zur Sozialpsychologie, Hamburg 2001, Zugriff über http://nbn-resolving.de/urn:nbn:de:0168-ssoar-362287.

Wüste, André/Peter Schmuck/Swantje Eigner-Thiel/Hans Ruppert/Marianne Karpenstein-Machan/Benedikt Sauer, Gesellschaftliche Akzeptanz von kommunalen Bioenergieprojekten im ländlichen Raum am Beispiel potenzieller Bioenergiedörfer im Landkreis Göttingen, Umweltpsychologie 2011, Bd. 15, S. 135–151.

Zala-Mezö, Enikö/Sabine Raeder, Gerechtigkeit, in: Hrsg. Heinz Schuler/Karlheinz Sonntag, Handbuch der Psychologie. Band Arbeits- und Organisationspsychologie, Göttingen 2007.

Zöllner, Jan/Irina Rau/Petra Schweizer-Ries, Akzeptanz Erneuerbarer Energien und sozialwissenschaftliche Fragen, Projektendbericht, Universität Magdeburg 2009, Zugriff über http://www.denic.de/domains/transit/transit-informationsseite.html.

Anhang

Tabelle 1: Mittelwerte und Standardabweichungen innerhalb der vier ermittelten Cluster (*N* = 154)

Cluster	1	2	3	4
N	26	30	56	42
Gewaltfreies Protestverhalten				
M	1.53[34a]	1.75[34a]	4.34[124a]	3.31[123a]
SD	.58	.58	.51	.58
Gewaltfreie Protestbereitschaft				
M	3.38[23b]	2.46[134b]	4.53[124b]	3.71[23b]
SD	.95	.52	.43	.65
Betroffenheit				
M	3.72[23b]	2.13[134b]	4.71[124b]	3.54[23b]
SD	.62	.59	.40	1.00
Alter[c]				
≤ 30 Jahre	23	22	12	22
bei Gleichverteilung erwartet	*13.4*	*15.5*	*28.4*	*21.7*
31–80 Jahre	3	8	43	20
bei Gleichverteilung erwartet	*12.6*	*14.5*	*26.6*	*20.3*
Geschlecht[c]				
weiblich	20	18	23	19
bei Gleichverteilung erwartet	*13.7*	*15.8*	*28.9*	*21.6*
männlich	6	12	32	22
bei Gleichverteilung erwartet	*12.3*	*14.2*	*26.1*	*19.4*
Direkt-demokratische Präferenz				
M	4.06	3.20[34b]	4.40[2b]	4.20[2b]
SD	1.13	1.19	.74	1.04
Systemisches Vertrauen				
M	2.78[3a]	3.28[3a]	2.28[124a]	2.83[3a]
SD	.78	.64	.71	.81
erlebte Beteiligung				
M	1.85[2b]	2.71[134b]	1.53[24b]	2.05[23b]
SD	.75	.98	.50	.92
Gerechtigkeitserleben				
M	2.04	2.61[3b]	1.91[2b]	2.37
SD	.79	.96	.61	1.02
gewaltfreies Protestverhalten				
Gleichgesinnte	2.67[3b]	1.87[34b]	4.27[124b]	3.50[23b]
M	1.52	1.07	.92	1.29
SD				
Eskalationsverhalten Gegenseite				
M	1.24[34b]	1.36[34b]	2.63[12b]	2.34[12b]
SD	.64	.59	1.46	1.43

Cluster	1	2	3	4
N	26	30	56	42
Opfererleben				
M	1.06[3b]	1.08[3b]	1.61[124b]	1.19[3b]
SD	.28	.31	.97	.46
Sonntagsfrage[c]	AFD, CDU/ CSU	CDU/CSU, SPD	Piraten, Linke	Bündnis90/Die Grünen

Anmerkungen: *M* = Mittelwert; SD = Standardabweichung. [1234] signifikanter Unterschied zu Cluster 1, 2, 3 bzw. 4 mit $\alpha = .05$. [a] Hochbergs GT2, [b] Games-Howell, [c] partielles X^2.

Basil Bornemann

Emotion, Konflikt und Partizipation – Politikwissenschaftliche Perspektiven auf die Rollen von Emotionen im Konflikt um die Endlagerung radioaktiver Abfälle und dessen partizipative Bearbeitung

Inhaltsverzeichnis

A. Einleitung

Emotionen fristen ein merkwürdiges Dasein in der Politik – auch und gerade, wenn es um die Nutzung von Kernenergie oder damit verbundene Folgefragen wie die Entsorgung radioaktiver Abfälle geht. So wird wohl kaum jemand bestreiten, dass Emotionen in der konflikthaften gesellschaftspolitischen Auseinandersetzung um die Kernenergie in Deutschland von Bedeutung waren und sind. Insbesondere die Suche nach einem geeigneten Standort für ein Endlager hochradioaktiver Abfälle erweist sich bis heute als besonders konfliktträchtig und emotionalisiert. Emotionen, so kann mit guten Gründen behauptet werden, haben diesen Konflikt und die bisherige Konfliktbearbeitung wesentlich mitgeprägt. Man denke nur an die massiven Demonstrationen und den anhaltenden Protest in den 1980er und 1990er Jahren gegen das Endlagerprojekt Gorleben[1] oder die intensiven und zum Teil gewaltförmigen Auseinandersetzungen rund um die Castor-Transporte Ende der 1990er und zu Beginn der 2000er Jahre.[2]

Diesem offenkundig emotionalisierten Konflikt steht eine politische Praxis gegenüber, die in Bezug auf den Umgang mit Emotionen und der Emotionsgeschichte des Konflikts ratlos erscheint. Und auch die Wissenschaft, die sich in Bezug auf die Endlagerfrage zur Bereitstellung von System-, Orientierungs- und Handlungswissen berufen fühlt, scheint die Bedeutung von Emotionen bislang vernachlässigt zu haben. Jedenfalls finden sich abgesehen von wenigen Ausnahmen weder in der aktuellen politischen Diskussion noch in der gegenwärtigen wissenschaftlichen Auseinandersetzung wahrnehmbare Versuche, die Rolle von Emotionen im Konflikt und die Konfliktbearbeitung rund um die Endlagerung radioaktiver Abfälle systematisch zu thematisieren und zu reflektieren.

Große Aufmerksamkeit in Politik und Wissenschaft kommt hingegen Vorschlägen zu, den in vielerlei Hinsicht „verfahrenen" (weil emotionalisierten?) Konflikt um die Endlagersuche in Deutschland auf der Basis neuer Ansätze der Prozessgestaltung anzugehen. Zentraler Referenzpunkt der entsprechenden Forderungen und Diskussionen ist dabei das Konzept der Partizipation. Wie in anderen umwelt-, energie- und technologiepolitischen Konfliktfeldern verbinden sich mit Partizipation Hoffnungen auf eine bessere, sozial verträglichere, breiter akzeptierte und dauerhafte Konfliktbewältigung. Mitunter artikulieren sich in der Diskussion über Partizipation bei der Suche nach einem Endlager radioaktiver Abfälle auch Vorstellungen, dass damit der Emotionalität des Konflikts, vor allem den Ängsten, die sich mit einem Endlager verbinden, effektiver begegnet werden könne.[3]

Vor diesem Hintergrund möchte der vorliegende Artikel das Verhältnis von Konflikten, Emotionen und Partizipation aus einer politikwissenschaftlichen Perspektive systematischer in den Blick nehmen und ausleuchten. Damit soll ein Beitrag zur Aufklärung der Endlagersuche im Hinblick auf den Umgang mit bestehenden, vergangenen oder zukünftigen Emotionen geleistet werden. Konkret verfolgt der Beitrag zwei Ziele: Zum einen geht es darum, mögliche Bedeutungen bzw. Rollen von Emotionen in Umwelt- und Technikkonflikten, wie

1 *Ehmke,* FNSB 1991, 32 ff.

2 *Kolb,* FNSB 1997, 16 ff.

3 DAEF (2016).

etwa dem Konflikt um die Endlagerung radioaktiver Abfälle, zu bestimmen; zum anderen sollen die Rollen von Emotionen in möglichen Ansätzen der partizipativen Konfliktbearbeitung geklärt werden.

Der Beitrag gliedert sich in drei Abschnitte. Zunächst folgen einige allgemeine Bemerkungen zur Rolle von Emotionen in Politik und Politikwissenschaft, um wesentliche Bezugspunkte einer politikwissenschaftlichen Emotionsanalytik zu bestimmen (B.). In Abschnitt C. wird näher auf die mögliche Bedeutung von Emotionen im Konflikt um die Endlagerung radioaktiver Abfälle eingegangen. Hierfür werden Emotionen in einem analytischen Bezugsrahmen zur Analyse von Umwelt- und Technikkonflikten verortet. Abschnitt D. widmet sich der Bedeutung von Emotionen in und für politische Partizipation. Dabei wird insbesondere auf die emotionsbezogenen Möglichkeiten und Grenzen von Partizipationsverfahren eingegangen, wie sie im Zusammenhang mit der Suche nach einem Standort für ein Endlager immer wieder gefordert werden. Der Beitrag schließt mit einigen Überlegungen zum weiteren wissenschaftlichen und politischen Umgang mit Emotionen in der Endlagersuche (E.).

B. Emotionen in Politik und Politikwissenschaft

I. Emotionalisierte Politik – Emotionalisierung der Politikwissenschaft?

Der vorliegende Beitrag ist zu einer Zeit entstanden, in der die tagespolitische Diskussion um ein anderes Thema als um die Endlagerung radioaktiver Abfälle kreiste. Im Mittelpunkt der Aufmerksamkeit stand die politische Debatte um einen möglichen Austritt Großbritanniens aus der EU, der sogenannte BREXIT. Im Vorfeld der Volksabstimmung in Großbritannien wurden Emotionen in der medialen Auseinandersetzung nicht nur als wesentliches Element dieser Debatte identifiziert.[4] Emotionen figurierten auch als Erklärung für den spezifischen Verlauf der Kampagne und das Abstimmungsergebnis am Ende[5] – und wurden nach der aus

4 So kommentierte etwa *Kornelius* noch während der Kampagne auf sueddeutsche.de: „Der Brexit-Debatte fehlt jede Sachlichkeit. Die Brexit-Auseinandersetzung wird mit Emotionen geführt und gewonnen." Und weiter: „Der Glaube an die Kraft der Wahrheit ist zerstört, die agitatorische Stärke des Out-Lagers hat die Nation in eine unvergleichbare Aufwallung versetzt. Niedertracht und Unterstellung kreuzen die Klinge mit Beschimpfungen und Drohungen." http://www.sueddeutsche.de/politik/grossbritannien-referendum-der-brexit-debatte-fehlt-jede-sachlichkeit-1.3038959, Zugriff am 22.08.2017.

5 Nach der Abstimmung zitiert *Kuzmany* in seinem Kommentar mit dem Titel „Es muss Liebe sein" auf spon.de den CDU-Europaabgeordneten *Elmar Brok:* „Es ist ein Sieg der Emotionen über die Fakten." http://www.spiegel.de/politik/ausland/brexit-abstimmung-europa-jetzt-oder-nimmermehr-kommentar-a-1099502.html, Zugriff am 22.08.2017.

europäischer Sicht verlorenen Abstimmung als Strategie für den Umgang mit der neuen Situation stilisiert.[6]

Weitet man den Blick auf andere aktuelle Debatten des Jahres 2016 – von der Flüchtlingskrise über „Böhmermann" bis hin zum US-amerikanischen Präsidentschaftswahlkampf –, stösst man auf ähnliche Muster des ambivalenten Verhältnisses zwischen Politik und Emotionen zumal im Kontext demokratischer Systeme: Auf der einen Seite die Bedrohung demokratischer Politik durch Emotionen; auf der anderen Seite die positive Beschwörung von Emotionen als Ressource von (demokratischer) Politik.[7]

Die sich im politischen Diskurs und in der politischen Praxis andeutende ambivalente Beziehung zwischen Emotionen und Politik spiegelt sich auch im politikwissenschaftlichen Nachdenken wider. Einerseits gelten Affekte und Leidenschaften als wesentliche Voraussetzungen oder zentrale Elemente, andererseits als potentielle Gefährdungsmomente politischer Herrschaft.[8] Besonders deutlich kommt diese Ambivalenz in den beiden Hauptströmungen der modernen Demokratietheorie zum Ausdruck: hier der eher emotionsaffine Republikanismus, dort der tendenziell emotionsaverse Liberalismus.[9] So kann denn auch die relative Dominanz liberaler Ansätze und Theorien in der modernen Politikwissenschaft als wichtige Hintergrundbedingungen für die relative Immunisierung des analytischen Repertoires der Politikwissenschaft gegenüber Emotionen gedeutet werden. Jedenfalls Emotionen fristeten in der modernen Politikwissenschaft lange Zeit ein Schattendasein.[10] Dabei zeigte sich die „Emotionsaversion" der modernen Politikwissenschaft auf mindestens zwei Ebenen: auf einer theoretischen Ebene in der Dominanz rationalistischer Deutungs- und Erklärungsmuster sowie auf einer methodologischen Ebene in der Trennung von Fakten und Werten, wobei nur erstere als „objektivierungsfähig" gelten und letztere als Ausdruck von subjektiven Emotionen aus dem Bereich der wissenschaftlichen Analyse zu verbannen wären.[11]

---

6 Im gleichen Kommentar spricht sich *Kuzmany* für eine ebenso emotionale Antwort aus: „Die Briten verlassen die EU. Bitter, aber so ist das nun mal in der Demokratie. Europa muss, Europa wird damit zurechtkommen. Das kann nur mit Herz und Leidenschaft gelingen."

7 *Schaal/Heidenreich,* APuZ 2013, 32 f.

8 *Klein/Nullmeier/von Wersch* (1999), in: Hrsg. Klein/Nullmeier, S. 9 ff.; *Heins,* ZPol 2002, 424 ff.; *Aschmann* (2005), in: Hrsg. Aschmann, s. 9 ff.

9 *Schaal/Heidenreich,* APuZ 2013, 32 f.

10 Im weiteren historischen Kontext sind die Nicht-Thematisierung von Emotionen und die korrespondierende Dominanz eines Rationalitätsparadigmas als Ausdruck eines Aufklärungsideals, aber auch vor dem Hintergrund der historischen Erfahrung mit dem „Furor der Massen" und der faschistischen Emotionspolitik zu sehen, vgl. hierzu *Oberwinter* (2007). Die Nicht-Thematisierung von Emotionen ist insoweit ein Schutzmechanismus gegenüber all jenen theoretischen und praktischen Diskursen, die der Irrationalität der Emotionen Tür und Tor öffnen. Vgl. *Klein/Nullmeier/von Wersch* (1999), in: Hrsg. Klein/Nullmeier, S. 9 ff.

11 So jedenfalls das Paradigma der traditionellen Politikanalyse, die den Fokus auf Fakten legt und emotionsbasierte Werte ausblendet, weil diese nicht rational zugänglich seien: „values are nothing more than expressions of feelings and therefore beyond the reach of logic" *Hajer/Wagenaar* (2004), in: Hrsg. Hajer/Wagenaar, S. 1, 22. Vgl. zum Emotivismus auch *Hawkesworth* (2006), in: Hrsg. Yanow/Schwartz-Shea, S. 27 ff.

Seit einiger Zeit ist jedoch ein Aufbrechen dieser emotionsaversen epistemischen Ordnung der Politikwissenschaft zu beobachten: eine Emotionalisierung der Politikwissenschaft und ihres analytischen Repertoires. Jedenfalls sind Emotionen in den letzten 15 bis 20 Jahren zu einer auch für die Politikwissenschaft relevanten Analysekategorie geworden, eine Entwicklung, die mit der üblichen Wendebegrifflichkeit als „emotive turn“ beschrieben worden ist.[12] Dabei vollzieht sich die Emotionalisierung von unterschiedlichen Richtungen her. Von Bedeutung sind mindestens zwei Bewegungen, die sich auf den beiden genannten Ebenen der Theorie einerseits und der Methodologie andererseits ergeben.

Zum einen ist es von unterschiedlichen Seiten her zu einem Aufweichen des in der Politikwissenschaft lange Zeit dominierenden rationalistischen Theorieparadigmas gekommen. Neben einer generellen Bedeutungszunahme von „kollektivistischen“ Ansätzen, die die Rolle von (kollektiven) Ideen, Institutionen und Identitäten für die Erklärung von Politik betonen, ist das rationalistische Paradigma in den vergangenen Jahren besonders durch behavioralistische Erklärungsansätze herausgefordert worden. Demnach beruhe menschliches Verhalten im Regelfall weniger auf rationalen Kalkülen als auf nicht-rationalen Faktoren wie Heuristiken und Emotionen.[13] Emotionen werden damit zu einer unhintergehbaren Grundlage politischen Handelns bzw. Verhaltens.[14]

Auf methodologischer Ebene wird zum anderen der Dualismus von (objektiven) Fakten und (subjektiv emotionsbasierten) Werten durch post-positivistische Strömungen problematisiert.[15] Solche Ansätze bezweifeln nicht nur die Möglichkeit einer Separierung von Emotionen in der empirischen Analyse, sondern geben auch die normative Zurückhaltung gegenüber Emotionen auf. So werden Emotionen etwa im Hinblick auf die Kritik und Weiterentwicklung demokratischer Praktiken als bedeutsame Ressourcen für demokratisches Engagement in einer Zeit des Erlahmens politischer Tugenden erachtet. Eine vermeintlich entemotionalisierte, sachliche Politik ist nicht nur „unpolitisch“, sondern in hohem Maße unfair und vermachtet, weil sie bestimmte Gruppen gegenüber anderen privilegiert.[16]

---

12 *Schaal,* ÖZPW 2010, 139 f.; *Kingston/Ferry* (2008).

13 So besagt die „Dual Process Theory“, dass sich menschliches Handeln nur in Ausnahmefällen auf einem Modus des bewussten Nachdenkens und rationalen Überlegens („slow thinking“) beruhen würde; ganz überwiegend vollziehe es sich in einem Modus des „fast thinking“, in dem verschiedene Strategien der kognitiven und affektiven Vereinfachung vorherrschen. Vgl. *Tversky/Kahneman,* Science 1974, 1124 ff. sowie *Kahneman* (2013).

14 Während die „Dual Process Theory“ zwar die Bedeutung emotionalen Handelns betont, dabei aber ein dichotomes Verhältnis zwischen Emotion und Rationalität reproduziert, gehen jüngere Ansätze der Kognitionspsychologie und -philosophie einen Schritt weiter, indem sie diese Dichotomie selbst infrage stellen. Vgl. *Roeser,* Safety Science 2006, 689 ff.

15 *Fischer* (2003); *Hawkesworth* (1988).

16 *Bargetz/Sauer,* ÖZPW 2010, 141 ff. Siehe auch unten Abschnitt D.

II. Politikwissenschaftliche Emotionsanalyse

Seit der Wiederentdeckung von Emotionen in der Politikwissenschaft hat sich eine differenzierte Landschaft politikwissenschaftlicher Analysen zur Bedeutung von Emotionen für bzw. in der Politik herausgebildet. Ausgehend von einem umfassenden Verständnis von Emotionen als Gesamtheit positiver und negativer Gefühlsregungen individueller oder kollektiver Akteure[17] lassen sich emotionsbezogene politikwissenschaftliche Analysen – unter Inkaufnahme einiger Vereinfachungen – auf der Basis der folgenden drei Koordinaten einordnen.

1. Zunächst können unter Rückgriff auf einen in der Politikwissenschaft etablierten dreidimensionalen Politikbegriff unterschiedliche gegenständliche Bezugspunkte der emotionsbezogenen Analyse von Politik ausgemacht werden.[18] Polity-bezogene Betrachtungen stellen die Beziehung von Emotionen zu institutionellen Aspekten von Politik, also etwa die Emotionalität formaler Strukturen und Regelsysteme, aber auch der politischen Kultur heraus. Politics-orientierte Analysen beziehen sich auf prozessuale Aspekte von Politik und erfasst die emotionalen Voraussetzungen, Formen und Folgen machtbezogener Phänomene der Willensbildung, Entscheidungsfindung und Konfliktaustragung. Die Policy-Dimension rückt Handlungsprogramme politischer Akteure, Resultate von Willensbildungs- und Entscheidungsprozessen sowie deren Folgen in den Mittelpunkt. Entsprechende Analysen richten sich dementsprechend auf die Emotionalität inhaltlich-materieller Aspekte von Politik.
2. Quer zu diesen Perspektiven lassen sich drei Analyseebenen unterscheiden, die für das Verhältnis von Politik und Emotionen bedeutsam sind. Auf einer Makroebene kann das Verhältnis von Emotionen und Politik in umfassenden politischen Gemeinwesen betrachtet werden, etwa in der Analyse gesellschaftlicher und politischer Stimmungen eines Landes („national mood"). Analysen auf der Mesoebene thematisieren die Bedeutung von Emotionen im Hinblick auf politische Phänomene mittlerer Reichweite. Dabei geht es etwa um Emotionen in und zwischen kollektiven politischen Akteuren (soziale Bewegungen) und/oder Prozessen der politischen Problembearbeitung. Mikroanalysen fokussieren schließlich auf das Verhältnis von Emotionen und Politik in Bezug auf individuelle Akteure und deren Interaktionsbeziehungen.[19]
3. Ferner können drei grundlegende Verhältnisse von Emotionen und Politik unterschieden werden. Einerseits werden Emotionen als integrale Elemente bzw. Merkmale von Politik konzeptualisiert. Politik, so die zentrale These, ist *immer schon* auf die eine oder andere Art emotional; Emotionen sind untrennbar mit Politik verwoben.[20] Zweitens werden Emotionen als erklärende Faktoren für Politik konzipiert. Emotionen sind

---

17 *Nullmeier* (2006), in: Hrsg. Schützeichel, S. 84 ff.

18 *Rohe* (1994).

19 *Supp,* Der Spiegel 1998, 126 ff.

20 Auch die häufig anzutreffenden Rationalitäts- und Sachlichkeitsannahmen über Politik sind demnach als spezifische selektive Instrumentalisierungen von Emotionen zu interpretieren, vgl. *Sauer* (1999), in: Hrsg. Klein/Nullmeier, S. 200 ff.

aus dieser Perspektive Ursachen bzw. Bedingungen politischer Phänomene. Sie figurieren beispielsweise als identitätsstiftende und motivationale Momente politischen Handelns, etwa als Grundlage von Solidarität in sozialen Bewegungen[21] oder gar als Funktionsbedingung von Demokratie schlechthin.[22] Schließlich werden Emotionen als Effekte bzw. Folge von Politik analysiert. Im Fokus stehen dementsprechend die direkten und indirekten emotionalen Wirkungen (und Nebenwirkungen) von Politik. Politik wird hier zum emotionsstiftenden bzw. -gestaltenden Moment.[23]

Ausgehend von diesen allgemeinen Koordinaten sollen im Folgenden zwei spezifische Felder einer emotionsbezogenen Politikanalyse umrissen werden, die beide den Fokus auf *Politics*-Aspekte auf einer *Meso*-Ebene richten und dabei unterschiedliche Verhältnisse von Emotionen und Politik thematisieren. Zunächst stehen die emotionalen Ursachen, Merkmale und Folgen von gesellschaftlichen bzw. politischen Umwelt- und Technikkonflikten im Fokus; anschließend geht es um die (funktionalen bzw. dysfunktionalen) Rollen von Emotionen für Partizipation bzw. partizipativer Konfliktbearbeitung.

C. Konflikte und Emotionen

I. Emotionen in Konflikten um die Entsorgung radioaktiver Abfälle

Dass es einen engen Zusammenhang zwischen Konflikten und Emotionen gibt, wird unmittelbar sinnfällig, wenn wir an alltägliche Konflikte im privaten Raum denken: Beziehungskonflikte, Konflikte am Arbeitsplatz oder zwischen Nachbarn sind voll von Emotionen. Bei Konflikten, die im öffentlichen Raum stattfinden, ist die Verbindung auf den ersten Blick schwächer. In Tarifkonflikten zwischen Arbeitnehmern und Arbeitgebern oder in Konflikten zwischen den Parteien einer Regierungskoalition etwa scheint es vorderhand um Interessen bzw. um Differenzen „in der Sache" und nicht um Emotionen zu gehen. Auf den zweiten Blick spielen Emotionen freilich auch hier eine Rolle – und werden mitunter sogar zu wesentlichen (memorierten) Merkmalen dieser Konflikte.[24]

Besonders deutlich treten Emotionen in öffentlich ausgetragenen gesellschaftlichen Konflikten zutage, die sich in massenhaften Demonstrationen oder anderen Formen der publikumswirksamen Protesthandlungen manifestieren: öffentlich zur Schau gestellte Empörung, Wut oder gar Hass, aber auch betonte Freude oder Anrufungen von Liebe und Zuneigung als Af-

21 *Pettenkofer* (2006), in: Hrsg. Schützeichel, S. 256 ff.

22 „[W]ithout an affective appraisal of public affairs there would be no democracy". *Roeser/Pesch*, ST&HV 2016, 282. Vgl. auch *Heins* (1999), in: Hrsg. Klein/Nullmeier, S. 89 ff.

23 *von Scheve* (2013).

24 Man denke nur an den Tarifkonflikt zwischen der Gewerkschaft der Lokomotivführer (GDL) und der Deutschen Bahn (DB) des Jahres 2015, der von einer öffentlich zur Schau gestellten wechselseitigen Abneigung zwischen den beiden verantwortlichen Verhandlungsführern Claus Weselsky (GDL) und Ulrich Weber (DB) gekennzeichnet war.

firmation einer bestimmten Haltung oder als Provokation gegenüber den jeweiligen Gegnern. Wenn man sich die zum Teil sehr heftigen und gewaltsamen Auseinandersetzungen um Castor-Transporte und das Zwischenlager Gorleben in Erinnerung ruft, gibt es zumindest starke Anzeichen dafür, dass der Konflikt um die Endlagerung radioaktiven Abfalls in Deutschland ein emotionalisierter öffentlicher Konflikt ist.[25]

Aus der Perspektive eines externen Beobachters scheint dieser Konflikt einem bestimmten Muster zu folgen, das auch in anderen Umwelt- und Technikkonflikten ausgemacht werden kann: Eine Gruppe von politischen, wirtschaftlichen oder gesellschaftlichen Akteuren setzt sich für die Einführung einer bestimmten Technologie und/oder die Nutzung eines Umweltguts (als Ressource oder Senke) ein (hier: die Erkundung eines bestimmten Gebiets als mögliche Stätte für ein Endlager). Sobald das entsprechende Vorhaben (hier: ein konkreter Standort für ein mögliches Endlager) publik wird, werden seitens der Gesellschaft – vor allem von den unmittelbar Betroffenen – Bedenken geäußert. Unter Verweis auf die zu erwarteten Gefahren für Umwelt und Gesundheit wird die Geeignetheit des Vorhabens infrage gestellt. Dabei wird die Ablehnung mit zum Teil offenen Protesthandlungen unterstrichen, in denen die Gegner ihre Sorgen und Ängste zum Ausdruck bringen. Diesen Sorgen und Ängsten versuchen die Befürworter mithilfe von Expertisen entgegenzutreten, die gestützt auf entsprechende sachliche Analysen die Risiken als tragbar bzw. vernachlässigbar einschätzen. Politische Entscheidungsträger folgen entweder der einen oder der anderen Position, d. h. sie berufen sich in ihren Verhinderungsstrategien auf die Ängste der Bevölkerung oder in ihren Durchsetzungsstrategien auf die Analysen der Experten.[26] Gemäß dieser typischen, freilich holzschnittartig verkürzten „Erzählung" der Konfliktkonstellation spielen Emotionen in Bezug auf die Endlagerung radioaktiven Abfalls hauptsächlich in der Form von Sorgen und Ängsten auf der Seite der potentiell betroffenen Bevölkerung eine Rolle – während sich Experten auf sachliche Analysen stützen und politische Entscheidungsträger die Wahl zwischen beiden Varianten haben.

Dieser Fokus auf die Emotionen von potentiell Betroffenen (und Gegnern einer bestimmten Technologie) findet sich auch in der bisherigen wissenschaftlichen Forschung zur Bedeutung von Emotionen in Konflikten um die Endlagerung radioaktiver Abfälle. Im Mittelpunkt der entsprechenden sozial-psychologisch orientierten Forschung steht die Frage nach der Bedeutung von Emotionen für die Ablehnung bzw. Zustimmung zur Endlagerung radioaktiven Abfalls überhaupt bzw. zu einem konkreten Standort für ein Endlager. Zentral ist dabei das Verhältnis von Emotionen, den wahrgenommenen Risiken, die von einem Endlager ausgehen, und der Akzeptanz einer (politischen) Standortentscheidung. Der allgemeinen psychologischen Risikoforschung folgend, werden Emotionen als Einflussfaktoren auf die Risikowahrnehmung und Risikobeurteilung der (potentiell von einer Standortwahl betroffenen)

---

25 *Kamlage/Knappe/Warode* (2017), in: Hrsg. Müller, S. 29 ff.; *Grunwald/Hocke* (2006), in: Hrsg. Hocke/Grunwald, S. 11 ff.

26 *Roeser,* Philos. Technol. 2011, 197 ff. Vgl. auch *Martinsen/Saretzki/Simonis* (2001), in: Hrsg. Simonis/Martinsen/Saretzki, S. IX ff.

Bevölkerung konzeptualisiert und analysiert.[27] Dabei besagt der Mainstream der entsprechenden Forschung, dass die individuelle Einstellung (die Akzeptanz) gegenüber einer politischen Entscheidung für einen bestimmten Endlagerstandort maßgeblich von der Höhe des wahrgenommenen Risikos beeinflusst ist; die Höhe des wahrgenommenen Risikos ist wiederum emotional grundiert, das heißt, sie beruht auf der emotionalen Affizierung mit dieser Technologie.[28] Wenn eine Technologie emotional positiv besetzt ist, werden die Risiken geringer eingeschätzt, als bei negativen Affekten derselben Technologie gegenüber. Da sich die Risikowahrnehmung in eine Einstellung gegenüber dieser Technologie und mit ihr verbundener politischer Entscheidungen „übersetzt", sind Emotionen indirekte Prädiktoren für die Akzeptanz von politischen Entscheidungen. Für den Konflikt um die Endlagerung radioaktiver Abfälle bedeutet das: Sobald Menschen negative Affekte gegenüber „der Atomkraft" haben und eine Endlagerstätte fürchten, nehmen sie das Risiko eines Endlagers als überdurchschnittlich hoch wahr und formieren ablehnende Haltungen, die auch durch mehr Informationen nicht ohne Weiteres zu überwinden sind.[29]

Auch wenn jüngere sozial-psychologische Forschung die Bedeutung von Emotionen relativiert und den Blick auf die Bedeutung von Emotionen in einem Kontext öffnet,[30] bleibt der Fokus auf der Mikro-Ebene des Individuums. So leistet die sozial-psychologische Forschung wichtige Beiträge zum Verständnis der Rolle von Emotionen für die individuelle Wahrnehmung, Beurteilung und Akzeptanz von Risiken; sie sagt aber nichts über die mögliche Bedeutung von Emotionen für die entsprechenden sozialen bzw. politischen Konflikte selbst aus. Hierfür ist es erforderlich, die Betrachtungsebene zu wechseln und Konflikte als über die individuelle Ebene hinausgehende kollektive Interaktionszusammenhänge auf der Meso- bzw. Makroebene zu begreifen.

II. Emotionen und Konfliktfeldanalyse

Möchte man die Bedeutung von Emotionen in und für gesellschaftliche bzw. politische Konflikte auf einer Meso- bzw. Makroebene systematischer in den Blick nehmen, bietet sich der Rückgriff auf einen allgemeinen Bezugsrahmen der Konflikt(feld-)analyse (KFA) an, der für die Analyse von Umwelt- und Technikkonflikten eingeführt worden ist. Der Anspruch des

27 Dabei sind in dieser Forschungsrichtung Antworten auf die Frage nach der relativen Bedeutung von Emotionen für die Akzeptanz von Risikotechnologie vor allem im Hinblick auf die Ausgestaltung politischer Problembearbeitungsstrategien von Bedeutung, genauer: für die Wahl einer passenden Steuerungsstrategie. Wenn die Ablehnung eines Standorts auf Nicht-Wissen beruht, seien Informationsstrategien angezeigt; wenn die Akzeptanz hingegen emotional grundiert ist, stehe die Politik vor der Herausforderung eines aufwändigeren Emotionsmanagements. *Sjöberg,* European Review 2003, 109 ff.; *Sjöberg,* Risk Management 2007, 223 ff.

28 *Sjöberg,* European Review 2003, 109 ff.; *Slovic,* Risk Analysis 1999, 689 ff.

29 *Slovic,* Risk Analysis 1999, 689 ff.

30 Menschen reagieren zwar emotional auf Technologien, aber die Formierung einer politischen Einstellung beruht auf einer Vielzahl nicht emotionaler Faktoren – Ideen, Werte, aber auch politische und institutionelle Rahmenbedingungen. Vgl. *Sjöberg,* European Review 2003, 109, 123.

Referenzrahmens besteht darin, einzelne Konzepte aus dem Bereich der sozialwissenschaftlichen Konfliktanalyse, die jeweils spezifische Aspekte in den Mittelpunkt rücken, in einem integrativen Ansatz zusammenzuführen.[31] Ausgehend von einem generischen sozialwissenschaftlichen Feldbegriff[32] werden Konflikte als sachlich, sozial und prozessual dimensionierte Konstellationen betrachtet, die in einem Kontext eingebettet sind und inneren Dynamiken unterliegen. Ausgehend von den in dieser Definition aufscheinenden fünf Kategorien – Konfliktgegenstand (1.), Konfliktakteure (2.), Konfliktkontext (3.), Konfliktmodus (4.) und Konfliktdynamik (5.) – wird im Folgenden aufgezeigt, welche Bedeutungen Emotionen in und für Umwelt- und Technikkonflikte(n) haben *können.* Damit wird zugleich ein Analyserahmen für zukünftige empirische Analysen der Emotionalität von Konflikten um die Endlagerung radioaktiver Abfälle vorgeschlagen. Wo möglich, werden bereits empirische Referenzen zu diesem Konfliktfeld hergestellt.

1. Konfliktgegenstand: Um was dreht sich der Streit?

Für viele sozialwissenschaftliche Konfliktanalysen ist die Frage nach dem Gegenstand einer konflikthaften Auseinandersetzung zentral, weil sie den Anlass bzw. Bezugspunkt eines Streits ausleuchtet. Da der Anlass für einen Konflikt unterschiedlich emotionalisiert sein kann, verspricht eine differenzierende Vergegenwärtigung des Konfliktgegenstands auch ein besseres Verständnis der Emotionalität (bzw. der emotionalen Bedingungen und Folgen) eines Konflikts. Dabei sind drei Aspekte von Bedeutung.

Ein erster relevanter Bezugspunkt einer emotionsorientierten Analyse des Konfliktgegenstands ist der *Name,* mit dem ein bestimmter Konflikt von Beteiligten oder Beobachtern belegt wird: Aus der sozial-psychologischen Forschung ist bekannt, dass Namen auch in emotionaler Hinsicht mehr sind als Schall und Rauch. Unterschiedliche Benennungen („Frames“) gehen mit unterschiedlichen Affizierungspotentialen einher: mit positiven und negativen Affekten, die wiederum die Konfliktbereitschaft der beteiligten Akteure beeinflussen. Dementsprechend macht es für das Affizierungspotential eines Konflikts und die Konfliktbereitschaft der beteiligten Akteure einen Unterschied, wie genau der Konflikt bzw. der Streitgegenstand benannt bzw. „geframed“ wird. Ist die Rede von einem Umwelt- oder einem Technikkonflikt – oder von einem Standortkonflikt? Die Analyse der Benennung eines Konflikts verspricht erste Hinweise auf dieses Affizierungspotential im Hinblick auf die an einem Konflikt beteiligten Akteure (s. unten).

Unterhalb der symbolischen Oberfläche der Benennung eines Konflikts hat sich in der sozialwissenschaftlichen Konfliktforschung eine Differenzierung von *Konflikttypen* etabliert, um die tieferen Gründe eines Konflikts in den Blick zu bekommen. Gängig ist etwa die Un-

31 Siehe dazu ausführlicher *Saretzki* (2010), in: Hrsg. Feindt/Saretzki, s. 33 ff.; *Bornemann/Saretzki* (2018), in: Hrsg. Holstenkamp/Radtke, S. 563 ff.; *Becker/Bues/Naumann,* Raumforschung und Raumordnung 2016, 39 ff.

32 *Fligstein/McAdam* (2012).

terscheidung zwischen Interessen-, Wert-, Wissens- und Machtkonflikten.[33] Unter dem Gesichtspunkt einer emotionsorientierten Konfliktanalyse wirft der Referenzpunkt „Konflikttypus“ die Frage auf, ob Emotionen eine eigene Konfliktart darstellen – oder ob sich Emotionen als Färbungen bzw. Grundierungen anderer Konflikttypen konzeptualisieren und analysieren lassen. Anders gesagt: Lässt sich sinnvollerweise von affektiven Konflikten sprechen oder haben Wissens-, Interessen-, Wert und Machtkonflikten je *ihre eigene* Emotionalität?

In der Literatur finden sich beide Lesarten. Benighaus et al. etwa führen „affektive Konflikte“ als eigenen Konflikttypus neben anderen auf. Affektive Konflikte beziehen sich auf „die Wahrnehmung und Verstärkung von besonderen Opferrollen“ und ergeben sich häufig als Folge von ungelösten Verteilungs- und Wertkonflikten.[34] Allerdings sind Zweifel an der konzeptionellen Trennschärfe dieser Typisierung angebracht. So provoziert die Rede von „Opferrollen“ Assoziationen zu Machtkonflikten – und damit zu einem Konflikttypus, den die Autoren zwar selbst nicht eigens thematisieren, der aber zum Standardrepertoire von Konfliktanalysen gehört. Die zweite Lesart – Emotionen als integrale Dimension anderer Konflikttypen – scheint verbreiteter zu sein, zumal in umwelt- und technikbezogenen Konfliktanalysen. Conrad etwa verweist auf unterschiedliche emotionale Potentiale von Werten, was auf eine emotionale Einfärbung von Wertkonflikten hinweist.[35] So seien bestimmte Werte emotional höher besetzt als andere, weshalb sie sich eher zur Affizierung eigneten als andere. Auch bei anderen Konflikttypen spielen Emotionen eine Rolle. So ist mit Blick auf Wissenskonflikte häufig die Rede von einem Gefühl der Desinformation oder des fehlenden Vertrauens in Bezug auf die Vollständigkeit und Richtigkeit von Informationen[36] oder aber davon, dass sich unvollständiges Wissen in Angst übersetzt, Angst also eine Folge von Wissenskonflikten ist.[37] Etabliert ist ferner ein Zusammenhang zwischen Emotionen und Risikokonflikten. So beeinflussen Emotionen (neben anderen Faktoren wie sozialer Status) nicht nur die Wahrnehmung, sondern auch die Bewertung von bzw. Einstellung gegenüber Risiken – und zwar von Experten und Laien.[38] Ein positives Gefühl gegenüber Mobiltelefonen erhöht etwa die Bereitschaft, Risiken in Kauf zu nehmen; bzw. die Vorzüge höher zu gewichten als die Nachteile.[39] Ferner haben Untersuchungen gezeigt, dass sich die affektive Qualität der Assoziationen mit einem Atommülllager als relevanter Prädiktor für die Beurteilung der Risiken eines

---

33 *Geis* (2010), in: Hrsg. Feindt/Saretzki, S. 259 ff.

34 *Benighaus/Kastenholz/Renn* (2010), in: Hrsg. Feindt/Saretzki, S. 275, 282.

35 *Conrad* (2010), in: Hrsg. Feindt/Saretzki, S. 163, 168.

36 *Benighaus/Kastenholz/Renn* (2010), in: Hrsg. Feindt/Saretzki, S. 275, 277.

37 *Hampel/Torgersen* (2010), in: Hrsg. Feindt/Saretzki, S. 143, 144.

38 *Slovic,* Risk Analysis 1999, 689 ff.

39 *Slovic,* Risk Analysis 1999, 689 ff.; *Finucane/Alhakami/Slovic/Johnson,* J. Behav. Decis. Making 2000, 1 ff.

Zwischenfalls bei der Lagerung radioaktiver Abfälle einerseits und die Bereitschaft für oder gegen ein Atommüllager zu stimmen erwiesen.[40]

Eine dritte Teildimension der Analyse des Konfliktgegenstands ist die *Ebene der Konkretion.* Im Hinblick auf Umwelt- und Technikkonflikte rückt sie die Frage in den Mittelpunkt, ob sich ein Konflikt auf ein konkretes Problem bzw. den Einsatz einer Technologie vor Ort, auf eine bestimmte Klasse von Umweltproblemen bzw. einen bestimmten Technisierungspfad oder aber auf die Umweltnutzung bzw. den Einsatz von Technik überhaupt bezieht.[41] Auch die Ebene der Konkretion hat potentiell Implikationen für die Emotionalität eines Konflikts. So kann angenommen werden, dass unterschiedliche Ebenen der Konkretion mit unterschiedlichen Betroffenheiten einhergehen, die unterschiedliche Arten von Emotionen ansprechen. Während konkrete Probleme bzw. Technologien vor Ort unmittelbare Betroffenheit auslösen und dementsprechend hochgradig individualisierte Gefühle (wie z.B. eine konkrete Furcht vor einer bestimmten Krankheit infolge der mit dem lokalen Einsatz einer Technologie verbundenen Emissionen) auslösen, sind Fragen der Umwelt- bzw. Techniknutzung überhaupt Gegenstand generalisierter Emotionen, wie etwa die unter dem Begriff „Technikangst" firmierende diffuse Ablehnung von technischen Innovationen an sich.[42]

2. Konfliktakteure: Wer ist am Streit beteiligt?

Die Kategorie „Konfliktakteure" rückt die soziale Dimension eines Konflikts in den Fokus. Ausgangspunkt ist dabei die für viele sozialwissenschaftliche Konfliktanalysen zentrale Frage, für wen es sich bei einer bestimmten Auseinandersetzung um einen Konflikt handelt und wer daran beteiligt ist. Auch im Hinblick auf die Erfassung der Emotionalität eines Konflikts sind Akteure zentral, handelt es sich doch um die potentiellen Träger und/oder Erzeuger von Emotionen. Eine in sozialer Hinsicht differenzierte Konfliktanalyse nimmt mindestens drei Teildimensionen in den Blick, die jeweils spezifische Implikationen für die Emotionalität eines Konflikts haben.

Zunächst sind es die an einem Konflikt beteiligten *Akteure,* die eine eigene subjektive Emotionalität in einen Konflikt einbringen und damit die Emotionalität eines Konfliktfelds prägen. In sozialen Interaktionszusammenhängen sind das Handeln und die Emotionalität von Akteuren durch unterschiedliche konfliktbezogene Rollen(-erwartungen) geprägt. Konfliktbetroffene sind anders emotionalisierbar und emotionalisieren anders als Konfliktvermittler oder Konfliktbeobachter. Anders gesagt: Die Emotionalität der Konfliktakteure dürfte in erheblichem Maße mit den vorherrschenden Rollenerwartungen variieren.

---

40 „Specifically, more than 90 % of those people whose first image was judged very negative said that they would vote against a repository [...]; fewer than 50 % of those people whose first image was positive said they would vote against the repository." *Slovic,* Risk Analysis 1999, S. 689, 695.

41 Vgl. für den Konflikt um die Endlagersuche *Grunwald/Hocke* (2006) in: Hrsg. Hocke/Grunwald, S. 11, 16.

42 Siehe etwa http://www.zeit.de/kultur/2014-11/jeff-jarvis-eurotechnopanik-google-verleger-essay (Zugriff am 22.08.2017) sowie http://www.theeuropean.de/debatte/571-technikangst (Zugriff am 22.08.2017).

Wie in vielen anderen Handlungszusammenhängen auch treten Akteure (zumal Konfliktbeteiligte) auch in Konfliktfeldern selten alleine, sondern in mehr oder weniger integrierten *Koalitionen* von Akteuren auf, die in Bezug auf einen bestimmten Konflikt gleichgerichtete Orientierungen haben und sich gegenüber anderen Akteurskoalitionen mit gegenläufigen Orientierungen positionieren. Wie die Forschung zu sozialen Bewegungen gezeigt hat, sind Emotionen bedeutende Momente der Bildung, Perpetuierung und Transformation solcher Akteurskoalitionen. So fungieren Emotionen (bzw. die emotionale „Investitionen" der jeweiligen Akteure) als wichtige Komponenten der Bildung einer kollektiven Identität, die wiederum den Kitt einer sozialen Bewegung darstellt.[43]

Eine dritte Teildimension einer akteursbezogenen Konfliktanalyse umfasst die von Konfliktakteuren formulierten und lancierten (expliziten oder impliziten) *Strategien* zur Austragung und oder Regelung eines Konflikts (s. auch unten Abschnitt 4. Konfliktmodus). Diese Konfliktstrategien sind in mehrfacher Hinsicht von Interesse, um die Emotionalität eines Konflikts zu erfassen. Einerseits können Handlungsstrategien von Akteuren oder Akteurskoalitionen auf die Aktivierung oder Deaktivierung von Emotionen gerichtet sein: Strategien der (Ent-)Emotionalisierung. Andererseits können Emotionen selbst zur strategischen Ressource werden. So könnte der im politischen Diskurs immer wieder vorgetragene Vorwurf einer emotionalen (und damit: irrationalen) Position der Gegner von Nukleartechnologien als Strategie der Diskreditierung und Verschleierung anderer „guter Gründe" für die Ablehnung von Technologien sein;[44] oder gar eine Strategie der Depolitisierung, der Versuch also die Einwände von Gegnern als Ausdruck von „Anpassungsproblemen von überängstlichen, schlecht informierten und emotional bestimmten Einzelnen" zu erklären[45] und damit aus dem legitimen Raum der öffentlichen Debatte in den privaten Bereich zu verschieben, sprich: sie zu individualisieren, zu psychologisieren oder sogar zu pathologisieren.[46]

3. Konfliktkontext: Wo findet der Streit statt?

Die Analysekategorie „Konfliktkontext" macht darauf aufmerksam, dass ein Konflikt nicht isoliert ist und selten allein kommt. Konflikte tragen vielmehr einen „historischen Index":[47] Sie sind Teil einer Konfliktlandschaft, die durch drei Dimensionen aufgespannt ist, welche auch für die Analyse der Emotionalität eines Konflikts von Bedeutung sind. Die *räumliche Dimension* verweist darauf, dass die Emotionalität eines Konflikts einerseits durch benachbarte Konflikte bzw. Konfliktfelder beeinflusst ist. So besteht etwa die Möglichkeit, dass die Emotionalisierung eines Konflikts an einem bestimmten Ort zu einer Emotionalisierung eines anderen Konflikts an einem anderen Ort führt. Andererseits macht die räumliche Dimen-

43 *Ritter* (1999), in: Hrsg. Klein/Nullmeier, S. 219 ff.; *Klandermans* (1999), in: Hrsg. Klein/Nullmeier, S. 260 ff.

44 *Roeser,* Philos. Technol. 2011, 197 ff.

45 *Saretzki* (2010), in: Hrsg. Feindt/Saretzki, S. 33, 39.

46 Vgl. dazu auch *Saretzki* (2001), in: Hrsg. Simonis/Martinsen/Saretzki, S. 185 ff.

47 *Saretzki* (2010), in: Hrsg. Feindt/Saretzki, S. 33, 38.

sion eines Konflikts in emotionsbezogener Hinsicht auf die spezifische Emotionalität des politischen bzw. gesellschaftlichen Raums aufmerksam, in dem sich ein bestimmter Konflikt abspielt oder ausgetragen wird. Damit ist etwa die spezifische und ihrerseits durch eine Konfliktgeschichte vorgeprägte und kulturell verhaftete Emotionalität des für ein Endlager vorgesehen Orts („Gorleben“) oder einer ganzen Region („Wendland“) gemeint.[48]

Die *zeitliche Dimension* des Konfliktkontexts thematisiert die Bedeutung der Konfliktgeschichte für die Entstehung und den Verlauf eines bestimmten Konflikts. In emotionsbezogener Hinsicht geraten die Verletzungen und Enttäuschungen, aber auch positive Enttäuschungskompensationserfahrungen in Zusammenhang mit historischen Vorläuferkonflikten in den Fokus, die durch einen bestimmten Konflikt aktiviert und aktualisiert werden.[49] So können emotionalisierte Konflikte in Bezug auf eine Technologie (so etwa die Angst vor nuklearen Risiken) zur Entstehung von anderen Konfliktfeldern beitragen (z. B. Standortkonflikte um Windenergie) und hier ihrerseits eigene Emotionalisierungsdynamiken auslösen.[50] Neben dem Zusammenhang aufeinander folgender Konflikte umfasst die zeitliche Dimension in emotionsbezogener Hinsicht aber auch vergangene und aktuelle gesellschaftliche Stimmungslagen, von denen (affirmative oder blockierende) Emotionalisierungseffekte auf einen Konflikt ausgehen können. So kann etwa vermutet werden, dass die Beschreibung der gesellschaftlichen Stimmung als von „Wutbürgern“ geprägte „neue Protestkultur“ nicht folgenlos für die Emotionalität des Konflikts um die Suche nach Standorten zur Lagerung radioaktiver Abfälle bleibt.

Die dritte Kontextdimension, der *gesellschaftliche Kontext*, reflektiert die Annahme, dass moderne Gesellschaften in unterschiedliche mehr oder weniger autonome Handlungsbzw. Funktionsbereiche ausdifferenziert sind. Konflikte können dementsprechend innerhalb einzelner oder aber im Schnittfeld mehrerer unterschiedlicher gesellschaftlicher Funktionsbereiche – Politik, Recht, Wirtschaft etc. – angesiedelt sein, die die Emotionalität eines Konflikts mitprägen, indem sie die Bedingungen der Emotionalisierung strukturieren. So sind unterschiedliche Bereiche unterschiedlich emotionsaffin bzw. -avers, was in unterschiedlichen Angemessenheitsstandards für emotionsbezogene Kommunikationen zum Ausdruck kommt. Die Politik zeichnet sich – wie eingangs erläutert – durch ein ambivalentes Verhältnis zu Emotionen aus. Politische Konflikte sind daher „offen“ und „geschlossen“ gegenüber Emotionen bzw. emotionalisierten Kommunikationen. In der Wissenschaft sind Emotionen zwar als Untersuchungsgegenstände von Interesse, aber als Element wissenschaftlicher Wahrheitssuche und Kommunikation verpönt. Auch das Recht zielt auf eine Entemotionalisierung durch die Rationalisierung von emotionsgetriebenen Tatbeständen. Die Religion beruht indes auf Momenten der Affizierung und emotionalen Identitätsbildung, weshalb die Artikulation von Emotionen in religiösen Konflikten als angemessen erfahren wird. Wie die räumliche und zeitliche Verortung eines Konflikts ist auch dessen gesellschaftliche Kontextualisierung und die damit

48 Vgl. *Kolb,* FNSB 1997, 16 ff.; *Ehmke,* FNSB 1991, 32 ff.

49 Vgl. für das Beispiel Endlagersuche *Kamlage/Knappe/Warode* (2017), in: Hrsg. Müller, S. 29 ff.; *Brunnengräber/Mez/Di Nucci/Schreurs,* Technikfolgenabschätzung – Theorie und Praxis 2012, 59 ff.

50 *Ohlhorst/Schön* (2010), in: Hrsg. Feindt/Saretzki, S. 198 ff.

verbundene Emotionalität nicht objektiv gegeben und in Stein gemeißelt, sondern das (vorläufige) Ergebnis von Konfliktstrategien, mit denen Konfliktakteure versuchen, einen Konflikt zu einem politischen, rechtlichen, wirtschaftlichen etc. Konflikt zu machen.

4. Konfliktmodus: Wie wird der Streit ausgetragen und beigelegt?

Ein vierter zentraler Referenzpunkt sozialwissenschaftlicher Konfliktanalysen ist die Art und Weise der Konfliktbearbeitung. Der Konfliktmodus gilt in gesellschaftstheoretischer und in praktischer Hinsicht als besonders relevant, weil hier Aufbrechen und Schließen gesellschaftlicher Integration unmittelbar „sichtbar" werden. Die Analyse des Konfliktmodus bezieht sich auf zwei Teildimensionen, die auch in emotionsbezogener Hinsicht bedeutsam sind: die Konfliktaustragung einerseits und die Konfliktregelung andererseits.

Der Modus der *Konfliktaustragung* rückt das Zusammenspiel der konfliktbezogenen Handlungen und Gegenhandlungen von Konfliktbeteiligten in den Fokus der Betrachtung. Konflikte können einseitig oder wechselseitig, gewaltsam oder friedlich, offen oder verdeckt, organisiert oder spontan, aktiv oder passiv, formell oder informell, öffentlich oder privat ausgetragen werden – um nur einige denkbare Modi zu nennen. Unter emotionsbezogener Perspektive rückt einerseits eine weitere idealtypische Unterscheidung zweier Konfliktaustragungsmodi in den Fokus: zwischen „emotionalen" und „sachlich-rationalem" Formen der Konfliktaustragung. Dabei werden emotionale Formen der Konfliktaustragung zunächst mit expressiven Akten, etwa öffentliche Wut- und Verzweiflungsbekundungen auf Demonstrationen, in Verbindung gebracht, wohingegen sachlich-rationale Formen der Konfliktaustragung in der argumentativen Rede und Gegenrede bestehen. Neben der für sich genommen als emotional oder sachlich beschreibbaren Konfliktaustragung sind andererseits auch die emotionalen Voraussetzungen und Wirkungen bestimmter Konfliktaustragungsmodi von Bedeutung. So kann Angst vor einem Konfliktgegner oder vor repressiven Akten der (gewaltsamen) Konfliktregelung durch den Staat zu einem Verzicht auf expressive Akte der Konfliktaustragung und zu einem Rückzug von öffentlichen Konfliktarenen führen. Umgekehrt kann eine emotionsorientierte Analyse von Konfliktaustragungsmodi nach den emotionalen Implikationen gewaltsamer oder friedlicher, offener oder verdeckter, organisierter oder spontaner, aktiver oder passiver, formeller oder informeller, öffentlicher oder privater Formen der Konfliktaustragung fragen.

Die zweite Teildimension der Analyse des Konfliktmodus bezieht sich auf die *Konfliktregelung,* d.h. Handlungen und Interaktionen, die sich auf die Beilegung, Beendigung oder Lösung eines Konflikts richten. In emotionsbezogener Hinsicht lassen sich auch hier zwei Bedeutungen von Emotionen unterscheiden. Einerseits kann der Modus der Konfliktregelung selbst emotionalisiert sein, d.h. Emotionen spielen in der spezifischen Art der Konfliktregelung eine Rolle. Andererseits können die emotionalen Voraussetzungen und Folgen bestimmter Modi der Konfliktregelung in den Blick genommen werden. Was sind also etwa die emotionalen Bedingungen und Wirkungen von Konfliktregelungsarten wie „Exit", „Aussitzen", „Hierarchie" oder „Mehrheitsentscheidungen"? Ein in emotionaler Hinsicht besonders bedeutsamer und vielversprechender – weil vermeintlich besonders geeigneter bzw. sensitiver – Modus der Konfliktregelung richtet sich auf die Einbeziehung der an einem Konflikt beteiligten Parteien mit dem Ziel gemeinsame Konfliktlösungen zu entwerfen. Die Implikationen entsprechender partizipativer Verfahren der Konfliktregelung werden im nächsten Kapitel eingehender diskutiert.

5. Konfliktdynamik: Wie verläuft der Konflikt?

Die Rede von einer „Konfliktdynamik" macht darauf aufmerksam, dass die historischen (Kontext), sachlichen (Gegenstand), sozialen (Akteure) und prozessualen (Modi) Eigenschaften eines Konfliktfeldes nicht statisch sind, sondern sich über die Zeit verändern können. Dabei ist eine differenzierte Erfassung der *Entstehung,* die *Entwicklung* bzw. Fortschreibung oder den Wandel („Konflikt(de)eskalation") sowie auf die *Beendigung* von Konflikten nicht nur um des besseren Verstehens willen wichtig, sondern auch um reflektierte Konfliktbearbeitungsstrategien auf den Weg zu bringen. In emotionsbezogener Hinsicht kann die Analyse der Konfliktdynamik auf Bewegungen der Emotionalisierung bzw. Entemotionalisierung, also die emotionale Aufladung oder Entladung von Konflikten und deren Wechselwirkung mit dem Verlauf eines Konflikts aufmerksam machen.[51] So stellt sich etwa die Frage, wie sich das emotionale Profil eines Konflikts (entlang der anderen Dimensionen) im zeitlichen Verlauf entwickelt. Ferner kann nach der Bedeutung von Emotionalisierungs- bzw. Entemotionalisierungsdynamiken für die Entstehung, die Entwicklung und Beendigung eines Konflikts gefragt werden: Geht die Emotionalisierung eines Konflikts mit dessen Eskalation einher oder liegen in der Emotionalisierung auch Chancen einer Konfliktbeendigung?

III. Zwischenfazit: Konfliktfeldanalyse und Emotionen

Was sind die Reflexionsgewinne einer mehrdimensionalen Konfliktfeldanalyse im Hinblick auf die Erfassung der Emotionalität von Umwelt- und Technikkonflikten im Allgemeinen und Konflikte um die Endlagerung radioaktiver Abfälle im Besonderen? Eine konfliktfeldanalytische Perspektive macht zunächst auf die vielfältigen „Orte" aufmerksam, an denen sich Emotionen in Umwelt- und Technikkonflikten manifestieren können. Sie verweist darauf, dass Emotionen nicht nur eine mögliche Determinante der individuellen Wahrnehmung und Akzeptanz von Risiken (wie in der psychologischen Forschung) oder Motivatoren für Bewegungs- und Protestverhalten (wie in der Bewegungsforschung angenommen), sondern in vielfältiger Weise mit mehrdimensionalen Konfliktfeldern verwoben sind. Emotionen sind Voraussetzungen, Merkmale und Folgen von Konflikten. Eine umfassende und differenzierte Analyse der Bedeutung von Emotionen für bzw. in Konflikte(n) muss diese unterschiedlichen Dimensionen eines Konfliktfelds in den Blick nehmen.

---

51 Vgl. *Ohlhorst/Schön* (2010), in: Hrsg. Feindt/Saretzki, S. 198 ff.

D. Partizipation und Emotionen

I. Zur Beziehung zwischen Partizipation und Emotionen

Wenn heute nach Möglichkeiten einer effektiven Bearbeitung von Konflikten, wie etwa um die Nutzung von Kernenergie oder die Endlagerung radioaktiver Abfälle, gefragt wird, werden häufig Forderungen nach Partizipation laut. Die erfolgreiche Bearbeitung bzw. Regelung dieser Konflikte verlange, so eine weit verbreitete Ansicht, nach mehr und anderer politischer Partizipation.[52] Dabei beziehen sich diese Forderungen zunächst auf alternative Formen der Beteiligung von gesellschaftlichen Akteuren an politischen Prozessen, die über die klassischen Beteiligungsformen der repräsentativen Demokratie – etwa die Wahl von Mandatsträgern – hinausgehen. Gemeint sind dann vor allem unterschiedliche Varianten der Einbeziehung von organisierten zivilgesellschaftlichen Stakeholdern, Bürgerinnen und Bürgern oder lokalen Gemeinschaften in politische bzw. administrative Willensbildungs- und Entscheidungsprozesse.[53] Besondere Bedeutung haben seit den 1990er Jahren unterschiedliche Varianten sogenannter «mini publics» erlangt: Beteiligungsverfahren, in denen BürgerInnen bzw. Stakeholder gegebenenfalls gemeinsam mit Amts- und Mandatsträgern konkrete politische Probleme bearbeiten.[54]

Forderungen nach mehr und anderer Partizipation beruhen im Regelfall auf mindestens einem von drei Argumenten.[55] Erstens gilt Partizipation als Form der politischen Selbstverwirklichung und Emanzipation von Bürgerinnen und Bürgern, die schon wegen ihres demokratischen Eigenwerts zu ermöglichen ist. Zweitens wird der politischen Teilhabe eine instrumentelle Bedeutung für die demokratische Qualität politischer Systeme zugewiesen. So führe ein Mehr an Partizipation zu besseren Prozessen und zu einer höheren Input-Legitimation. Ein drittes, ebenfalls instrumentelles Argument verweist auf die (vermeintlich) höhere Problemlösungsfähigkeit bzw. Output-Legitimation partizipativer Verfahren. Durch eine Ausweitung der Teilhabe an politischer Problembearbeitung würden „bessere Lösungen" erzielt werden und zudem die Voraussetzungen dafür geschaffen, dass diese Lösungen auch tatsächlich umgesetzt werden.

Argumentativer Referenzpunkt für die Forderung nach Partizipation in Theorie und Praxis sind zunächst also nicht Emotionen.[56] Hintergrund sind vielmehr ausgemachte Defizite der

---

52 *Kersting* (2008), in: Hrsg. Kersting, S. 11 ff.; *Kersting/Schmitter/Trechsel* (2008), in: Hrsg. Kersting, S. 40 ff. Vgl. auch *Ipsen* (2006), in: Hrsg. Hocke/Grunwald, S. 105 ff.; *Brunnengräber/Mez/Di Nucci/Schreurs,* Technikfolgenabschätzung – Theorie und Praxis 2012, 59 ff.; *Gallego Carrera/Hocke* (2016), in: Hrsg. Müller, S. 103 ff.; *Peters,* DÖV 2015, 629 ff.; *Nanz/Leggewie* (2013), in: Hrsg. Müller, S. 11 ff.; *Kamlage/Knappe/Warode* (2017), in: Hrsg. Müller, S. 29 ff.; DAEF (2016)

53 *Meadowcroft* (2004), in: Hrsg. Lafferty; *Arnstein,* Journal of the American Institute of Planners 1969, 216 ff.

54 *Fung/Wright* (Hrsg.) (2003).

55 *Newig/Kuhn/Heinrichs* (2011), in: Hrsg. Heinrichs/Kuhn/Newig, S. 27 ff.

56 Damit ist freilich nicht gesagt, dass Emotionen nicht ein wichtiger Faktor für die Entstehung jener Gemengelage waren, in der die Defizite repräsentativer Demokratien thematisiert und Forderungen nach einer Demokratisierung der Demokratie artikuliert wurden. Man denke hier nur an die

Repräsentativdemokratie, die sich vor allem auch im Umgang mit gesellschaftlichen Konflikten über Risikotechnologien manifestieren.[57] Gleichwohl finden sich auch in der Diskussion über Beteiligungsverfahren unterschiedlich gelagerte – funktionale und dysfunktionale – Verweisungsbeziehungen zwischen Partizipation und Emotion.

1. Erstens gelten Emotionen als wichtige *motivationale Momente für politische Teilhabe* überhaupt.[58] Emotionen im Sinne einer affektiven Verbindung zur politischen Gemeinschaft sind Voraussetzungen einer aktiven Teilhabe an der Gestaltung dieser Gemeinschaft.[59] Damit werden Emotionen zur zentralen Voraussetzung der Teilnahme von BürgerInnen oder anderen Akteuren an Partizipationsprozessen. (Was aus der Sicht einiger Kritiker dazu führt, dass solche Verfahren vor allem „emotionalisierte" Akteure ansprechen – und nicht die an einer „sachlichen" Auseinandersetzung Interessierten).
2. Zweitens werden Emotionen, vor allem in der Form emotionalisierter Konflikte, von politischen Akteuren häufig als *Gründe für die Ausrichtung partizipativer Verfahren* genannt. Beteiligungsverfahren, so die Idee und Hoffnung, könnten insbesondere bei emotionalen Konflikten Abhilfe schaffen, weil sie besonders aufgebrachten Gemütern ein Forum zur Artikulation ihrer gefühlsbeladenen Ansichten und Bedenken geben würden und damit letztlich zur Befriedung von Konflikten beitragen würden. Paradigmatisch hierfür sind zahlreiche öffentliche Beteiligungsverfahren, die erst dann ausgerichtet wurden, als die entsprechenden Konflikte besonders emotionalisiert waren.[60]
3. Drittens scheinen partizipative Verfahren nicht nur in besonderer Weise dazu geeignet, mit Emotionen in Konflikten „umzugehen", sondern gelten ihrerseits als *Momente der Emotionalisierung von Konflikten.* Dabei wird einerseits argumentiert, dass partizipative Verfahren die Tür für Emotionen öffneten, die ansonsten von rationalen Verfahren der demokratischen Herrschaftsausübung herausgefiltert bzw. absorbiert würden. Andererseits wird partizipativen Verfahren eine eigenständige Emotionalisierungsleistung zugeschrieben. Als Orte des Aufeinandertreffens kontroverser Positionen förderten sie soziale Interaktionsdynamiken, die zu einer emotionalen Aufladung dieser Positionen führten.

Emotionalisierung der Gesellschaft im Zuge des Aufkommens neuer sozialer Bewegungen, die bedeutende Advokaten einer Ausweitung politischer Partizipation waren.

57 *Renn/Webler/Wiedemann* (Hrsg.) (1995); *Renn/Schweizer,* Env. Pol. Gov. 2009, 174 ff.

58 *Valentino/Brader/Groenendyk/Gregorowicz/Hutchings,* The Journal of Politics 2011, 156 ff.

59 *Marcus* (2002).

60 Man denke hier nur an Stuttgart 21 und das von Heiner Geißler geleitete Schlichtungsverfahren. Vgl. *Brettschneider/Schuster* (Hrsg.) (2013). Für empirische Hinweise, dass partizipativ angelegte Verfahren der alternativen Konfliktregelungen, wie etwa Mediation, zur Zivilisierung, im Sinne einer Entemotionalisierung und Rationalisierung, von Auseinandersetzungen beitragen siehe *Geis* (2006), in: Hrsg. von Blumenthal/Bröchler, S. 259 ff.

4. Abgesehen davon, dass partizipative Verfahren als Katalysatoren oder gar Schöpfer von Emotionen gelten, stehen Emotionen für (mehr oder weniger wichtige) *Eigenschaften partizipativer Verfahren.* Jedenfalls werden partizipative Verfahren immer wieder als „emotional" beschrieben, etwa wenn von einem „emotional aufgeheizte[n] Klima" während solcher Verfahren die Rede ist.[61] Freilich variieren die Bewertungen dieser Emotionalität partizipativer Verfahren – und die Vorschläge, damit umzugehen.
5. Für die einen sind Emotionen eine *Bedrohung partizipativer Verfahren* bzw. des Versprechens solcher Verfahren, die Rationalität politischer Entscheidungen (z. B. durch ein erhöhtes Interessenberücksichtigungspotential, die Klärung von Wissensfragen oder die Offenheit gegenüber dem besseren Argument) zu verbessern. Daher gelte es Emotionen in partizipativen Verfahren institutionell einzuhegen oder in rational bearbeitbare Wissensfragen zu transformieren.[62] Nur dann könne Partizipation seine volle Leistungsfähigkeit entwickeln und seine Rationalitätsversprechen einlösen.
6. Für die anderen liegen genau hier die Risiken partizipativer Verfahren: Diese würden aufgrund ihres kognitiv-rationalistischen Bias, also einer Präferenz für die Lösung von wissensbasierten Sachfragen, zu einer *Verdrängung von Emotionen* führen.[63] Weil dadurch aber auch die moralische Basis von Entscheidungen eingeengt werde, würde die Verdrängung von Emotionen in partizipativen Verfahren zu schlechteren Ergebnissen führen. Anstatt Emotionen als institutionell einzuhegende Bedrohung für Partizipation zu begreifen, müssten Emotionen vielmehr als Potential für die erfolgreichere Gestaltung partizipativer Verfahren aufgefasst werden.[64]

Insgesamt ist das Verhältnis von Emotion und Partizipation mehrdeutig und komplex. Dabei zeichnet sich aus einer Bewertungsperspektive eine ambivalente Beziehung ab. Im Sinne einer dysfunktionalen Beziehung werden Emotionen einerseits als latente Bedrohung „gelingender" Partizipation thematisiert (Punkt 5.); andererseits wird davon ausgegangen, dass Emotionen ihrerseits ein Potential für die Verbesserung partizipativer Prozesses beherbergen (Punkt 6.). Im Folgenden möchte ich weiter auf den letzten Punkt eingehen und argumentieren, dass Emotionen mit Chancen für politische Partizipation einhergehen.

II. Emotionsbezogene Potentiale von Partizipation

Wie bereits angedeutet, haben weite Teile des Diskurses über politische Partizipation im Allgemeinen und Beteiligungsverfahren im Besonderen eine skeptische Haltung gegenüber Emotionen bezogen. Besonders ausgeprägt ist die Skepsis gegenüber Emotionen aufseiten der

61 *Benighaus/Kastenholz/Renn* (2010), in: Hrsg. Feindt/Saretzki, S. 275, 292; *Roeser/Pesch,* ST&HV 2016, 274, 281.

62 *Clarke/Hoggett/Thompson* (2006).

63 Vgl. grundlegend *Marcus* (2002).

64 *Roeser/Pesch,* ST&HV 2016, 274, 281 ff.

Anhänger von Beteiligungsverfahren, die sich an Kriterien deliberativer Demokratietheorie orientieren. Diese Verfahren sollen gerade der Versachlichung von Politik dienen (durch eine Verbreiterung der Wissensbasis und das Herausfiltern guter Gründe), nicht aber der Emotionalisierung. Dementsprechend zielt das Design dieser Verfahren auf eine Einhegung von Emotionen und nicht darauf, diesen Geltung zu verschaffen.[65]

Diese rationalistische Lesart von Partizipation hat indes Kritik provoziert, die in dezidierten Gegenpositionen zum Ausdruck kommt: Anstatt auf die Rationalisierung von Entscheidungen durch eine Einhegung von Emotionen zu setzen, sollten Partizipationsprozesse die wichtige Bedeutung von Emotionen anerkennen und dementsprechend „emotionssensitiv" ausgestaltet werden.[66] Partizipationsprozesse, die Emotionen anerkennen, wären nicht nur eher dazu geeignet, emotionale Konflikte zu bewältigen, sondern verbesserten auch die politische Willensbildung und Entscheidungsfindung überhaupt. Dabei werden im Wesentlichen zwei Argumente vorgetragen, die auf unterschiedliche Gütekriterien bzw. Erwartungen gegenüber partizipativen Verfahren abstellen.[67] Die Berücksichtigung von Emotionen in Partizipationsverfahren, erhöhe zum einen die Qualität der Ergebnisse von Beteiligungsverfahren (1.) und zum anderen die Qualität der Prozesse selbst (2.).

1. Emotionen zur Verbesserung der Ergebnisqualität

Das erste Argument thematisiert die Bedeutung von Emotionen als „Quellen von Weisheit" für die Abschätzung und Bewertung der Folgen von Entscheidungen.[68] Die Berücksichtigung von Emotionen in partizipativen Verfahren, also die Möglichkeit, authentische Emotionen zum Ausdruck zu bringen und zur Grundlage von Erwägungsprozessen zu machen, ist schon mit Blick auf die normativ-moralische Dimension von Entscheidungen von Bedeutung, die auch bei Risikofragen (wie etwa der Endlagerung radioaktiver Abfälle) unhintergehbar ist: Wenn Risiko die Berechnung einer Schadenshöhe einschließt, hat der Risikobegriff immer schon normative-evaluative Implikationen und damit eine moralische Dimension. Denn die Definition dessen, was als Schaden gelten kann, setzt eine Bewertung voraus, die ihrerseits auf Wertmaßstäbe verweist. Risiken sind demnach immer wertbezogen – und abhängig von menschlichen Akten der Bewertung.[69]

---

65 Vgl. hierzu *Roeser/Pesch,* ST&HV 2016, 274 ff.; *Hoggett/Thompson,* Constellations 2002, 106, 109; *Blühdorn* (2013), S. 103.

66 *Roeser,* Safety Science 2006, 689 ff.; *Roeser/Pesch,* ST&HV 2016, 274 ff.

67 *Rowe/Frewer,* ST&HV 2000, 3 ff.; *Renn/Webler/Wiedemann* (Hrsg.) (1995).

68 „Rather than being opposed to rationality and hence being inherently misleading, emotions might be an invaluable source of wisdom when it comes to assessing the moral acceptability of risk." *Roeser,* Philos. Technol. 2011, 197, 198.

69 *Slovic,* Risk Analysis 1999, 223 ff.

Emotionen sind nun entscheidend, um relevante Normativitäten bzw. moralische Erwägungen aufzuspüren und damit eine angemessene normative Basis für Entscheidungen zu schaffen: „we need emotions to detect … morally relevant considerations”:[70]

> Emotions such as sympathy, empathy, and compassion can point out unfair distributions of risks and benefits. Indignation and resentment can point to moral digressions such as involuntary risk impositions. Experts might feel responsible and worried about the technologies they develop. Fear might point to concern about unforeseen negative consequences of a technology. Disgust might point to the ambiguous moral status of, for example, clones and human–animal hybrids.[71]

Hintergrund dieser Position ist die Annahme, dass die weit verbreitete und immer wieder reproduzierte Trennung von Emotion und Kognition irreführend und empirisch nicht haltbar sei.[72] So seien Emotionen Grundlage für moralisches Wissen, und die Fähigkeit zu einem angemessenen moralischen Urteil zu kommen, beruhe auf einem bestimmten Maß der emotionalen Affizierung: „Somebody who makes a moral judgment should have an appropriate emotion. […] That means that if somebody does not feel outrage by a violation of his autonomy, then this person might not be able to fully grasp the injustice that has been done to him“.[73] Anders gesagt: Wir würden vermutlich die Rationalität einer Person infrage stellen, die auch im Angesicht großer Ungerechtigkeiten keine Wut oder Empörung verspürt. Emotionale Empathie ist ein grundlegender Mechanismus der Anerkennung des anderen und seiner Interessen; insofern hilft emotionale Empathie bei der Beurteilung der moralischen Implikationen des eigenen Handelns.

Wenn es zum einen richtig ist, dass „[p]urely rational decision procedures overlook important ethical considerations about risks“[74] und zum anderen gilt, dass es keine Experten für moralische und emotionale Fragen gibt, ergibt sich daraus ein starkes Argument für die Gestaltung emotionssensitiver Beteiligungsverfahren, in denen auch Laien die Möglichkeit haben über emotionale Expressionen bzw. expressive Sprechakte ihren moralischen Erwägungen

---

70 *Roeser,* Safety Science 2006, 689, 698.

71 *Roeser,* Philos. Technol. 2011, 197, 198. Und weiter: „Moral reflection benefits from emotions such as sympathy, compassion, and feelings of responsibility. For example, we only start to grasp the moral impact of the disaster in Fukushima if we see pictures and hear stories of people who have to be evacuated, small children who are tested for radiation contamination, safety workers who are taken to the hospital with burn injuries, and the uncertainty about how it will all end. The moral meaning of a disaster like this only starts to become clear if we are emotionally engaged with the people who have to undergo the consequences“ (S. 199).

72 „Most moral philosophers think that we have to choose between the two horns of the Hume-Kant-dilemma: either take emotions seriously but forfeit claims to objectivity, or reject emotions as being a threat to objectivity. However, based on modern theories of emotions, we can reject this dichotomy as a false dilemma. According to recent developments in neurobiology, psychology and the philosophy of emotions, emotions and cognitions are not mutually exclusive, but rather, in order to have moral knowledge, we need to have emotions.“ *Roeser,* Safety Science 2006, 689, 695; vgl. zur Entwicklung der Emotionsforschung auch *Haider* (2005), in: Hrsg. Aschmann, S. 33 ff.

73 *Roeser,* Safety Science 2006, 689, 696.

74 *Roeser,* Safety Science 2006, 689, 699.

Geltung zu verschaffen.[75] Die Beteiligung von Laien in Entscheidungen über Risikotechnologien ist demnach schon deshalb geboten, weil dadurch die Wahrscheinlichkeit erhöht wird, dass vielfältigen Emotionen Ausdruck verliehen wird und damit das Berücksichtigungspotential verschiedener „moral concerns" erhöht wird.

Besonders konturiert hat Sabine Roeser diese Position in Bezug auf den Umgang mit Risiken der Kernenergie formuliert. Um sowohl der „technokratischen" als auch der „populistischen" Falle im Umgang mit Emotionen zu entkommen, schlägt sie einen „emotional deliberation approach to risk" vor.

> It allows the public a genuine voice in which their emotions and concerns are appreciated, listened to, and discussed, rather than ignored (technocratic pitfall) or taken as a given that makes discussion impossible (populist pitfall). By discussing the concerns underlying emotions, justified concerns can be distinguished from – morally or empirically – unjustified concerns.[76]

Durch die Berücksichtigung, Thematisierung und schließlich die Selektion „berechtigter" emotionsbasierter „concerns" würde der Ansatz nicht nur ein „well-grounded ethical assessment" ermöglichen; er würde auch helfen, den Graben zwischen Experten und Laien zu überwinden, der sich regelmäßig in Debatten über Risikotechnologien auftue:

> It can provide for circumstances in which all involved parties respect each other more and are willing to listen to each other and give and take in a debate. This is necessary in order to broach such a complex technological-ethical issue as whether and under what circumstances nuclear energy might be morally acceptable.[77]

Hier deutet sich bereits das zweite Argument an, das sich auf die prozessbezogenen Vorzüge von Emotionen für Partizipation bezieht.

2. Emotionen zur Verbesserung der Verfahrensqualität

Gemäß dieser zweiten argumentativen Stoßrichtung verbessert die Berücksichtigung von Emotionen die prozedurale Qualität von Beteiligungsverfahren selbst. Dabei lassen sich mindestens zwei Teilargumente unterscheiden. Das erste Teilargument stellt darauf ab, dass die Konstruktivität von Verfahren (deren „Sachlichkeit" und „Rationalität") verbessert werde, wenn Emotionen gehört und berücksichtigt würden. Dabei wird gleichsam ein „kathartischer Effekt" emotionaler Expressionen in partizipativen Verfahren angenommen. So beeinflussten die Emotionen der TeilnehmerInnen an einem Beteiligungsverfahren (zum Beispiel in Bezug auf eine bestimmte Technologie) deren Offenheit gegenüber anderen Aspekten eines partizipativen Verfahrens (etwa gegenüber dem Austausch von Wissen) – und damit auch deren Bereitschaft zur konstruktiven Mitwirkung.[78] TeilnehmerInnen, die ihre Emotionen nicht zum Aus-

---

75 *Roeser,* Safety Science 2006, 689 ff.

76 *Roeser,* Philos. Technol. 2011, 197, 200.

77 *Roeser,* Philos. Technol. 2011, 197, 200.

78 *Hall* (2005).

druck bringen können, würden nicht nur blind gegenüber anderen Aspekten, sondern neigten auch zu Obstruktionsverhalten. Wenn TeilnehmerInnen also die Möglichkeit gegeben würde, ihre Emotionen zu artikulieren, würden sie sich dadurch bzw. danach auch anderen Dimensionen öffnen können – und sich konstruktiv an der Bearbeitung der Probleme beteiligen. Im Gegensatz zur Idee von Emotionen als „Quellen von Weisheit“ (s. oben) deutet sich hier ein Bild von Emotionen als zwar allzu menschliche und insofern unhintergehbare, aber doch problematische Störung eines rationalen Beteiligungsverfahrens an.

Ein zweites Teilargument zur prozessbezogenen Rolle von Emotionen bezieht sich auf solche Beteiligungsverfahren, die nach Maßgabe der deliberativen Demokratietheorie ausgestaltet sind.[79] Ausgangspunkt ist die Beobachtung, dass Emotionen in realweltlichen deliberativen Verfahren *de facto* eine Rolle spielen, ihnen aber in den entsprechenden theoretischen Modellen keine angemessene Bedeutung zugeschrieben wird. Wie bereits oben angedeutet, gelten Emotionen als Störungen oder sogar Bedrohungen rationaler Entscheidungsfindung im allgemeinen und deliberativer Verfahren im Besonderen. Sie müssen – so eine Prämisse deliberativer Demokratietheorie – institutionell eingehegt werden; deliberative Verfahren sollen gerade zur Entemotionalisierung und Versachlichung von Debatten beitragen.[80] Dies führt wiederum dazu, dass sie auch in der praktischen Ausgestaltung solcher Verfahren unterbelichtet bleiben und mithin problematische Effekte zeitigen. Vor diesem Hintergrund argumentiert etwa Dik Jörke für eine explizite Berücksichtigung von Emotionen in Theorie und Praxis deliberativer Verfahren.[81] Dadurch ließe sich nicht nur eine angemessenere theoretische Vorstellung der Praxis von Deliberation gewinnen, sondern auch die deliberative Qualität dieser Verfahren erhöhen. So seien erfolgreiche deliberative Verfahren auch auf eine nicht-kognitive Dimension sozialen Handelns angewiesen, ohne die sie ihre konsensuale und vertrauensstiftende Kraft nicht erfüllen können:

> Deliberative Verfahren sind […] soziale Praktiken, in denen neben rational-sachlichen soziale und identitätsstiftende Merkmale wie ein spezifischer Sprachgestus, eine gewisse Emphase oder auch das leidenschaftliche Eintreten für eine politische Überzeugung wirksam sind. Es sind die dadurch hervorgerufenen Emotionen, Gestimmtheiten und vorbewussten Präferenzen der Beteiligten, die für den Verlauf deliberativer Verfahren maßgeblich sind.[82]

Diese emotionalen Aspekte sind für den Erfolg von Argumentationsprozessen mindestens so wichtig wie die hervorgebrachten Gründe selbst: „Will der Redner überzeugen, so muss er […] seine Zuhörer für sich gewinnen. Und dies gelingt nur, wenn er zugleich als glaubwürdig wahrgenommen wird und auch in der Lage ist, die Zuhörer emotional zu bewegen“.[83] Es sei eine (auf Aristoteles‘ Rhetorik zurückgehende) Trias von vorgebrachten Argumenten, dem

79 *Goodin* (2012).

80 *Roeser/Pesch,* ST&HV 2016, 274, 281 ff.; *Hoggett/Thompson,* Constellations 2002, 106 ff.

81 *Jörke* (2012), in: Hrsg. Heidenreich/Schaal, S. 29 ff. sowie grundlegend *Hoggett/Thompson,* Constellations 2002, 106 ff.

82 *Jörke* (2012), in: Hrsg. Heidenreich/Schaal, S. 29, 41.

83 *Jörke* (2012), in: Hrsg. Heidenreich/Schaal, S. 29, 41.

Charakter des Redners und der emotionalen Stimmung der Zuhörer, die über Erfolg oder Misserfolg eines deliberativen Beitrags entscheidet.

Wenn Emotionen aber weder im Rahmen deliberativer Demokratietheorie noch beim Design entsprechender Verfahren angemessen berücksichtigt werden, liefen Theorie und Praxis der Deliberation an der Realität politischer Prozesse vorbei – und sie werden normativ fragwürdig, weil sie emotionsbasierte rhetorische Machtungleichgewichte ausblenden. Anders gesagt: Praktiken der Deliberation, die nicht auf die Rolle von Emotionen eingestellt sind, würden nicht das rational-sachlich überlegene Argument, sondern den rhetorisch überlegenen Redner herausfiltern; und die Theorie der Deliberation würde die dadurch bedingten sozialen Machtungleichgewichte geflissentlich übersehen. Nur wenn die Rolle von Emotionen bei der Gestaltung deliberativer Prozesse berücksichtigt werden, um den tatsächlich bestehenden oder zumindest absehbaren rhetorischen Machtungleichgewichten in solchen Verfahren entgegenzuwirken, könnten deliberative Prozesse so gestaltet werden, dass das deliberative „Ideal der Waffengleichheit" realisiert wird.[84]

III. Emotionsbezogenes Partizipationsdesign?

Die vorgängigen Überlegungen verweisen darauf, dass Emotionen grundsätzlich zu besseren Ergebnissen und/oder besseren Prozessen beitragen *können.* Sie verweisen aber auch darauf, dass dieses Potential nicht immer schon in *der* Partizipation angelegt ist. Partizipation ist nicht gleich Partizipation; vielmehr gibt es vielfältige Formen von Partizipation, die sich nicht nur an unterschiedlichen (demokratischen) Idealen und Wertmaßstäben orientieren, sondern auch mit unterschiedlichen emotions-bezogenen Potentialen einhergehen. Es ist also die spezifische Ausgestaltung, das „Design", eines Beteiligungsverfahrens, das dessen Emotionshaushalt mitbestimmt. Im Umkehrschluss bedeutet dies, dass der Emotionshaushalt bzw. das Emotionsberücksichtigungspotential eines Beteiligungsverfahrens durch Designentscheidungen gestalt- oder zumindest beeinflussbar ist. Die „Stellschrauben" für das Design von Beteiligungsverfahren sind annährend so vielfältig wie die resultierenden Formen von Partizipation selbst.[85] Als besonders wirkmächtig gelten aber mindestens drei

---

84 Ähnlich (wenn auch unter anderen demokratietheoretischen Vorzeichen) argumentieren VertreterInnen einer starken partizipatorischen Demokratie. Sie kritisieren deliberative Formen der Verfahrensgestaltung dafür, dass sie einen bestimmten auf den Austausch von sachlichen Argumenten ausgerichteten Modus der Kommunikation („dispassionate and disembodied") privilegieren und andere Formen der emotionalen (nicht-verbalen) Kommunikation „silencen". Dadurch komme es zu einer Benachteiligung jener sozialen Gruppen, die nicht oder nur bedingt zu rationaler Kommunikation in der Lage sind. Die Berücksichtigung eines Modus der expressiven Kommunikation von Emotionen ermögliche hingegen die Aufwertung und authentische Inklusion genau dieser marginalisierten Gruppen. Vgl. dazu *Hoggett/Thompson,* Constellations 2002, 106 ff.

85 *Fung,* Journal of Political Philosophy 2003, 338 ff.; *Rowe/Frewer,* ST&HV 2005, 251 ff.

Aspekte, die nachfolgend kurz hinsichtlich ihrer emotionsbezogenen Implikationen umrissen werden sollen.[86]

1. Mit der *Agenda* bzw. der Mission eines Beteiligungsverfahrens werden Probleme und Zielsetzungen eines Beteiligungsverfahrens – also das „Was" der Partizipation – bestimmt. Damit wird der kognitive und normative Raum vorstrukturiert, in dem sich die partizipative Willensbildung und Entscheidungsfindung abspielt bzw. abspielen soll. Die Agenda eines Partizipationsarrangements kann mehr oder weniger offen sein. Schon dadurch wirkt sie als Filter für Emotionen: indem bestimmte besonders emotionalisierte bzw. emotionalisierbare Themen und Fragen ein- bzw. ausgeschlossen werden. Dabei ist auch der Ausschluss von emotionalisierten Themen keine Gewähr dafür, dass die entsprechenden Emotionen „vor der Tür" bleiben. Vielmehr zeigt sich immer wieder, dass Teilnehmende den Ausschluss von Themen gerade zum Anlass für eine Emotionalisierung der entsprechenden Verfahren nehmen; oder dass die ausgeschlossenen Themen von außen einen „Schatten" auf den Verlauf der Verfahren und deren Ergebnisse werfen. Schließlich kann auch das Verfahren der Themensetzung selbst emotionalisieren – etwa, wenn TeilnehmerInnen in ihren Erwartungen in Bezug auf die Inklusivität und Transparenz des entsprechenden Prozesses enttäuscht werden.
2. Mit dem *Repräsentationsmodell* wird bestimmt, wer, also welche Akteure an einem Beteiligungsverfahren teilnehmen. Dabei kann im Kontext öffentlicher Beteiligungsverfahren zwischen Stakeholder-, Bürger- oder Expertenmodellen sowie Mischformen unterschieden werden.[87] In emotionsbezogener Hinsicht ist die Akteurszusammensetzung insofern von Bedeutung, als unterschiedliche Akteure bzw. Akteurkonstellationen potentiell unterschiedliche Emotionalitäten in ein Partizipationsverfahren hineintragen. Stakeholder sind schon deswegen in ihrer emotionalen Ausdrucksfähigkeit begrenzt, weil sie in der Regel einem rationalen Interesse eines Kollektivakteurs (eines Umweltverbands, einer Gewerkschaft etc.) verpflichtet sind und strategisch agieren. BürgerInnen sind der Tendenz nach von derlei Rücksichtnahmen auf Kollektivinteressen und -strategien befreit und können insofern expressiver agieren; ihre emotionsbezogene Klaviatur ist aber nicht vollständig offen, sondern durch (lokale) soziale Normen strukturiert. ExpertInnen hingegen beziehen ihren Status aus der Selbst- und Fremdzuschreibung, von sachlich-rationalen Erwägungen aber gerade nicht von Emotionen geleitet zu sein.
3. Das *Kommunikationsmodell* definiert das „Wie" der kommunikativen Interaktion zwischen Akteuren, zum Beispiel die Art (z.B. verbal vs. nonverbal), die Richtung (einseitig vs. wechselseitig), die Gewichtung (symmetrisch vs. asymmetrisch) von Kom-

86 *Bornemann,* Journal of Environmental Policy & Planning 2017. Vgl. für konkrete Hinweise zur Ausgestaltung eines emotionssensitiven Designs partizipativer Risikoabschätzung *Roeser/Pesch,* ST&HV 2016, 274 ff.

87 *Saretzki* (2003), in: Hrsg. Mensch/Schmidt, S. 43 ff.; *Saretzki/Bornemann,* Forschungsjournal Soziale Bewegungen 2014, 70 ff.

munikation. Konkrete Formen von Kommunikation sind etwa Dialog, Disput, Diskurs oder Mediation.[88] Die im Kommunikationsmodell angelegten Regeln für den kommunikativen Austausch der TeilnehmerInnen in einem Beteiligungsverfahren bestimmen ganz maßgeblich, ob und welche Art von Emotionen wie artikulations- bzw. expressionsfähig sind, ob und in welcher Form bestimmte Emotionen thematisierungsfähig sind oder nicht. So impliziert etwa das Modell des Dialogs ein wechselseitiges Sprechen und Zuhören zweier Seiten, das zwar geordnet verläuft, aber durchaus die Artikulation von Emotionen zulässt; ein Disput erzeugt geradezu die Erwartung einer emotionalen Auseinandersetzung zwischen unterschiedlichen Parteien; das Modell des Diskurses hingegen beschränkt die normativ erwartete Kommunikation auf den Austausch rational-sachlicher Argumente. Bei der Mediation geht es um die Vermittlung zwischen unterschiedlichen Parteien in Bezug auf einen häufig emotional geführten Konflikt. Emotionale Auseinandersetzungen sollen hier in einem Modus des Neuinterpretierens und der Kompensation gelöst werden.

Angesichts der emotionalen Implikationen von unterschiedlichen Designentscheidungen muss im Blick behalten werden, dass das spezifische Design nicht nur den Umgang mit Emotionen in einem Konflikt prägt (das Emotionsberücksichtigungspotential), sondern gleichsam eine bestimmte Emotionalität produziert. Partizipationsverfahren sind in diesem Sinne nicht nur Orte, an denen Emotionen unter bestimmten Bedingungen thematisiert und bearbeitet werden; Partizipationsverfahren sind vielmehr „Emotionalitätsmaschinen“: Mechanismen der Emotionalisierung, Ent-Emotionalisierung und Um-Emotionalisierung von Konflikten. Sie erzeugen qua Design eine bestimmte Emotionalität. Das Design entsprechender Verfahren muss diese potentiellen Effekte und Nebeneffekte partizipativer Verfahren auf die Emotionalität eines Verfahrens selbst und auf die Emotionalität eines Konflikts im Blick behalten. Ein in diesem Sinne reflexives emotionsorientiertes Design von Beteiligungsverfahren besteht in der Vermittlung der Emotionalität eines Konflikts mit der Emotionalität eines Beteiligungsverfahrens unter Berücksichtigung der Folgen für die Möglichkeiten und Grenzen der Konfliktbearbeitung.

E. Zusammenfassung und Perspektiven

Die Politikwissenschaft hat sich in der Vergangenheit schwer getan mit der Berücksichtigung von Emotionen in ihrem analytischen Repertoire. Emotionen waren lange Zeit ein blinder Fleck einer auf Rationalitätsannahmen und -fiktionen beruhenden Politikwissenschaft. Mittlerweile werden Emotionen in der Politikwissenschaft thematisiert – und es deutet sich die Entwicklung einer differenzierten politikwissenschaftlichen Emotionenanalytik an. Im Sinne eines Beitrags zu dieser Analytik habe ich mich um eine Klärung des Verhältnisses von Emotionen und gesellschaftlichen Konflikten einerseits sowie Emotionen und partizipativer Konfliktregelung andererseits bemüht. Um die Rolle von Emotionen in gesellschaftlichen Kon-

88 *Sandole/van der Merwe* (Hrsg.) (1993).

flikten, wie dem Konflikt um die Endlagerung radioaktiver Abfälle, differenziert zu erfassen, habe ich den Ansatz der Konfliktfeldanalyse ins Spiel gebracht. Er verdeutlicht, dass Emotionen potentiell in unterschiedlichen Hinsichten konfliktrelevant sind. Um ein differenziertes Bild der Emotionalität eines Konflikts zu erhalten, sind Emotionen im Zusammenhang mit diesen Konfliktdimensionen zu betrachten. Eine solchermaßen differenzierte Analyse kann den Grundstein für eine emotionssensitive Konfliktbearbeitung legen.

In einem zweiten Schritt habe ich einige Beobachtungen zum Verhältnis von Emotionen und Partizipation angestellt. Wesentliche Erkenntnisse sind hier, dass Emotionen sowohl mit einem destruktiven als auch einem produktiven Potential für die partizipative Konfliktbearbeitung in Verbindung gebracht werden. Während die destruktive Lesart eine Kontrolle und Einhegung von Emotionen nahelegt, spricht die produktive Lesart für die aktive Einbindung bzw. Berücksichtigung von Emotionen zur Erhöhung der prozess- und ergebnisbezogenen Qualität partizipativer Verfahren. Ob und inwieweit Emotion und Partizipation in einem produktiven oder destruktiven Verhältnis stehen, ist nicht nur, aber auch eine Frage der spezifischen Ausgestaltung, also des „Designs" von Beteiligungsverfahren. Die Emotionalität und Emotionssensitivität eines Beteiligungsverfahrens kann durch unterschiedliche Designentscheidungen – in Bezug auf die Agenda, das Repräsentationsmodell und das Kommunikationsmodell – gezielt beeinflusst werden. Die Herausforderung eines emotional reflektierten Partizipationsdesigns zur Bewältigung eines emotionalisierten Konflikts besteht dementsprechend darin, die spezifische Emotionalität eines Konflikts in einem entsprechenden Verfahrensdesign so zu berücksichtigen, dass dadurch die prozess- und ergebnisbezogene Qualität des Verfahren im Hinblick auf die Bearbeitung des Konflikts gehalten oder verbessert werden kann.

Zukünftige Forschung zum Verhältnis von gesellschaftlichen Konflikten, Emotionen und Partizipation im Zusammenhang mit der Endlagersuche könnte sich sowohl auf die differenzierte empirische Bestimmung des Emotionsprofils der mit der Endlagersuche verbundenen gesellschaftlichen Konflikte richten. Ferner könnte sie die emotionalen Implikationen – Möglichkeiten und Grenzen, Stärken und Schwächen – verschiedener Designs der partizipativen Konfliktbearbeitung analysieren, die im Zusammenhang mit der Endlagersuche diskutiert werden.[89] Der Ansatz der Konfliktfeldanalyse und bestehende Frameworks zur Analyse des Designs von Partizipationsverfahren bieten hierfür eine geeignete konzeptionelle Grundlage.

Für die politische Praxis besteht die Herausforderung derweil darin, ein neues Verhältnis zu den vielfältigen Formen und Rollen von Emotionen in gesellschaftlichen Konflikten und partizipativen Konfliktbearbeitungsansätzen zu entwickeln. Das schließt die praktische Anerkennung von Emotionen als potentiell wichtige Elemente gesellschaftlicher Konflikte ebenso ein wie die Berücksichtigung von Emotionen in (partizipativen) Strategien zur Regelung gesellschaftlicher Konflikte.

---

89 Vgl. etwa DAEF (2016), *Gallego Carrera/Hocke* (2016), in: Hrsg. Müller, S. 103 ff.; *Nanz/Leggewie* (2013), in: Hrsg. Müller, S. 11 ff.; *Kamlage/Knappe/Warode* (2017), in: Hrsg. Müller, S. 29 ff.

Literaturverzeichnis

Arnstein, Sherry R., A ladder of citizen participation, Journal of the American Institute of Planners 1969, Vol. 35, I. 4, pp. 216 ff.

Aschmann, Birgit, Vom Nutzen und Nachteil der Emotionen in der Geschichte, in: Hrsg. Birgit Aschmann, Gefühl und Kalkül, Der Einfluss von Emotionen auf die Politik des 19. und 20. Jahrhunderts, Stuttgart 2005, S. 9 ff.

Bargetz, Brigitte/Birgit Sauer, Politik, Emotionen und die Transformation des Politischen. Eine feministisch-machtkritische Perspektive, Österreichische Zeitschrift für Politikwissenschaft 2010 (ÖZPW), 39. Jg., H. 2, S. 141 ff.

Becker, Sören/Andrea Bues/Matthias Naumann, Zur Analyse lokaler energiepolitischer Konflikte. Skizze eines Analysewerkzeugs, Raumforschung und Raumordnung 2016, 74. Jg., H. 1, S. 39 ff.

Benighaus, Christina/Hans G. Kastenholz/Ortwin Renn, Kooperatives Konfliktmanagement für Mobilfunksendeanlagen, in: Hrsg. Peter Henning Feindt/Thomas Saretzki, Umwelt- und Technikkonflikte, Wiesbaden 2010, S. 275 ff.

Blühdorn, Ingolfur, Simulative Demokratie. Neue Politik nach der postdemokratischen Wende, Berlin 2013.

Bornemann, Basil, Private Participation Going Public? Interpreting the Nexus Between Design, Frames, Roles, and Context of the Fracking 'InfoDialog' in Germany, Journal of Environmental Policy & Planning 2017, Vol. 19, I. 1, pp. 89 ff.

Bornemann, Basil/Thomas Saretzki, Konfliktfeldanalyse – das Beispiel „Fracking" in Deutschland, in: Hrsg. Lars Holstenkamp/Jörg Radtke, Handbuch Energiewende und Partizipation, Wiesbaden 2018, S. 563 ff.

Brettschneider, Frank/Wolfgang Schuster (Hrsg.), Stuttgart 21. Ein Großprojekt zwischen Protest und Akzeptanz, Wiesbaden 2013.

Brunnengräber, Achim/Lutz Mez/Maria Rosaria Di Nucci/Miranda A. Schreurs, Nukleare Entsorgung: Ein „wicked" und höchst konfliktbehaftetes Gesellschaftsproblem, Technikfolgenabschätzung – Theorie und Praxis 2012, 21. Jg., H. 3, S. 59 ff.

Clarke, Simon/Paul Hoggett/Simon Thompson, Emotion, politics and society, Basingstoke, New York 2006.

Conrad, Jobst, Ein lokaler Umweltkonflikt in Latenz: grüne Gentechnik und Entwicklungspfade der Pflanzenbiotechnologie, in: Hrsg. Peter Henning Feindt/Thomas Saretzki, Umwelt- und Technikkonflikte, Wiesbaden 2010, S. 163 ff.

DAEF (Deutsche Arbeitsgemeinschaft Endlagerforschung), Partizipation im Standortauswahlverfahren für ein Endlager, März 2016.

Ehmke, Wolfgang, 15 Jahre Widerstand gegen Gorleben. Zwischen Alltäglichkeit und Auszehrung, Forschungsjournal Neue Soziale Bewegungen 1991 (FNSB), 4. Jg., H. 4, S. 32 ff.

Finucane, Melissa L./Ali Alhakami/Paul Slovic/Stephen M. Johnson, The affect heuristic in judgments of risks and benefits, Journal of Behavioral Decision Making 2000 (J. Behav. Decis. Making), Vol. 13, I. 1, pp. 1 ff.

Fischer, Frank, Refraiming Public Policy. Discursive politics and deliberative practices, Oxford 2003.

Fligstein, Neil/Doug McAdam, A theory of fields, New York 2012.

Fung, Archon/Erik Olin Wright (Eds.), Deepening Democracy. Institutional innovations in empowered participatory governance. The Real Utopias Project IV, London, New York 2003.

Fung, Archon, Survey Article: Recipes for Public Spheres: Eight Institutional Design Choices and Their Consequences, Journal of Political Philosophy 2003, Vol. 11, I. 3, pp. 338 ff.

Gallego Carrera, Diana/Peter Hocke, Die Endlager-Kommission und ihr Konzept von Öffentlichkeitsbeteiligung in einem engen Zeitfenster. Denkanstöße und Implikationen zum Beteiligungsformat von Demos/Prognos für die Kommission, in: Hrsg. Monika C. M. Müller, Endlagersuche, Endlager-Kommission und Öffentlichkeit(en): Fragen nach Zusammenarbeit und Fortschritten im Prozess zur Halbzeit der Kommission, Rehburg-Loccum 2016, S. 103 ff.

Geis, Anna, Regieren mit Mediation. Eine steuerungstheoretische Analyse der Frankfurter Flughafen-Mediation, in: Hrsg. Julia von Blumenthal/Stephan Bröchler, Von Government zu Governance. Analysen zum Regieren im modernen Staat, Hamburg 2006, S. 85 ff.

Geis, Anna, Beteiligungsverfahren zwischen Politikberatung und Konfliktregelung: Die Frankfurter Flughafen-Mediation, in: Hrsg. Peter Henning Feindt/Thomas Saretzki, Umwelt- und Technikkonflikte, Wiesbaden 2010, S. 259 ff.

Goodin, Robert E., Innovating democracy. Democratic theory and practice after the deliberative turn, Oxford 2012.

Grunwald, Armin/Peter Hocke, Die Endlagerung nuklearer Abfälle als ungelöstes Problem. Eine Einführung in diesen Band, in: Hrsg. Peter Hocke/Armin Grunwald, Wohin mit dem radioaktiven Abfall?, Perspektiven für eine sozialwissenschaftliche Endlagerforschung, Baden-Baden 2006, S. 11 ff.

Haider, Hilde, Emotionen als Steuerungselemente menschlichen Handelns, in: Hrsg. Birgit Aschmann, Gefühl und Kalkül, Der Einfluss von Emotionen auf die Politik des 19. und 20. Jahrhunderts, Stuttgart 2005, S. 33 ff.

Hajer, Maarten/Hendrik Wagenaar, Introduction, in: Eds. Maarten A. Hajer/Hendrik Wagenaar, Deliberative policy analysis, Understanding governance in the network society, Cambridge 2004, pp. 1 ff.

Hall, Cheryl A., The Trouble with Passsion. Political Theory beyond the Reign of Reason, New York 2005.

Hampel, Jürgen/Helge Torgersen, Der Konflikt um die Grüne Gentechnik und seine regulative Rahmung. Frames, Gates und die Veränderung der europäischen Politik zur Grünen

Gentechnik, in: Hrsg. Peter Henning Feindt/Thomas Saretzki, Umwelt- und Technikkonflikte, Wiesbaden 2010, S. 143 ff.

Hawkesworth, Mary E., Theoretical issues in policy analysis, Albany, New York 1988.

Hawkesworth, Mary E., Contending Conceptions of Science and Politics. Methodology and the Constitution of the Political, in: Eds. Dvora Yanow/Peregrine Schwartz-Shea, Interpretation and method, Empirical research methods and the interpretive turn, Armonk, New York 2006, pp. 27 ff.

Heins, Volker, Demokratie als Nervensache. Zum Verhältnis von Politik und Emotion bei Max Weber, in: Hrsg. Ansgar Klein/Frank Nullmeier, Masse – Macht – Emotionen, Zu einer politischen Soziologie der Emotionen, Opladen 1999, S. 89 ff.

Heins, Volker, Politik und Emotion: Von Max Weber zur Zweiten Moderne, Zeitschrift für Politik 2002 (ZPol), 49. Jg., H. 4, S. 424 ff.

Hoggett, Paul/Thompson, Simon, Toward a Democracy of the Emotions, Constellations 2002, Vol. 9, I. 1, pp. 106 ff.

Ipsen, Detlev, Bürgerbeteiligung und Regionalentwicklung am Standort für ein atomares Endlager, in: Hrsg. Peter Hocke/Armin Grunwald, Wohin mit dem radioaktiven Abfall?, Perspektiven für eine sozialwissenschaftliche Endlagerforschung, Baden-Baden 2006, S. 105 ff.

Jörke, Dirk, Politik und Emotionen bei Thukydides, Platon und Aristoteles, in: Hrsg. Felix Heidenreich/Gary S. Schaal, Politische Theorie und Emotionen, Baden-Baden 2012, S. 29 ff.

Kahneman, Daniel, Thinking, fast and slow, London 2013.

Kamlage, Jan-Hendrik/Henrike Knappe/Jan Warode, Eine Frage der Beteiligung? Die schwierige Suche nach einem Endlager, in: Hrsg. Monika C. M. Müller, Endlagersuche, Wie steht es um die Vorbereitung der Entsorgung radioaktiver Abfälle in Deutschland?, Rehburg-Loccum 2017, S. 29 ff.

Kersting, Norbert, Innovative Partizipation: Legitimation, Machtkontrolle und Transformation. Eine Einführung, in: Hrsg. Norbert Kersting, Politische Beteiligung, Einführung in Instrumente politischer und gesellschaftlicher Partizipation, Wiesbaden 2008, S. 11 ff.

Kersting, Norbert/Philippe C. Schmitter/Alexander Trechsel, Die Zunkunft der Demokratie, in: Hrsg. Norbert Kersting, Politische Beteiligung, Einführung in Instrumente politischer und gesellschaftlicher Partizipation, Wiesbaden 2008, S. 40 ff.

Kingston, Rebecca/Leonard Ferry, Bringing the Passions Back, in: The Emotions in Political Philosophy, Vancouver 2008.

Klandermans, Bert, Identität und Protest. Ein sozialpsychologischer Ansatz, in: Hrsg. Ansgar Klein/Frank Nullmeier, Masse – Macht – Emotionen, Zu einer politischen Soziologie der Emotionen, Opladen 1999, S. 260 ff.

Klein, Ansgar/Frank Nullmeier/Oliver von Wersch, Einleitung, in: Hrsg. Ansgar Klein/Frank Nullmeier, Masse – Macht – Emotionen, Zu einer politischen Soziologie der Emotionen, Opladen 1999, S. 9 ff.

Kolb, Felix, Der Castor-Konflikt. Das Comeback der Anti-AKW-Bewegung, Forschungsjournal Neue Soziale Bewegungen 1997 (FNSB), 10. Jg., H. 3, S. 16 ff.

Marcus, George E., The sentimental citizen. Emotion in democratic politics, University Park 2002.

Martinsen, Renate/Thomas Saretzki/Georg Simonis, Einleitung, in: Hrsg. Georg Simonis/Renate Martinsen/Thomas Saretzki, Politik und Technik, Analysen zum Verhältnis von technologischem, politischem und staatlichem Wandel am Anfang des 21. Jahrhunderts, Wiesbaden 2001, S. IX ff.

Meadowcroft, James, Participation and sustainable development: modes of citizen, community and organisational involvement, in: Eds. William M. Lafferty, Governance for Sustainable Development: The Challenge of Adapting Form to Function, Cheltenham, UK/Northampton, MA 2004, pp. 162 ff.

Nanz, Patrizia/Claus Leggewie, Der schwierigste Fall: Bürgerbeteiligung bei der Endlagersuche, in: Hrsg. Monika C. M. Müller, Endlagersuche – gemeinsam mit den Bürgern!, Rehburg-Loccum 2013, S. 11 ff.

Newig, Jens/Katina Kuhn/Harald Heinrichs, Nachhaltige Entwicklung durch gesellschaftliche Partizipation und Kooperation? – eine kritische Revision zentraler Theorien und Konzepte, in: Hrsg. Harald Heinrichs/Katina Kuhn/Jens Newig, Nachhaltige Gesellschaft: welche Rolle für Partizipation und Kooperation?, Wiesbaden 2011, S. 27 ff.

Nullmeier, Frank, Politik und Emotion, in: Hrsg. Rainer Schützeichel, Emotionen und Sozialtheorie, Disziplinäre Ansätze, Frankfurt am Main/New York 2006, S. 84 ff.

Oberwinter, Kristina, Bewegende Bilder. Repräsentation und Produktion von Emotionen in Leni Riefenstahls „Triumph des Willens“, München 2007.

Ohlhorst, Dörte/Susanne Schön, Windenergienutzung in Deutschland im dynamischen Wandel von Konfliktkonstellationen und Konflikttypen, in: Hrsg. Peter Henning Feindt/Thomas Saretzki, Umwelt- und Technikkonflikte, Wiesbaden 2010, S. 198 ff.

Peters, Birgit, Befriedet Beteiligung den Endlagerstreit? Deutsche und Schweizer Endlagersuche im Vergleich, Die Öffentliche Verwaltung 2015 (DÖV), 68. Jg., H. 15, S. 629 ff.

Pettenkofer, Andreas, Die Euphorie des Protests: Starke Emotionen in sozialen Bewegungen, in: Hrsg. Rainer Schützeichel, Emotionen und Sozialtheorie, Disziplinäre Ansätze, Frankfurt am Main/New York 2006, S. 256 ff.

Renn, Ortwin/Thomas Webler/Peter M. Wiedemann (Eds.), Fairness and competence in citizen participation. Evaluating models for environmental discourse, Dordrecht, Boston, London 1995.

Renn, Ortwin/Pia-Johanna Schweizer, Inclusive risk governance: concepts and application to environmental policy making, Env. Pol. Gov. 2009, Vol. 19, I. 3, pp. 174 ff.

Ritter, Claudia, Passion und Politik. Zur Rationalität von Emotionen in Prozessen politischer Identitätsbildung, in: Hrsg. Ansgar Klein/Frank Nullmeier, Masse – Macht – Emotionen, Zu einer politischen Soziologie der Emotionen, Opladen 1999, S. 219 ff.

Roeser, Sabine, The role of emotions in judging the moral acceptability of risks, Safety Science 2006, Vol. 44, I. 8, pp. 689 ff.

Roeser, Sabine, Nuclear Energy, Risk, and Emotions, Philosophy & Technology 2011 (Philos. Technol.), Vol. 24, I. 2, pp. 197 ff.

Roeser, Sabine/Udo Pesch, An Emotional Deliberation Approach to Risk, Science, Technology & Human Values 2016 (ST&HV), Vol. 41, I. 2, pp. 274 ff.

Rohe, Karl, Politik. Begriffe und Wirklichkeiten. Eine Einführung in das politische Denken, Stuttgart 1994.

Rowe, Gene/Lynn J. Frewer, Public Participation Methods: A Framework for Evaluation, Science, Technology, & Human Values 2000 (ST&HV), Vol. 25, I. 1, pp. 3 ff.

Rowe, Gene/Lynn J. Frewer, A Typology of Public Engagement Mechanisms, Science, Technology & Human Values 2005 (ST&HV), Vol. 30, I. 2, pp. 251 ff.

Sandole, Dennis J. D./Hugo van der Merwe (Hrsg.), Conflict resolution theory and practice. Integration and application, Manchester, New York 1993.

Saretzki, Thomas, Entstehung, Verlauf und Wirkungen von Technisierungskonflikten: Die Rolle von Bürgerinitiativen, sozialen Bewegungen und politischen Parteien, in: Hrsg. Georg Simonis/Renate Martinsen/Thomas Saretzki, Politik und Technik, Analysen zum Verhältnis von technologischem, politischem und staatlichem Wandel am Anfang des 21. Jahrhunderts, Wiesbaden 2001, S. 185 ff.

Saretzki, Thomas, Gesellschaftliche Partizipation an Technisierungsprozessen. Möglichkeiten und Grenzen einer Techniksteuerung von unten, in: Hrsg. Kirsten Mensch/Jan C. Schmidt, Technik und Demokratie, Zwischen Expertokratie, Parlament und Bürgerbeteiligung, Wiesbaden 2003, S. 43 ff.

Saretzki, Thomas, Umwelt- und Technikkonflikte. Theorien, Fragestellungen, Forschungsperspektiven, in: Hrsg. Peter Henning Feindt/Thomas Saretzki, Umwelt- und Technikkonflikte, Wiesbaden 2010, S. 33 ff.

Saretzki, Thomas/Basil Bornemann, Die Rolle von Unternehmensdialogen im gesellschaftlichen Diskurs über umstrittene Technikentwicklungen: Der „InfoDialog Fracking", Forschungsjournal Soziale Bewegungen 2014, 27. Jg., H. 4, S. 70 ff.

Sauer, Birgit, „Politik wird mit dem Kopfe gemacht." Überlegungen zu einer geschlechtersensiblen Politologie der Gefühle, in: Hrsg. Ansgar Klein/Frank Nullmeier, Masse – Macht – Emotionen, Zu einer politischen Soziologie der Emotionen, Opladen 1999, S. 200 ff.

Schaal, Gary S., Editorial – der emotive turn in der Politikwissenschaft, Österreichische Zeitschrift für Politikwissenschaft 2010 (ÖZPW), 39. Jg., H. 2, S. 139 f.

Schaal, Gary S./Felix Heidenreich, Politik der Gefühle. Zur Rolle von Emotionen in der Demokratie, Aus Politik und Zeitgeschichte 2013 (APuZ), H. 32–33, S. 3 ff.

Sjöberg, Lennart, Risk perception, emotion and policy. The case of nuclear technology, European Review 2003, Vol. 11, I. 1, pp. 109 ff.

Sjöberg, Lennart, Emotions and Risk Perception, Risk Management 2007, Vol. 9, I. 4, pp. 223 ff.

Slovic, Paul, Trust, Emotion, Sex, Politics, and Science. Surveying the Risk-Assessment Battlefield, Risk Analysis 1999, Vol. 19, I. 4, pp. 689 ff.

Supp, Barbara, Auch Minister haben Angst, Der Spiegel 1998, H. 41, S. 126 ff.

Tversky, Amos/Daniel Kahneman, Judgment under Uncertainty: Heuristics and Biases, Science 1974, Vol. 185, I. 4157, pp. 1124 ff.

Valentino, Nicholas A./Ted Brader/Eric W. Groenendyk/Krysha Gregorowicz/Vincent L. Hutchings, Election Night's Alright for Fighting: The Role of Emotions in Political Participation, The Journal of Politics 2011, Vol. 73, I. 1, pp. 156 ff.

von Scheve, Christian, Emotion and social structures. The affective foundations of social order, Abingdon, Oxon 2013.

Ulrich Smeddinck

Recht, Atommüll und Emotionen – Eine Annäherung an verschiedene Facetten des Konfliktfeldes

Inhaltsverzeichnis

A. Einleitung

Die konfliktreichen Auseinandersetzungen um die friedliche Nutzung der Kernenergie in Deutschland schürten Emotionen. Zugleich wurde der Vorwurf der Emotionalisierung auch als Kampfinstrument im Streit über die Interessendurchsetzung genutzt.[1] Die alten Konflikte prägen heute noch den Diskurs über das Gesetz zur Suche und Auswahl eines Standortes für ein Endlager für Wärme entwickelnde radioaktive Abfälle (Standortauswahlgesetz – StandAG)[2] und erschwerten auch die Arbeit der sog. Endlager-Kommission.[3] Ebenso dürften zukünftige Bemühungen, ein Endlager zu realisieren, Emotionen auslösen.[4]

Bisher sind Emotionen aus der Sicht einer technokratischen Herangehensweise als irrational abgewertet worden.[5] Auch gegenwärtig beharren Behördenvertreter darauf, Skeptiker und Kritiker müssten sich von vernünftigen Argumenten überzeugen lassen.[6] Rechtswissenschaftliche Beiträge mit atomrechtlichen Bezug streifen das Thema, wenn sie etwa an das Phänomen der Angst anknüpfen oder kultur-historische Bezüge zu Emotionen im Zusammenhang mit der Kernenergienutzung herstellen.[7] Das sind aber nicht mehr als Marginalien. Das Thema ist ein Desiderat. Auch in den Rechtswissenschaften führt die Beschäftigung mit Emotionen ein Schattendasein.[8] Es zeichnet sich aber – nun wirklich – auch in dieser Disziplin eine Trendwende ab, dass das Interesse für Emotionen in der Rechtswissenschaft wie bei der Realisierung eines Endlagers für Atommüll steigt. Die rechtwissenschaftlichen Beiträge in Reaktion auf den Widerstand gegen große und kleine Infrastrukturvorhaben schürfen allerdings kaum in die Tiefe, sondern konzentrieren sich auf die Erweiterung der rechtlichen Handlungsformen.[9] Vieles spricht dafür, Emotionen als Rationalität eigener Art anzuerkennen

---

1 Vgl. den Beitrag von *Götter* in diesem Band. Vgl. auch *Greiner* (2015), in: Hrsg. Doering-Manteuffel/Greiner/Lepsius, S. 61 ff. sowie *Weisker* (2005), in: Hrsg. Brüggemeier/Engels, S. 203, 218.

2 Vom 23. Juli 2013 (BGBl. I S. 2553), zuletzt geänd. durch G vom 27. Juni 2017 (BGBl. I S. 1966).

3 *Grunwald,* PÖ 2016, 124 ff.; *König,* ZNER 2012, 232, 233; *Link,* Stuttgarter Nachrichten v. 10.7.2017.

4 *Lebort,* Der Tagessspiegel v. 2.12.2017, S. B 6.

5 *Bürger/Buck/Pohlner/Starflinger* (2012), in: Hrsg. bpb, S. 39, 47; *Greiner* (2015), in: Hrsg. Doering-Manteuffel/Greiner/Lepsius, S. 61, 67 f.; vgl. *Radkau* (2012), in: Hrsg. bpb, S. 109, 123; vgl. auch *Terkessidis* (2015), S. 19.

6 So z. B. auf der Tagung „Atommüll-Lager – Was soll wann, wie, wohin?“ an der Ev. Akademie Loccum vom 9.–11. Juni 2017. Vgl. auch *Bull,* Asse-Einblicke Nr. 29, November 2015, S. 10, 11 sowie *Dannenbaum* (2005), in: Hrsg. Brüggemeier/Engels, S. 268, 280.

7 *Breuer* (2001), in: Hrsg. Bartlsperger, S. 31 f. und 79; vgl. auch *Winter,* ZfU 2012, 209, 226; *Hof* (1996), S. 38 ff.

8 Vgl. *Frankenberg* (2010), S. 193; a. A. *Häußler* (2009), in: Hrsg. Buckel/Christensen/Fischer-Lescano, S. 307.

9 *Fraenkel-Haeberle,* DÖV 2016, 548 ff.; *Bull,* DVBl. 2015, 593 ff.; *Erbguth,* DÖV 2012, 821 ff.; *Hien,* UPR 2012, 128 ff.; *Böhm,* NuR 2011, 614 ff.; *Gärditz,* GewArch 2011, 273 ff. (vgl. immerhin S. 279); *Groß,* DÖV 2011, 510 ff.; *Schink,* ZG 2011, 226 ff.

und nicht abzuwerten,[10] jedenfalls dann, wenn man an nachhaltigen Konfliktlösungen interessiert ist.[11] Anerkennung findet eine solche Herangehensweise vor allem in interdisziplinären Teams.[12] Folgen solcher Überlegungen sind in die Ausgestaltung des StandAG eingegangen. Entsprechende Innovationen stoßen allerdings innerdisziplinär auf Kritik und es wird eine Abarbeitung des Konflikts in den herkömmlichen rechtlichen Verfahren gefordert.[13] So ist es vielleicht auch kein Zufall, dass in den beiden grundlegenden Bänden zu „Recht und Emotion" aus den Jahren 2016 und 2017, die aus philosophischer Sicht angestoßen wurden,[14] Rechtswissenschaftler deutlich in der Minderheit sind.

Der Beitrag wagt eine Annäherung und thematisiert verschiedene Facetten des Konfliktfeldes Recht, Atommüll und Emotionen: Zunächst gilt es, die Gemengelage von Kernenergie, Atommüll, Recht und Emotionen zu verdeutlichen (A.). Im Anschluss wird ausholender die Beschäftigung mit Emotionen in Recht und Rechtswissenschaft dargestellt (B.). Danach wird als Idealtypus des Regierens und Verwaltens der rationale Staat angesprochen (C.). Der rechtswissenschaftliche Fortschritt zeigt sich im Wandel der Leitbilder für die Konfliktregulierung (D.). Im Folgenden werden Möglichkeiten der Berücksichtigung von Emotionen im StandAG untersucht (E.). Es sollen auch Möglichkeiten zur Reduzierung des historischen Konflikts durch das StandAG beleuchtet werden (F.). Außerdem werden, perspektivisch über das Standortauswahlverfahren hinausgehend, Emotionen in der Organisation des Endlagerbetriebs als Thema aufgegriffen (G.), ehe der Beitrag mit Fazit und Ausblick schließt (H.).

B. Die Gemengelage von Kernenergie, Atommüll, Recht und Emotionen

Die Entwicklung der Atomtechnik wie der Widerstand dagegen und der Niedergang sind mit Emotionen verbunden.[15] Während Atombomben Angst ausgelöst hatten, stand am Beginn der friedlichen Nutzung der Kernenergie durchaus eine Euphorie, dass auf diesem Weg al-

---

10 *Ropohl* (1991), S. 246; *Funke/Holt* (2006), in: Hrsg. Scherzberg/u. a., S. 77, 78; *Frevert,* Geschichte und Gesellschaft 2009, 183, 190 m. w. N.; vertiefend: *Landweer/Koppelberg* (2016), in: Hrsg. Landweer/Koppelberg, S. 13, 45 f.

11 *Funke/Holt* (2006), in: Hrsg. Scherzberg/u. a., S. 77, 85 ff.; *Führ* (2006), in: Hrsg. Scherzberg/u. a., S. 291, 318 f.; *Smeddinck* (2016), in: Hrsg. Hoffmann-Riem, S. 403, 436 f.; *Bielecke,* FPR 2013, 471 ff.; *Paulus/Hörmann,* NZI 2013, 623 ff.; *Ehler,* FPR 2013, 500 ff.; *Höfling/Gerhardt,* ZRP 2014, 251 ff.

12 Vgl. *Doering-Manteuffel/Greiner/Lepsius* (2015), in: Hrsg. Doering-Manteuffel/Greiner/Lepsius, S. 1, 3; *Renn/Köck/Schweizer/Bovet/Benighaus/Scheel/Schröter,* ZUR 2014, 281 ff.; *Roßnagel/Ewen/Götz/Hefter/Hentschel/Huge/Schönfelder,* ZNER 2014, 329 ff.

13 *Bull,* DÖV 2014, 897 ff.; *Gärditz,* ZfU 2015, 343 ff.; *Wiegand,* NVwZ 2014, 830 ff.

14 *Landweer/Koppelberg* (Hrsg.)(2016); *Landweer/Bernhardt* (Hrsg.)(2017).

15 *Doering-Manteuffel* (2015), in: Hrsg. Doering-Manteuffel/Greiner/Lepsius, S. 83 ff.; *Weisker* (2005), in: Hrsg. Brüggemeier/Engels, S. 203 ff.

lein eine nimmer versiegende Energiequelle erschlossen werden kann.[16] In diesem Sinne verstand sich das Gesetz über die friedliche Verwendung der Kernenergie und den Schutz gegen ihre Gefahren (Atomgesetz) (1959) als Förderinstrument.[17] Die „Atomeuphorie" sei aber immer schon gegen die Mehrheit der Bevölkerung ein Phänomen der veröffentlichten Meinung weniger gewesen.[18]

Bereits in den 1960er Jahren reagierte die Gesellschaft zum Teil mit Ablehnung, Ängsten und Widerstand. Der Widerstand war von Wut gerade auch über das Vertuschen technischer Probleme durch die Betreiber sowie rabiate staatliche Reaktionen auf Demonstrationen gekennzeichnet. Die Gegenseite betont die Gewaltbereitschaft der Akw-Gegner.[19] Es kam zu eskalierenden Situationen wie die sprichwörtlichen „bürgerkriegsähnlichen Zustände in Brokdorf" im Jahre 1981.[20] Die staatliche Seite reagierte – jedenfalls in Gestalt des Bundesverfassungsgerichtes – mit einer Liberalisierung des Versammlungsrechts.[21] In seiner zeitgeschichtlichen Interpretation der Entscheidung weist *Oliver Lepsius* darauf hin, die Entscheidungsbegründung berücksichtige „die Verarbeitung des Jugendprotestes, die Gefahr einer Abwendung der jungen Generation vom politischen System, das Gebot ‚mehr Demokratie zu wagen' und versucht Partizipationsformen außerhalb der Institutionenordnung, wie zum Beispiel Bürgerinitiativen, verfassungsrechtlich einzubinden."[22]

Nichts-desto-trotz: In den Erörterungsterminen in atomrechtlichen Genehmigungsverfahren „kam es häufig zu emotionalen Konfrontationen, weil die Kritiker das Gefühl hatten, sie könnten gegen die politische und wirtschaftliche Macht nichts ausrichten. Häufig gab es auch sachliche Auseinandersetzungen um Risikofragen."[23] Die Auseinandersetzungen verlagerten sich anlass- und projektbezogen vor die Gerichte. „Die Gerichte wurden ein wichtiger, wenn auch von den Medien wenig beachteter Nebenschauplatz des Atomkonflikts."[24]

Dabei wurde Wissen von Experten für die Beurteilung von Sachverhalten immer wichtiger: So

> wurde das Unbehagen vieler Bürger durch die unabweisbare Notwendigkeit gefördert, dass in Genehmigungsverfahren und gerichtlichen Verfahren wegen der schwierigen technischen Dimension dem Sachverständigen eine ganz wesentliche, oft maßgebliche Rolle zufallen musste. Mancher vertraute diesem Sachverstand nicht, zumal die

16 *Radkau* (2017), S. 131 ff.; *Doering-Manteuffel* (2015), in: Hrsg. Doering-Manteuffel/Greiner/Lepsius, S. 83, 89.

17 *Göppner* (2013), S. 274.

18 Vgl. *Becker,* Literatur-Spiegel Februar 2017, S. 1, 2; *Radkau* (2017), S. 143.

19 *Greiner* (2015), in: Hrsg. Doering-Manteuffel/Greiner/Lepsius, S. 61, 77.

20 *Doering-Manteuffel* (2015), in: Hrsg. Doering-Manteuffel/Greiner/Lepsius, S. 83, 100; zum Verlauf: *Weisker* (2005), in: Hrsg. Brüggemeier/Engels, S. 203, 210 ff.

21 *Lepsius* (2015), in: Hrsg. Doering-Manteuffel/Greiner/Lepsius, S. 113, 140 ff.

22 *Lepsius* (2015), in: Hrsg. Doering-Manteuffel/Greiner/Lepsius, S. 113, 153.

23 *Winter,* ZfU 2012, 209, 220.

24 *Radkau/Hahn* (2013), S. 301.

> technischen Zusammenhänge ohne vertiefte Erkenntnisse nicht nachvollziehbar sind. Man fühlte sich ‚ausgeliefert'.[25]

Die Umweltbewegung reagierte mit dem Aufbau von Gegenexpertise.[26] Das erwies sich gegenüber der fachlichen Thematik und dem Format der Auseinandersetzung – vor den Gerichten – als durchaus angemessen wiewohl auch bereits die Grenzen für Konfliktlösungsmöglichkeiten aufscheinen:

> Letztlich geht es um gegensätzliche Wahrnehmungen, Einschätzungen und Bewertungen ökonomischer technologischer und ökologischer Tatsachen, Erfahrungen und Erkenntnisstände, also um ein materielles Problem. Die Angst vor Gefahren und Risiken der Technik beruht eben nicht nur auf Funktionsstörungen in der prozessualen Aufgaben- und Rollenverteilung, sondern auf sachlichen Divergenzen, die weder Richter noch Sachverständige auflösen können.[27]

Die nüchterne Einschätzung von *Rüdiger Breuer* verweist denn auch schon auf andere Formen der Konfliktbearbeitung.

Die Atomunglücke in Harrisburg 1979, aber vor allem in Tschernobyl 1986 und Fukushima 2011 schürten auch die Angst vor der unbeherrschbaren Technik. Insbesondere das Atomunglück in Tschernobyl verunsicherte die bundesdeutsche Gesellschaft in erheblichem Maße und führte zur Gründung des Bundesumweltministeriums 1986.

Kultursoziologische Erklärungsversuche, die den Ausstieg aus der Kernenergie in Deutschland unterkomplex aus der deutschen Romantik herleiten,[28] oder der platte Verweis auf German Angst[29] behaupten eine Technikskepsis und einen deutschen Sonderweg – und überzeugen nicht. Zum einen ist die Bereitschaft zum Technikeinsatz auch in Deutschland groß und allgegenwärtig.[30] Zum anderen gibt es Ängste auch in anderen Ländern (in Großbritannien vor der Brüsseler Bürokratie, in Frankreich vor den Migranten oder in den USA vor Washington, vorm Polit-Establishment, vorm Sozialismus u. a. m.) nur die Angst-Konfiguration an sich unterscheidet sich eben. Insofern ist der Erklärungswert in diesem Zusammenhang nicht erkennbar und die Wortwahl und der Einsatz dürften eher auf Durchsetzung der eigenen Interessen in der Gesellschaft oder auf den Märkten gerichtet sein.[31]

---

25 *Sellner/Hennenhöfer* (2007), in: Hrsg. Hansmann/Sellner, § 12 Rz. 23; *Weisker* (2005), in: Hrsg. Brüggemeier/Engels, S. 203, 207 und 219.

26 *Greiner* (2015), in: Hrsg. Doering-Manteuffel/Greiner/Lepsius, S. 61, 78.

27 *Breuer* (2001), in: Hrsg. Bartlsperger, S. 31, 67.

28 *Winter,* ZfU 2012, 209, 226; *Lepsius* (2015), in: Hrsg. Doering-Manteuffel/Greiner/Lepsius, S. 113, 129; vgl. auch *Skidelsky/Skidelsky* (2013), S. 171.

29 Potential in der Erforschung der Genealogien nationaler Emotionsstereotype sieht *Plamper* (2012), S. 345; zu German Angst: *Prosinger,* Der Tagesspiegel v. 30.1.2016; vgl. auch *Kühl/Wittstock/Wulf,* TATuP 2016, 83, 85.

30 Auch in historischer Tradition *Blackbourn* (2008), S. 229 ff.

31 Vgl. *Götter* in diesem Band.

Wenn die Entwicklung moderner Staatlichkeit, insbesondere die Durchsetzung des Gewaltmonopols mit der Zurückdrängung und Kontrolle von Gefühlen einherging,[32] so brachte die emotionale und gewaltbereite Auseinandersetzung um die Atomkraft vor Brokdorf und um die Wiederaufarbeitungsanlage in Wackersdorf eine Kontroverse, um das Gewaltmonopol und die Berechtigung von zivilem Ungehorsam hervor.[33] Der wachsende Widerstand wurde durchaus auch von Fakten und neuen Informationen angetrieben.[34] In den USA waren Zweifel an der Verlässlichkeit der Notkühlung von Leichtwasserreaktoren aufgekommen:

> Um die Genese der Anti-AKW-Bewegung zu verstehen und gerade auch ihre Rationalität zu begreifen, muss man auch diesen Wissenstransfer beachten und darf die Bürgerbewegungen nicht nur als soziale Phänomene ins Visier nehmen. Der Gedanke an den ‚Super-GAU', die über den (angeblich) beherrschbaren ‚größten anzunehmenden Unfall' noch hinausgehende Katastrophe, gab dem Protest gegen die Kernkraft eine neue Radikalität. Jetzt konnte er ähnlich Emotionen ansprechen wie zuvor der Protest gegen die atomaren Waffen.[35]

Während unter Rot-Grün der Atomausstieg 2000 beschlossen wurde, machte Schwarz-Gelb in der Bundesregierung diese Entscheidung 2010 rückgängig. Vor der Bundestagswahl 2009 wurde ein „Werbeunternehmen beauftragt, Wissenschaftler und öffentliche Personen mit neutralem Image zu bezahlen, um sie zu Expertisen und Stellungnahmen pro Kernenergie zu motivieren. Die Kampagne führte tatsächlich zum Erfolg – der Akzeptanz der Laufzeitverlängerung."[36] Angesichts einer mutmaßlich mehrheitlichen Stimmung gegen Atomenergie beschloss die gleiche bürgerlich-liberale Regierung wegen des Atomunglücks in Fukushima 2011 den erneuten und wohl endgültigen Ausstieg aus der friedlichen Nutzungen der Kernenergie in Deutschland.[37] Manche sahen in der Darstellung der Energiewende in den Medien eine übereilte, panikartige Reaktion auf das Reaktorunglück, eine irrationale Reaktion in einer Glaubenskrieg-artig aufgeladenen gesellschaftlichen Situation.[38] Die Gegner verunglimpfen mit dieser Darstellung allerdings die Energiewende als Kurzschlussreaktion, als hochemotionale Entscheidung und eine von der Angst der Bevölkerung beherrschte Politik.[39]

Resümierend hält *Gerd Winter* mit Blick auf den Aufstieg und Fall der Kernenergie in Deutschland fest: „Bei der wachsenden Besorgnis um das nukleare Risiko handelte es sich

---

32 Vgl. *Frevert,* Geschichte und Gesellschaft 2009, 183, 195.

33 Vgl. *Habermas* (1985), S. 79 ff.; *Schön* (2013), in: Hrsg. Flick, S. 21, 25.

34 Vgl. *Eckhardt/Kreusch/Marti/Neumann* (2016), in: Hrsg. Smeddinck/Kuppler/Chaudry, S. 59, 61; *Weisker* (2005), in: Hrsg. Brüggemeier/Engels, S. 203, 209.

35 *Radkau/Hahn* (2013), S. 269 f.

36 *Winter,* ZfU 2012, 209, 221.

37 *Rüb* (2012), S. 15, 36 ff.; *Breloer/Breyer,* atw 8, 9/2013 (Sonderdruck), 1, 5.

38 *Michel* (2015), S. 19; vgl. auch *Posser* (2014), in: Hrsg. Kirchhof/Paetow/Uechtritz, S. 251, 268; aus zeitgeschichtlicher Perspektive: *Greiner* (2015), in: Hrsg. Doering-Manteuffel/Greiner/Lepsius, S. 61, 77.

39 *Kemfert* (2013), S. 24 f.

keineswegs, wie später von der Atomlobby oft behauptet, um einen bundesdeutschen Sonderweg und um einen Ausdruck von ‚German angst'."[40] Und:

> Keineswegs war es dabei so, dass, wie manchmal behauptet wurde, die Befürworter für Rationalität und die Gegner für emotionale Ängste standen. Vielmehr haben beide Seiten für ihre Standpunkte wissenschaftliche und juristische Expertise vorgeführt. Beide Positionen waren – bei unterschiedlichen Ausgangspunkten – aber durchaus auch durch emotionale Haltungen beeinflusst, nämlich die Furcht vor Wohlfahrtseinbußen auf der einen und die Furcht vor Gesundheitsschäden auf der anderen Seite.[41]

Es ist davon auszugehen, dass sich vergleichbare Haltungen in der Auseinandersetzung über den Umgang mit dem Atommüll fortsetzen bzw. neu hervorgerufen werden.[42] Die frühere Entscheidung für den Endlager-Standort Gorleben wurde nie den Makel einer politischen Entscheidung los.[43] Diese Konfliktgeschichte hat auch die Arbeit der Endlager-Kommission massiv belastet hat.[44]

Diese kursorische Schilderung der Gemengelage von Kernenergie, Atommüll, Recht und Emotionen verweist auf den Einfluss der Emotionen und der dadurch ausgelösten Handlungen und Geschehnisse auf die weitere Entwicklung.[45] Die gegenseitigen Wechselwirkungen, die sich hier unter besonderen Bedingungen manifestiert haben, sollen – mit Blick auf Emotionen – zunächst kontrastiert werden mit grundsätzlichen Ausführungen zum Selbstverständnis von Recht, Rechtswissenschaft und Staat sowie zum Wandel der Konfliktregulierung.

C. Emotionen in Recht und Rechtswissenschaft

Recht und Emotionen – das scheint ein Grundwiderspruch zu sein. Jedenfalls setzt das Recht geradezu auf die Ent-Emotionalisierung und Rationalisierung von Konflikten. Fakten werden in kühler Distanz geordnet und nach generell-abstrakten Regelungen im Verfahrensrecht und im materiellen Recht verarbeitet.[46] Die große Flexibilität, die Gefühle auszeichnen, führt dazu, dass manche Disziplinen Emotionen aus dem Erkenntnisprozess ausblenden oder gleich

---

40 *Radkau/Hahn* (2013), S. 269.

41 *Winter,* ZfU 2012, 209, 246.

42 *Landweer/Koppelberg* (2016), in: Hrsg. Landweer/Koppelberg, S. 13, 32.

43 *Tiggemann* (2006), in: Hrsg. Hocke/Grunwald, S. 85, 100; vgl. auch *Breloer/Breyer,* atw 8, 9/2013 (Sonderdruck), 1, 2.

44 *Grunwald,* PÖ 2016, 124; vgl. auch *König,* ZNER 2012, 232, 233.

45 Ob Emotionen selbst etwa in ihrer sozialen Konstruktion sich im Zusammenhang mit der Atomentwicklung verändert haben, kann hier nicht zum Gegenstand gemacht werden; erscheint unwahrscheinlich.

46 Vgl. unten C. Vgl. auch *Schwenn,* Die Zeit v. 19.11.2015, S. 18; kritisch: *Landweer/Koppelberg* (2016), in: Hrsg. Landweer/Koppelberg, S. 13, 40 f.

ganz auf diesen Untersuchungsgegenstand verzichten.[47] Und dennoch werden Emotionen in der Rechtwissenschaft mitunter erwähnt. Sie sind bisher aber kaum zum Gegenstand rechtswissenschaftlicher Analyse gemacht worden.[48] Das überrascht, weil Recht in Konflikt mit Emotionen geraten kann[49] und die gängigen rechtlichen Abläufe und die damit verbundene Legitimation unter Druck geraten oder Emotionen rechtliche Reaktionen auslösen kann.[50]

Im Hinblick auf die Realisierung eines Endlagers für Atommüll etwa soll das Recht Sicherheit und Gerechtigkeit gewährleisten. Wenn man die Begriffe erweitert zu Sicherheitsgefühl und Gerechtigkeitsgefühl[51] wird sofort deutlich, wieviel Gerechtigkeit, aber eben auch Sicherheit mit Emotionen zu tun haben. „Vernunft und Gefühl lassen sich nicht trennen, Letzteres ist essentiell für das Funktionieren der Ersteren".[52] Anders gewendet: „[…], jeder rationale Prozess ist eingebettet in emotionale Bewertung, jede Intuition ist getragen von Handlungsabsichten."[53]

Der Eindruck, dass Emotionen bisher zu einer Randgröße rechtswissenschaftlicher Forschung gehören, wird in der Rechtstheorie bestritten: *Stefan Häußler* hält 2008 fest, dass Gefühle im Recht seit mehr als fünfundzwanzig Jahren wieder ein verstärktes Interesse finden und an den emotionalen Dispositionen des Rechtssubjektes ein beachtliches Interesse in Theorie und Praxis besteht.[54]Auf die Potentiale der Erforschung des Verhältnisses von Rechtsgeschichte und aktuellen Anknüpfungspunkten verweist *Jan Plamper*.[55] Traditionell hat das einseitige Abstellen auf das positiv gesetzte Recht dialektisch die Frage nach Legitimation, Akzeptanz und Effektivität hervorgerufen.[56] Gefühle wurden in der historischen Entwicklung des Rechts vernachlässigt, aber auch anderer Bezüge wie Bilder, Idole, Fremde, Nomaden, Flüchtlinge, Frauen Schriftlose und Materialität wurden als Träger und Eigenschaften alternativer Rechtskulturen verdrängt.[57] Die Abschaffung von Mythen, das Abstellen auf die Vernunft kann als Erfolg und Durchsetzung einer bestimmten Auffassung von Recht verstanden werden, die den Eigenwert der Rechtserhaltung betont und alternative Ansprüche oder Begeh-

---

47 *Hof* (1996), S. 39.

48 Vgl. dazu auch *Smeddinck,* Zur Einführung in diesem Band.

49 *Böhm,* NuR 2011, 614 ff.; *Smeddinck* (1992), in: Hrsg. Bruns/u. a., S. 114 ff.

50 Siehe oben unter A.

51 *Bandelow/Thies,* Politische Psychologie 2014, 24 ff.; eingehend zum Rechtsgefühl: *Schützeichel* (2016), in: Hrsg. Landweer/Koppelberg, S. 65 ff.

52 Zitiert nach *Plamper* (2012), S. 349.

53 So der Hirnforscher Ernst Pöppel, zitiert nach *Plamper* (2012), S. 288; eingehend: *Hänni* (2016), in: Hrsg. Landweer/Koppelberg, S. 227 ff.

54 *Häußler* (2009), in: Hrsg. Buckel/Christensen/Fischer-Lescano, S. 307; *Landweer/Koppelberg* (2016), in: Hrsg. Landweer/Koppelberg, S. 13; a. A. *Struck* (2011), S. 213.

55 *Plamper* (2012), S. 335.

56 *Häußler* (2009), in: Hrsg. Buckel/Christensen/Fischer-Lescano, S. 307.

57 *Häußler* (2009), in: Hrsg. Buckel/Christensen/Fischer-Lescano, S. 307, 320 f.; vgl. auch *Voßkuhle* (2008), in: Hrsg. Schuppert/Voßkuhle, S. 13, 14; vgl. auch *Plamper* (2012), S. 61.

ren abwehren muss.[58] In der Tradition steht etwa der Verweis auf die praktische Vernunft als Rechtfertigung für das Hinnehmen angeblich völlig unwahrscheinlicher Restrisiken.[59] Eine psychoanalytische Rechtstheorie nutzt nicht-juristische Wissenschaftsergebnisse, um die Geltungsbedingungen des Rechts zu untersuchen.[60]

Ebenfalls in historischer Perspektive hat die Rechtswissenschaft das Verhältnis von Begriffen und Gefühlen beschäftigt. Der bloßen „Rechtsmathematik" wurde in zugespitzter Weise das „Gefühl für das natürliche Recht" gegenübergestellt. Der Begriffsjurisprudenz wurde attestiert, dass eine nicht zu überbrückende Kluft sie vom wahren Leben trennt. Eine Gefühlsjurisprudenz wurde dagegen mit einem soziologischen Positivismus der Interessenkonstellationen und -konflikte identifiziert. Ein solches Verständnis weist immerhin über ein bloßes nebulöses Gerechtigkeitsempfinden hinaus.[61] Die Idee einer zunächst gefühlsmäßigen Entscheidung, der die juristische Begründung nachgeliefert wird,[62] findet sich in aktuellen Überlegungen zur rechtlichen Entscheidungsfindung wider[63] wie die Überzeugung, dass Gesetzgebung, Wissenschaft und Rechtsprechung gehalten sind, „sich bei jedem Rechtsbegriff darüber Rechenschaft abzulegen, welchen vorhandenen Lebenszusammenhang er darstellen und in welchen Sinne er ihn gestalten will."[64] Das gilt jedenfalls immer dann, wenn dem Outcome des Rechts das Primat gegenüber der dogmatischen Durchdringung eingeräumt wird.

Die Rechtsethologie, die verhaltenswissenschaftliche Erkenntnisse für die Regulierung erschließt, benennt das Gefühl neben Empfinden und Intuition als Erscheinungsformen des menschlichen Erlebens.[65] Rechtsgefühl, Rechtsbewusstsein und moralisches Empfinden werden als elementare Bestandteile von Regelsystemen gedeutet.[66] Ihre Funktionen, werden von *Hagen Hof* umfassend dargestellt und positiv gewürdigt:

> Allgemein zeichnen sich Gefühle wie Glück Freude, Trauer, Furcht, Wut, Ekel, Hoffnung, und Enttäuschung durch eine Anzahl besonderer Leistungen aus:
>
> aa) Sie dokumentieren zunächst, daß im Erleben eine umfassende Informationsverarbeitung erfolgt. Diese ist langsamer als der reizbedingte Reflex, übertrifft aber an Schnelligkeit die rational gefilterten und gesteuerten Entscheidungsprozesse beträchtlich. Das läßt sich einerseits mit der Reizweiterleitung über subkortiale Bereiche, andererseits mit der Orientierung an verhältnismäßig klaren und einfachen Merkmalen erklären. Angesichts der engen Verknüpfung von Antrieben und

58 Vgl. *Häußler* (2009), in: Hrsg. Buckel/Christensen/Fischer-Lescano, S. 307, 315; vgl. auch *Sollondz* (1998), in: Hrsg. Kotulla/Ristau/Smeddinck, S. 221, 232 ff.

59 Kritisch: *Scherzberg,* UTR 115/2012, 7, 14; *Wollenteit,* ZUR 2013, 323, 326 f.

60 *Häußler* (2009), Hrsg. Buckel/Christensen/Fischer-Lescano, S. 307, 308.

61 In historischer Perspektive: *Kroeschell,* JZ 1952, 747.

62 Nochmals *Kroeschell,* JZ 1952, 747.

63 *Hoffmann-Riem* (2006), in: Hrsg. Scherzberg/u. a., S. 3 ff.

64 *Kroeschell,* JZ 1952, 747.

65 *Hof* (1996), S. 38.

66 *Hof* (1996), S. 39; vgl. auch *Landweer/Koppelberg* (2016), in: Hrsg. Landweer/Koppelberg, S. 13, 20 f.

Gefühlen kommen insofern die Intensität von Antrieben, ihre Richtung, das unter mehreren Antrieben bestehende Intensitätsgefälle sowie Schlüsselreize in Betracht.

bb) Auf diese Informationsbasis ermöglicht der im Antriebsgeschehen wirksame Höchstwertdurchlaß grundsätzlich auch eine dem jeweils dominanten Antrieb entsprechende schnelle gefühlsmäßige Entscheidung, die sich an den Kriterien angenehm/unangenehm und erregend/desaktivierend orientiert.

cc) Allerdings ist das Gefühlsleben wegen seiner Offenheit für alle Determinanten menschlichen Verhaltens dem jeweils dominanten Antrieb nicht völlig ausgeliefert. Vielmehr können im Gefühl auch die dominierten Antriebe zum Ausdruck kommen. Es ist also nicht bloße ‚Begleitmusik' des jeweils stärkeren Antriebs, sondern bietet auch den schwächeren ein Forum. Insbesondere heben Gefühle offenbar gerade die Antriebe ins Bewusstsein, deren Befriedigung durch andere oder äußere Umstände behindert wird. Auch gegenüber regelnder Einwirkung von außen erweist sich so das Gefühlsleben autonom.

dd) Daß mehrere Antriebe in einem Gefühl repräsentiert werden können, eröffnet die Möglichkeit zu ‚Koalitionen', mit denen gerade die dominierten mehr Gewicht gegenüber dem dominanten gewinnen können.[67]

ee) Ferner kann sich das Erleben der divergierenden Antriebe in Wertungen konkretisieren, zwischen denen, aufbauend auf dem Erleben als angenehm oder unangenehm, erregend oder gleichgültig, dann ein bewußtes Abwägen möglich ist. Als Konsequenz daraus kommt ein bewußtes Gegensteuern auch gegen einen bis dahin dominanten Antrieb in Betracht, sofern eine dafür ausreichende energetische Basis anderer Antriebe verfügbar ist.

ff) Damit wird das Erleben zu einem vermittelnden und koordinierendem Medium für das gesamte ‚Parlament' der Antriebe und Hemmungen. Die Vermittlung dürfte vor allem über Erregungszustände erfolgen, in die das Individuum durch Reizwahrnehmung oder Stau endogener Antriebe gerät. Dabei ist eine Überleitung von Energie unter verschiedenen Antrieben wahrscheinlich. Zudem ermöglicht das Erlebnis auch Kombinationen verschiedenartiger Gefühle.

gg) Darüber hinaus vermag es aber auch zwischen den verschiedenen Bewußtseinsebenen zu vermitteln, da ihm wie den Antrieben und Hemmungen alle Bereiche der individuellen Persönlichkeit vom Unbewußten bin zu den höchsten Bewußtseinsstufen zugänglich sind.[68]

Mit dieser Auffächerung der Funktionen von Emotionen sind grundlegende Einsichten festgehalten, an die rechtswissenschaftlich angeknüpft werden kann. So findet heutzutage die Auseinandersetzung mit Emotionen in der Rechtswissenschaft in verschiedenen Kontexten statt. Für die Gesprächsführung mit aggressiven und stark emotionalisierten Menschen im Rahmen

67 Auf den Mischzustand von Emotionen verweist auch *Plamper* (2012), S. 328 m. w. N.

68 *Hof* (1996), S. 39 f.

von Gerichtsverhandlungen werden spezielle Kommunikationstechniken präsentiert.[69] Emotionen werden da als nicht beachtete Bedürfnisse eines Menschen kenntlich und Aggression als Anlass zur Interaktion zwischen den Beteiligten gewürdigt. Neurobiologie und Gehirnforschung sowie Erkenntnisse aus der Verhandlungslehre bieten Einsichten, die in Insolvenzverfahren nützlich sein können.[70] In der Gestaltung familiärer Beziehungen sind Emotionen als menschliche Reaktionen unvermeidlich. Deshalb wird ihre Subsumtion unter gesetzliche Vorschriften gefordert.[71] Außerdem werden etwa die vom Staat verantworteten Rahmenbedingungen für eine angemessene ärztliche, pflegerische und emotionale Begleitung alter, schwerstkranker und pflegebedürftiger Menschen kritisiert.[72] Das Auftreten der Wutbürger und die Renaissance der Wut als öffentlich bekundetes Gefühl[73] hat das Interesse an neuen Formen der Konfliktbewältigung und Partizipation geweckt. Neben einer Vielzahl von Publikationen[74] ist insbesondere die Einführung der frühen Öffentlichkeitsbeteiligung in § 25 Abs. 3 Verwaltungsverfahrensgesetz[75] hervorzuheben.[76] Interdisziplinäre Forschergruppen unter Beteiligung von Rechtswissenschaftlern fragen nach tieferliegenden Konflikten und ihren Ursachen bei der Bewältigung und Realisierung von Infrastrukturvorhaben.[77]

Für die Hinwendung zum Themenfeld stehen insbesondere die beiden Sammelbände „Recht und Emotion I – Verkannte Zusammenhänge“ (Hrsg. *Landweer/Koppelberg*) von 2016 und „Recht und Emotion II – Sphären der Verletzlichkeit“ von 2017 (Hrsg. *Landweer/Bernhardt*). Für den ersten Band wird das Forschungsprogramm folgendermaßen beschrieben:

> Die Aufgabe des Forschungsschwerpunkts läßt sich systematisch mit folgenden Fragestellungen umreißen: Welche Arten der Verknüpfung von Recht und Emotion gibt es? Welche empirischen Bezüge lassen sich identifizieren und beklagen? Welche Beziehungen bestehen zwischen den der Verknüpfung von Recht und Emotion? Gibt es Kausalbeziehungen, begriffliche Beziehungen oder gar bestimmte Fundierungsverhältnisse zwischen ihnen?[78]

---

69 *Bielecke,* FPR 2013, 471 ff.

70 *Paulus/Hörmann,* NZI 2013, 623 ff.

71 *Ehler,* FPR 2013, 500, 503.

72 *Höfling/Gerhardt,* ZRP 2014, 251, 252.

73 *Kastner,* Der Tagesspiegel v. 21.2.2015, S. 29; *Hein,* Tagesspiegel-Online v. 14.1.2013.

74 Z. B. *Fraenkel-Haeberle,* DÖV 2016, 548 ff.; *Lippert,* ZUR 2013, 203 ff.; *Hertel/Munding,* NJW 2012, 2622 ff.; *Hien,* UPR 2012, 128 ff.; *Böhm,* NuR 2011, 614 ff.; *Gärditz,* GewArch 2011, 273 ff.; *Groß,* DÖV 2011, 510 ff.; *Schink,* ZG 2011, 226 ff.

75 Vom 23. Januar 2003 (BGBl. I S. 102), zuletzt geändert durch G vom 29. März 2017 (BGBl. I S. 626).

76 *Ziekow,* NVwZ 2013, 754; *Smeddinck/Willmann,* UPR 2015, 295, 296 f.

77 *Roßnagel/Ewen/Götz/Hefter/Hentschel/Huge/Schönfelder,* ZNER 2014, 329 ff.; *Renn/Köck/Schweizer/Bovet/Benighaus/Scheel/Schröter,* ZUR 2014, 281 ff.; vgl. auch bereits *Hoffmann-Riem* (2006), in: Hrsg. Scherzberg/u. a., S. 3, 7.

78 *Landweer/Koppelberg* (2016), in: Hrsg. Landweer/Koppelberg, S. 13, 15.

Die Herausgeber erhoffen sich: „von einer intensiven historischen Beschäftigung mit Recht und Emotionen neuen Gesichtspunkte und Forschungsentwicklungen für systematische und nicht zuletzt normative Zusammenhänge zwischen Recht und Emotion […].“[79]

Zugleich wird darauf verwiesen, dass der Schwerpunkt dieses interdisziplinären Projektes in der Philosophie liegt: In Band I sind 4 Beiträge von 14 von Juristinnen und Juristen, in Band II 3 Beiträge von 14. Das schmälert das Verdienst der Bände in keinster Weise, signalisiert aber den Raum für nachholendes Engagement in der Rechtswissenschaft.

D. Der rationale Staat

Die Entwicklung des Rechts findet ihr logisches Pendant in der Ausprägung von Staatlichkeit: Das Zurückdrängen und die Kontrolle von Gefühlen war Voraussetzung wie Begleiterscheinung der Entwicklung moderner Staatlichkeit – namentlich für die Durchsetzung des Gewaltmonopols[80]:

> Je unpersönlich-abstrakter und formalrechtlich unanfechtbarer die Verfahren der Machtsicherung, der Ressourcenansammlung durch den Staat via gesetzeskonformer Verwaltung wurden, desto geringer wurden Wille und Chance zum Widerstand. Mit dem relativen Bedeutungsverlust von brutaler Gewalt und reiner Willkür seitens der Regierenden, zumal einzelner, brach keineswegs das Zeitalter des absterbenden Staates an, von dem noch einige libertäre Staatsgegner im 19. Jahrhundert träumten. Im Gegenteil die Instrumente staatlicher Herrschaft und Kontrolle verfeinerten sich, waren im Alltag gegenwärtiger und in Fällen des Protests beziehungsweise des Widerstand durchsetzungsfähiger.[81]

Die Entwicklung wurde ganz maßgeblich durch die Beschäftigung von Juristen in den Kanzleien, Gerichten und Ämtern zahlreicher frühneuzeitlicher Staaten vorangetrieben, die Routinen rechtskundiger und rechtsförmiger Verwaltung etablierten.[82] Der Soziologe *Max Weber* (1864–1920) hat die Beamtenschaft idealtypisch als „bürokratische Maschine“ beschrieben, als „rationalen und effizienten Apparat, der von der Form der bürokratischen Organisation abhängig ist und von dieser straff kontrolliert wird.“[83] Ebenso hat *Weber* auch das Recht als Maschine[84] interpretiert, als ein durchgängig determiniertes rationales System, welches eng an das Vorbild der Mechanik angelehnt ist. Derart stellt sich das Recht als Einheit dar, von der aus sich jede Rechtsentscheidung als „Anwendung“ eines abstrakten Rechtssatzes, auf ei-

79 *Landweer/Koppelberg* (2016), in: Hrsg. Landweer/Koppelberg, S. 13, 40.

80 *Frevert,* Geschichte und Gesellschaft 2009, 183, 195.

81 *Raphael* (2000), S. 10 f.

82 *Raphael* (2000), S. 21.

83 *Biegelbauer/Grießler/Loeber* (2014), in: Hrsg. Kropp/Kuhlmann, S. 223, 224 m. w. N.; vgl. auch *Heßler* (2012), S. 70.

84 Kritisch: *Röhl* (1999), in: Hrsg. Hof/Lübbe-Wolff, S. 413, 426 f.

nen konkreten Tatbestand begreifen lässt. Der Gedanke der Systemrationalität beinhaltet die juristisch konstruktive Arbeit, die Synthese von Regeln zu Rechtsinstituten ebenso wie die logische Neusystematisierung solcher Regeln und von Instituten sowie juristischer Dogmatik.[85] Das Systemdenken der deutschen Rechtswissenschaft wirkt bis heute fort.[86] Exemplarisch zeigt sich das in der Bemerkung von *Andreas Voßkuhle:*

> Von besonderer Wichtigkeit erscheint die Möglichkeit, durch eine formal rationale Argumentationsweise, die auf begriffliche Konsistenz, logische Widerspruchsfreiheit und Verallgemeinerbarkeit von Denken und Handeln abstellt, in einer konfliktträchtigen Welt von inhaltlichen Positionen und Einzelinteressen zunächst einmal weitgehend zu abstrahieren.[87]

In diesem Rechtsystem erfolgt die Realitätsverarbeitung selektiv:

> Die Umformulierung des Konfliktstoffs und die Eingrenzung auf die rechtlich relevanten Punkte verursachen eine selektive Realitätsverarbeitung, bei der die komplexeren Ursachen des Streits und die dahinter stehenden oder persönlichen oder gesellschaftlichen Spannungen nicht mehr in Erscheinung treten. Die Einbindung der Parteien in die vorgeprägten Rollen von Klägern und Beklagten verlangt von ihnen, ihr emotionales Engagement weitgehend zu unterdrücken.[88]

Im Gegensatz dazu bedeutet die „Angst vor technischen Gefahren und Risiken [...] eine Qualität, der das Recht nicht einfach positivistisch, die Verwaltung nicht nur pragmatisch sowie Naturwissenschaft und Technik nicht ignorant begegnen kann.“[89] Dennoch sind es gerade rechtlich geordnete Institutionen und Verfahren, die kraft ihrer Funktionsweise einen wichtigen Beitrag dazu leisten können, Aufgaben, Konflikte und Probleme zu verarbeiten, die sich durch Komplexität und Mehrpoligkeit auszeichnen.[90] Sie sind anschlussfähig (z. B. für Experten) oder können weiterentwickelt werden (Bürgerbeteiligung). Insofern verweist eine Maßgabe aus dem Brokdorf-Beschluss, wonach staatliche Entscheidungen möglichst richtig sein sollen, in dem Sinne, dass sie von Organen getroffen werden, die dafür nach ihrer Organisation, Zusammensetzung, Funktion und Verfahrensweise über die besten Voraussetzungen verfügen,[91] dann auf Entwicklungsmöglichkeiten die den Staat und seine Herangehensweisen rational verändern.

---

85 *Vesting* (2007), Rz. 254.

86 *Sollondz* (1998), in: Hrsg. Kotulla/Ristau/Smeddinck, S. 221, 234 f.

87 *Voßkuhle* (2008), in: Hrsg. Schuppert/Voßkuhle, S. 13, 14.

88 *Raiser* (2013), S. 318.

89 *Breuer* (2001), in: Hrsg. Bartlsperger, S. 31, 34.

90 *Hoffmann-Riem* (2012), in: Hrsg. Hoffmann-Riem/Schmidt-Aßmann/Voßkuhle, § 33 Rz. 40 ff. und 67.

91 BVerfG, Beschl. v. 18.12.1984, 2 BvE 13/83, E 68, 1, 86.

E. Wechsel der Leitbilder für die Konfliktregulierung

Entsprechend zeichnet sich seit einigen Jahren ein Wechsel der Leitbilder für die Konfliktregulierung ab. Das resultiert aus der Einsicht heraus, dass die bisher vorherrschende Organisation der Entscheidungsfindung weniger leistungsfähig und nachhaltig ist. Das Recht tendiert nach *Niklas Luhmann* (1927–1998) bisher auf die „Reduktion von Komplexität". Sie drückt sich in der Zurichtung des Streitgegenstandes im Gerichtsverfahren auf wenige konkrete, zwischen den Prozessparteien entscheidbare sowie retrospektiv fixierte Rechtsfragen[92] als angestrebtes Ideal aus. Das Urteil entscheidet akkurat über diese Rechtsfragen, ohne den Streitgegenstand in Gänze in den Blick zu bekommen. Demgegenüber ist eine Pendelbewegung in die Gegenrichtung zu bemerken: die Ausweitung der Komplexität des Streitgegenstandes wird angestrebt und erfordert veränderte Verfahren:

> Häufig zeigt sich, dass ein konkreter Streit um einen bestimmten Rechtsanspruch nur die ‚Spitze des Eisbergs' eines größeren Streitfeldes ist, so dass eine angemessene Problemlösung über den Streitgegenstand im engeren Sinne (auf den ein gerichtliches Verfahren begrenzt ist) hinausreichen muss. Eine ‚möglichst richtige' Entscheidung ist manchmal am ehesten zu finden, wenn der Problembewältigungsgegenstand ausgeweitet wird. Das kann nur dadurch geschehen, dass weitere rechtliche Konfliktzonen einbezogen werden, oder dass nicht rechtliche Konfliktzonen gesehen und bearbeitet werden (Mediation).[93]

Anschließende Überlegungen greifen noch weiter aus:

> Während das geschriebene Recht durch die Anwendung der einschlägigen Rechtsnormen Konflikte zu lösen sucht, finden Emotionen dort unmittelbar keine Berücksichtigung. Da Emotionen aber auch einen immens hohen Informationswert über die dahinter liegenden Interessen in sich tragen, sollten sie nicht nur bei der gerichtlichen Vermittlung, sondern auch bei der Gesetzesanwendung beachtet werden.[94]

Teil dieser Entwicklung ist ein verändertes Verständnis von Rationalität.[95] Es gibt nicht nur eine uniforme Bedeutung von „rational". Die verschiedenartigen Erscheinungsformen von Rationalität geben vielmehr Anlass, von einem „Netz der Rationalitäten" auszugehen.[96] Was bisher als irrational abgewertet wurde, wird nun in anderer Weise gewürdigt: „Empörung, Protestbereitschaft, auch Wut sind respektable Leidenschaften, die den politischen Alltag seit ewigen Zeiten antreiben, aber sie müssen sich zivilisieren, ohne ihre Emotionalität einzubüßen."[97] Weitergehend wird die Bedeutung von Affekten in den verschiedensten Lebensbereichen betont:

---

92 *Gärditz* (2016), in: Hrsg. Kahl, S. 351, 355.

93 *Hoffmann-Riem* (2006), in: Hrsg. Scherzberg/u. a., S. 3, 7 f.

94 *Ehler,* FPR 2013, 500; eingehend: *Ware* (2016), in: Hrsg. Landweer/Koppelberg, S. 249 ff.

95 Vertiefend: *Landweer/Koppelberg* (2016), in: Hrsg. Landweer/Koppelberg, S. 13, 45 f.

96 *Hahn* (2017), S. 260 f.

97 *Nanz/Leggewie* (2016), S. 90.

> Jedes von Menschen produzierte Narrativ, Heiligenlegenden und Science-Fiction-Storys, aber auch Ideen wie die des Neoliberalismus oder der Demokratie, haben affektive Komponenten. Puristischer Positivismus, die Fixierung auf Faktizität, die nur das Messbare, Mathematische gelten lässt, wird der Grundlage der Kultur nicht gerecht. Denn es stimmt: Wir als Gattung konstruieren unsere Welt. Jeder von uns trifft darüber Entscheidungen, was er als Faktum anerkennt. Worauf es ankommt, ist, wie informiert, wie differenziert die Entscheidungen getroffen werden und welche Ziele, Pläne, Visionen sich daraus ableiten.[98]

Dahinter stehen auch neurologische Forschungsergebnisse:

> Jahrhundertelang war die Wissenschaft davon ausgegangen, dass Gefühle bei Entscheidungen hinderlich seien. Allein die Ratio sei Garant für die richtige Wahl. Damasio zeigte nun: Der Verstand braucht das Gefühl als Entscheidungshilfe – vor allem, wenn es keine eindeutige richtige oder falsche Entscheidung gibt. Und das wiederum gibt es ja oft.[99]

Ausgehend von diesen Grundüberlegungen lässt sich festhalten, dass es Konflikttreiber gibt, für die sich Grundformen der Auseinandersetzung je nach Formalisierung und Klärung zur Lösungsfindung oder Konfliktentscheidung anbieten: Über Rechte wird als verbindlich durchsetzbare Rechtspositionen vor Gericht verhandelt und entschieden. Interessen als „geistige Anteilnahme und Aufmerksamkeit, Vorliebe und Neigung, Bestrebung und Absicht; dasjenige, woran jemandem sehr gelegen ist; was für jemanden oder etwas wichtig oder nützlich ist; Vorteil, Nutzen"[100] (Duden) können etwa in Mediationsverfahren ausbalanciert werden.[101] Emotionen im Sinne von „Affekten und Leidenschaften (Zorn, Mitleid, Furcht u. a. m. sowie deren Gegenteil), unbezwingbar durch Vernunft (Aristoteles, David Hume)"[102] bedürfen der Klärung und Bearbeitung z. B. im Stuhlkreis. Alle Konflikttreiber können aber auch verdeckt oder offen in den anderen Bearbeitungsformaten eine Rolle spielen.[103] Das Bewusstsein für das Zusammenwirken der Faktoren[104] und die Bedeutung der Auswahl des Konfliktbearbeitungsformates sind in den vergangenen Jahren gewachsen.[105]

Partizipation und Verfahren bieten als Grundformen Ausgestaltungsmöglichkeiten, um freieren und flexibleren Formen der Konfliktlösung einen Rahmen zu geben. Der (Verwaltungs-)Vollzug generell entfernt sich mit seiner Aufwertung des Diskurses von seinen hierar-

---

98 *Fetscher,* Der Tagesspiegel v. 23.10.2016, S. 7.

99 *Schmaler,* Die Harke v. 22.10.16, S. 33.

100 Duden-Online zu Begriff „Interesse", vgl. http://www.duden.de/suchen/dudenonline/interessen, Zugriff am 27.7.2017.

101 *Hehn/Wagner,* UPR 2016, 41, 42.

102 Vgl. *Plamper* (2012), S. 32.

103 *Smeddinck* (2016), in: Hrsg. Hoffmann-Riem, S. 403, 435 f.

104 *Illouz* (2012), S. 67; *Kornwachs* (2013), S. 111.

105 *Roßnagel/Ewen/Götz/Hefter/Hentschel/Huge/Schönfelder,* ZNER 2014, 329 ff.; *Renn/Köck/Schweizer/Bovet/Benighaus/Scheel/Schröter,* ZUR 2014, 281 ff. Vgl. auch *Smeddinck,* EurUP 2011, 217 ff.

chischen Ursprüngen.[106] Wenn das Gespräch zum Leitbild des Umgangs mit dem mündigen Bürger im demokratischen Verfassungsstaat wird,[107] dann muss über die Gestaltung der Beteiligung gewährleistet werden, „dass die Phase der Interessenklärung und Bestimmung […] möglichst produktiv genutzt werden kann, ohne dass die Notwendigkeit der Entscheidung außer Sicht gerät."[108] Ergebnisoffene und faire Formen der Öffentlichkeitsbeteiligung bahnen leichter gemeinsam getragenen Lösungen den Weg.[109]

F. Möglichkeiten der Berücksichtigung von Emotionen im StandAG

Auf den ersten Blick scheint das StandAG, jedenfalls wenn man die Zielbestimmung in § 1 Abs. 2 S. 1 zur Kenntnis nimmt, keine besondere Rücksicht auf Emotionen zu nehmen: Mit dem Standortauswahlverfahren soll in einem partizipativen, wissenschaftsbasierten, transparenten, selbsthinterfragenden und lernenden Verfahren für die im Inland verursachten hochradioaktiven Abfälle ein Standort mit der bestmöglichen Sicherheit für eine Anlage zur Endlagerung nach § 9a Abs. 3 S. 1 des Atomgesetzes in der Bundesrepublik Deutschland ermittelt werden. Die Betonung des partizipativen, wissenschaftsbasierten, transparenten, selbsthinterfragenden und lernenden Verfahrens sowie die im StandAG ungewöhnlich aufgefächerten Vorschriften zur Öffentlichkeitsbeteiligung können aber als direkte Reaktion auf ein zu technokratisches Herangehen und die dadurch ausgelösten Konflikte und Widerstände in der Vergangenheit interpretiert werden.[110]

Ungewöhnlich war auch, dass der Gesetzgeber im StandAG 2013 die zuständigen Stellen verpflichtet hatte, sich Rechenschaft darüber abzulegen, ob und in welchem Umfang Akzeptanz besteht und zwar im Hinblick auf die Ergebnisse jeder Bürgerversammlung und das Gesamtergebnis nach Abschluss der mündlichen Erörterung (§ 10 Abs. 4 S. 1 und 2 StandAG 2013). Als eine Bedingung für Akzeptanz gilt, dass man eine „gute Governance" dahinter vermutet, also vertrauenswürdige, legitime Entscheidungsprozesse.[111] Die Regelung hätte zumindest ein Einfallstor geboten, nicht nur eindimensional auf den Akzeptanzgrad abzustellen, sondern auch den Umstand und Gründe für das Fehlen zu thematisieren. Dem Wortlaut nach konnte es sich auch ergeben („ob"), dass keine Akzeptanz besteht. Auch das wäre dann eine Erkenntnis, mit der im weiteren Verfahren umgegangen werden müsste. Die Fakten zu nehmen, wie sie sind, etwa anzuerkennen, dass in einem bestimmten Zeitpunkt keine oder

106 Vgl. *Rossen-Stadtfeld* (2012), in: Hrsg. Hoffmann-Riem/Schmidt-Aßmann/Voßkuhle, § 29 Rz. 22.

107 *Fehling* (2012), in: Hrsg. Hoffmann-Riem/Schmidt-Aßmann/Voßkuhle, § 38 Rz. 48.

108 *Rossen-Stadtfeld* (2012), in: Hrsg. Hoffmann-Riem/Schmidt-Aßmann/Voßkuhle, § 29 Rz. 60.

109 *Renn/Köck/Schweizer/Bovet/Benighaus/Scheel/Schröter,* ZUR 2014, 281, 283.

110 Vgl. *Smeddinck/Semper* (2016), in: Hrsg. Brunnengräber, S. 235 ff.

111 Acatech (2013), S. 17.

geringe Akzeptanz gegeben ist, hätte es erlaubt, angemessen und rational im Weiteren zu reagieren. Noch wenige Jahre zuvor wurde gänzlich in Abrede gestellt, dass die Frage der Akzeptanz überhaupt in rechtlichen Zusammenhängen von Interesse ist. Sozialwissenschaftliche Kriterien wie Akzeptanz seien eben keine maßgeblichen Faktoren für die Eignung eines Standorts oder gar die finanzielle Belastung der Atomenergiewirtschaft.[112] Aufgrund heftiger Kritik – Vorwurf des bloßen Akzeptanzmanagements (!) – [113] ist diese Regelung im StandAG 2017 entfallen.[114]

Das StandAG 2017 hat eine Neuordnung der Öffentlichkeitsbeteiligung gebracht. Die Änderungen gehen auf Empfehlungen der Endlager-Kommission zurück:

> Um zu einer Verständigung zu kommen und neues Grundvertrauen aufzubauen, schlägt die Kommission erweiterte und neue Formen der Bürgerbeteiligung vor. Sie sind die Voraussetzung für einen fairen und gesellschaftlich verantwortungsbewussten Umgang miteinander. Ziel der Standortsuche ist eine generationenfeste Lösung in einem möglichst weitgehenden gesellschaftlichen Konsens. Der Umgang mit dabei entstehenden Konflikten wird entscheidend für die Akzeptanz und Nachhaltigkeit der gefundenen Lösung sein.[115]

Entsprechend sind die Fachkonferenz Teilgebiete (§ 9), Regionalkonferenzen (§ 10) und die Fachkonferenz Rat der Regionen (§ 11) ins Gesetz eingeführt worden. Sie bilden eine vergleichsweise aufwendige neue Struktur der Öffentlichkeitsbeteiligung, die auch der Forderung nach transparenter Verrechtlichung Rechnung trägt.[116] Während die Fachkonferenz Teilgebiete nur relativ kurzfristig existiert und aktiv wird, begleiten die Regionalkonferenzen und die Fachkonferenz Rat der Regionen das Standortauswahlverfahren und nehmen insbesondere zum Vorschlag für die übertägig zu erkundenden Standortregionen gem. § 14 Abs. 2, zum Vorschlag für die untertägig zu erkundenden Standorte gem. § 16 Abs. 3 und zum Standortvorschlag für ein Endlager gem. § 18 Abs. 3 jeweils vor dem Erörterungstermin Stellung.

Nach § 5 Abs. 2 S. 1 und 2 muss das Bundesamt für kerntechnische Entsorgungssicherheit (BfE) dafür sorgen, dass die Beteiligung der Öffentlichkeit in den dazu vorgesehenen Formen in einem dialogorientierten Prozess erfolgt.[117] Der damit erhobene Anspruch auf und die Verpflichtung zu gegenseitigem Verstehen steht im Gegensatz zu einer einseitigen Verlautbarungsrhetorik. Umgekehrt wird es notwendig, Grundsätze der Fairness zu beachten, Waffengleichheit im Rahmen des rechtlich Möglichen herzustellen und Transparenz als handlungsleitenden Grundwert zu betrachten. Die Bemühungen sollten in eine „Kommunikation auf Augenhöhe" münden, die realisiert und gelebt werden will. Da angesichts der kontroversen

112 Vgl. *Arndt* (2012), S. 10; *Ossenbühl,* DVBl 2004, 1132, 1140.

113 Generell: *Ueberhorst* (2015), S. 1, 15.

114 Befürwortend dagegen *Smeddinck* (2017), in: Hrsg. Smeddinck, § 10 Rz. 41 f.

115 EK-Abschlussbericht (2016), S. 25.

116 *Smeddinck,* EurUP 2017, 195, 205.

117 Eingehend *Smeddinck* (2017), in: Hrsg. Smeddinck, § 9 Rz. 38.

Thematik,[118] – aber auch der konfliktgeladenen Vorgeschichte[119] – das Aufkeimen von Konflikten nicht ausgeschlossen werden kann, gilt es, regulativ vorzusorgen.

Da verfahrensrelevante Konflikte nicht in allen Fällen bereits zum Beginn des Gesamtverfahrens oder einzelner Phasen bekannt sind, auch erst im Laufe des Verfahrens virulent werden können, empfiehlt die Endlager-Kommission

> ein unabhängiges, permanentes Konfliktradar durch die Konfliktmanagementinstanz. Ziel ist es, mögliche verfahrensrelevante Konflikte frühzeitig zu lokalisieren und eine Bearbeitung auf der niedrigst möglichen Eskalationsstufe zu ermöglichen. Es geht dabei nicht um eine ‚Entemotionalisierung' von Konflikten sondern um eine Vermeidung von Eskalation durch Nichtbearbeitung.[120]

Die Formulierungshilfe des Bundesministeriums für Umwelt, Naturschutz, Bau und Reaktorsicherheit (BMUB) vom Dezember 2017 zur Umsetzung der Empfehlungen der Endlager-Kommission[121] aus deren Abschlussbericht sah zur praktischen Umsetzung einen neuen Absatz 5 in der Vorschrift zum Nationalen Begleitgremium (NBG) in § 8 vor: Das NBG betraut einen Angehörigen seiner Geschäftsstelle mit den Aufgaben eines Partizipationsbeauftragten.[122] Dessen Aufgabe ist die frühzeitige Identifikation möglicher Konflikte und deren Auflösung im Standortauswahlverfahren. Das BfE, der Vorhabenträger und die Konferenzen nach §§ 9 bis 11 können den Partizipationsbeauftragten bei Fragen zum Beteiligungsverfahren hinzuziehen. Dieser berichtet dem Nationalen Begleitgremium über seine Tätigkeit.

In der Öffentlichkeitbeteiligung des NBG am 11.2.2017 spielte die Frage, wer den in der Formulierungshilfe des BMUB vorgesehenen Partizipationsbeauftragten berufen darf, eine wichtige Rolle.[123] Dem Vorwurf des bloßen Emotionen-Managements lässt sich begegnen, wenn wie vom Bundesverband Mediation vorgeschlagen, „bereits die Auswahl der Person einer/eines Partizipationsbeauftragten mit den im Verfahren zu beteiligenden Gruppen partizipativ" gestaltet wird.[124]

In § 8 Abs. 5 S. 1 StandAG 2017 hat der Gesetzgeber dann klargestellt, dass das NBG einen Partizipationsbeauftragten beruft, der als Angehöriger der Geschäftsstelle die Aufgabe der frühzeitigen Identifikation möglicher Konflikte und der Entwicklung von Vorschlägen zu deren Auflösung im Standortauswahlverfahren übernimmt. Damit ist eine Regelung getroffen, ein Instrument gewählt, das ganz konkret den Umgang mit Emotionen im Standortauswahl-

---

118 *Brunnengräber* (2016), in: Hrsg. Brunnengräber, S. 145 ff.

119 *Roose* (2010), in: Hrsg. Feindt/Saretzki, S. 79 ff.

120 EK-Abschlussbericht (2016), S. 125.

121 *Smeddinck/Willmann,* EurUP 2014, 102 ff.

122 Eingehend: *Hagedorn,* http://www.bipar.de/die-alte-konfliktschablone-taugt-nicht-mehr/, Zugriff am 5.12.2017; kritisch zu einer Psychologisierung der Mechanismen zur Konfliktbeilegung: *Bröckling* (2017), S. 150.

123 Zur Frage der Unabhängigkeit und Allparteilichkeit: *Hehn/Wagner,* UPR 2016, 41, 46 f.

124 Brief des Bundesverbandes Mediation an das Nationale Begleitgremium v. 7.2.2017 unter Verweis auf *Besemer*/u. a. (2014), S. 37 ff.

verfahren auf eine angemessene,[125] weder abwertende noch verleugnende Art und Weise ermöglichen soll. Damit werden die beiden anderen Optionen zur Konfliktlösung im StandAG – Öffentlichkeitsbeteiligung und Klagemöglichkeiten – sinnvoll ergänzt.[126]

Mit dem ebenfalls neu eingeführten Instrument der Nachprüfung, das die Regionalkonferenzen gem. § 10 Abs. 5 S. 1 jeweils einmal vor jeder der genannten Entscheidungen geltend machen können, wird rechtlich abgesichert, dass die in dialogorientierten Verfahren erarbeiteten Erkenntnisse die notwendige Aufmerksamkeit im Abwägungsprozess erhalten.[127] So können sie Mängel benennen und den Auftrag für deren Beseitigung erteilen. Darin wie im System der Öffentlichkeitsbeteiligung im StandAG insgesamt mit dem NBG samt Partizipationsbeauftragten, der Einrichtung der neuen Formate sowie der Informationsplattform nach § 6 drücken sich die Bemühungen des Gesetzgebers aus, im Sinne von § 5 Abs. 1 S. 1 auf eine Öffentlichkeitsbeteiligung abzuzielen, die eine Lösung ermöglicht, die in einem breiten gesellschaftlichen Konsens getragen wird und damit auch von den Betroffenen toleriert werden kann.[128]

In dem Sinne legt das Gesetz auch auf die Evaluierung der einschlägigen Vorschriften einen auffälligen Akzent. Nach § 5 Abs. 3 StandAG wird das Verfahren zur Beteiligung der Öffentlichkeit im Sinne der voranstehenden Grundsätze der Öffentlichkeitsbeteiligung fortentwickelt. Dazu können sich die Beteiligten über die gesetzlich geregelten Mindestanforderungen hinaus weiterer Beteiligungsformen bedienen. Die Geeignetheit der Beteiligungsformen ist in angemessenen zeitlichen Abständen zu prüfen.[129]

G. Lösung des historischen Konflikts durch StandAG?

Die Endlager-Kommission hat die über viele Jahrzehnte hinweg konfliktreiche Vorgeschichte des Standortauswahlverfahrens anerkannt.[130] Sie hat mit dem Vorschlag eines partizipativen Suchverfahrens reagiert. Der Abschlussbericht der Endlager-Kommission sucht auch weitergehend mit den Konflikten auf eine fortschrittliche Art und Weise auf der Höhe der Zeit umzugehen:

> Dieses Ziel kann nur erreicht werden, wenn alle Parteien nicht nur fair und vorbehaltlos am gesamten Verfahren beteiligt werden, sondern wenn bei diesen auch die Bereitschaft besteht, sich auf eine neue gesellschaftliche Konfliktkultur einzulassen, die

---

125 Zur Notwendigkeit von Teams: *Hehn/Wagner,* UPR 2016, 41, 46 f.

126 Vgl. oben D. Grundsätzlich kritisch dagegen *Bröckling* (2017), S. 140 ff.

127 EK-Abschlussbericht, S. 379; vgl. auch *Smeddinck,* EurUP 2017, 195, 201.

128 Grundsätzlich kritisch hinsichtlich einer zu starken Konsensorientierung: *Scherer,* Der Tagesspiegel v. 15.12.2015, S. 21.

129 Eingehend *Smeddinck,* EurUP 2017, 195, 202.

130 *Roose* (2010), in: Hrsg. Feindt/Saretzki, S. 79 ff.; *Weisker* (2005), in: Hrsg. Brüggemeier/Engels, S. 203, 209 ff.

> vergangene Konflikte nicht ignoriert und neu entstehende Konflikte stets thematisiert, sich dabei aber stets an dem Prinzip einer konstruktiven Konfliktbearbeitung orientiert und den Fokus auf das gemeinsame Ziel einer weitgehend konsensualen und gesellschaftlich tragfähigen Lösung nicht aus den Augen verliert.[131]

Die Kommission sollte nach § 4 Abs. 2 2. Hs. StandAG 2013 Vorschläge zu diversen Punkten erarbeiten sowie gesellschaftspolitische und technisch-wissenschaftliche Fragen erörtern und dabei Empfehlungen zum Umgang mit bisher getroffenen Entscheidungen und Festlegungen in der Endlagerfrage aussprechen und internationale Erfahrungen und daraus folgende Empfehlungen für ein Lagerkonzept analysieren. Aus den Rückmeldungen im Rahmen der Öffentlichkeitsbeteiligung der Endlager-Kommission haben die Institute Dialogik und das European Institute for Public Participation ermittelt, dass sich die Kommission dem Thema ‚Aufarbeitung der Vergangenheit' nicht ausreichend gewidmet habe.[132] Nachdem die Kommission in dem Politikfeld nur mäßig integrativ gewirkt hat, bot sich dem Bundestag die Gelegenheit und Chance, mit Änderungen am StandAG das Vertrauen in das Verfahren zu stärken und zusätzliche Legitimation zu vermitteln. Entsprechend wurde aus den Öffentlichkeitsbeteiligungen der Endlager-Kommission der Hinweis geschöpft:

> Die Phase nach dem Abschluss der Kommissionsarbeit sollte zudem für einen wirklichen ‚Neustart' genutzt werden, da es bislang nicht gelungen ist, Gruppierungen der Anti-Atombewegung, die der Kommission und dem StandAG kritisch gegenüber stehen, zur Mitarbeit zu bewegen. Es gilt, Maßnahmen zu ergreifen, um die Vergangenheit aufzuarbeiten, Misstrauen abzubauen und eine konstruktive Kommunikationskultur zu etablieren. Nur so können alle relevanten Akteure zukünftig ins Boot geholt werden, was für den Erfolg des Gesamtprozesses ‚Endlagersuche' unabdingbar ist.[133]

Allerdings erscheinen Gesetzesänderungen nur bedingt geeignet, den fortwirkenden langjährigen gesellschaftlichen Konflikt um die Nutzung der Kernenergie zu neutralisieren, der auf das Standortauswahlverfahren fortwirkt.[134] Es wird zusätzliche wissenschaftliche und gesellschaftliche Anstrengungen brauchen, die zu einer Bewegung „Pro Endlager"[135] führen, damit ein solches Projekt tatsächlich realisiert werden kann. Denn eine Durchsetzung gegen die Stimmung in der Gesellschaft[136] erscheint schwer vorstellbar.

Es drängt sich auf, die historisch bedingte Konfliktlage nachhaltiger anzugehen und damit eine Brücke in die Zukunft zu schlagen, indem die Geschichte der nuklearen Entsorgung zum Gegenstand von Forschung, Dokumentation und Bildung gemacht wird. Grundlegend ist die fachgerechte wissenschaftliche Aufarbeitung der historischen Entwicklung sowie der Wissenstransfer in die Gesellschaft – auch für nachfolgende Generationen. Themen und Aufgaben

---

131 EK-Abschlussbericht, S. 123.

132 Vgl. EK-Abschlussbericht, S. 420.

133 Vgl. Endlager-Kommission, S. 421.

134 Vgl. *Smeddinck,* ZRP 2016, 181, 183; *Roßnagel/Ewen/Götz/Hefter/Hentschel/Huge/Schönfelder,* ZNER 2014, 329, 333.

135 So *Brunnengräber/Hocke,* FJ SB 4/2014, 59 ff.

136 Vgl. *Budde* (2016), S. 33 und 35.

sollten in einem neuen „Wissenszentrum“ gebündelt werden, das die o. g. Aufgaben länger- bis langfristig übernimmt und koordiniert.[137] Darin würde sich auch eine Form der Anerkennung des Geschehenen ausdrücken – mit der Chance Vertrauen aufzubauen. Inwieweit Formen einer Restorative Justice[138] – eine Konflikttransformation durch ein Wiedergutmachungsverfahren oder gar eine Wahrheitskommission – geeignet sind, um die Gelingensbedingungen für die Realisierung eines Endlagers zu verbessern,[139] bedarf vertiefter Untersuchung.[140]

H. Emotionen in der Organisation des Endlagerbetriebs

Über das Standortauswahlverfahren und die Errichtung eines Endlagers hinausgehend sind Emotionen interessanterweise auch ein Thema der Arbeitsorganisation während des Betriebs. Die Bedeutung von Organisation und Verfahren als weitere Dimensionen der Regulierung sind rechtswissenschaftlich erkannt.[141] „So steuern z. B. das Recht des öffentlichen Dienstes und das Organisationsrecht den Einsatz des Faktors Personal und damit die aktivierbaren kognitiven und emotionalen Kräfte und damit die aktivierbaren Interaktionskulturen.“[142] Hinsichtlich der Realisierung eines Endlagers unterliegt mittlerweile das Standortauswahlverfahren dem Anspruch, selbsthinterfragend durchgeführt zu werden (vgl. § 1 Abs. 2 S. 1 StandAG). Ebenso gilt auch die Einrichtung eines selbsthinterfragenden Gesamt-Systems als entscheidende Voraussetzung für einen psychologisch nachhaltigen und sicheren Betrieb einer Endlageroption. Die Organisationen müssen z. B. ihre Vorstellungen davon, was sicher ist, permanent aktualisieren. Sie müssen bereit sein, Minderheitenmeinungen und kritische Standpunkte aufzunehmen:[143]

> Kritik muss als positive Information zur Verbesserung des Gesamt-Systems verstanden werden. Ziele müssen sein: die Früherkennung und positive Aufnahme von Wissen, die Schaffung von Gestaltungsfreiräumen und die Vermeidung von Überkontrolle (und damit von Misstrauenskultur) sowie die positive Beeinflussung der Motivation der Mitarbeiter durch eine gute Betriebs- und Führungskultur.[144]

137 Vgl. *Smeddinck,* ZRP 2016, 181, 183.

138 *Domenig,* in: Hrsg. DBH, S. 8, 11; *Früchtel/Halibrand* (2016), S. 17 f.

139 *Asendorpf,* Zeit-Online v. 2.7.2015.

140 Generell skeptisch: *Landweer/Koppelberg* (2016), in: Hrsg. Landweer/Koppelberg, S. 13, 21; vgl. auch *Jessen,* Die Zeit v. 6.10.2016, S. 41.

141 *Hoffmann-Riem* (2012), in: Hrsg. Hoffmann-Riem/Schmidt-Aßmann/Voßkuhle, § 33 Rz. 61 ff.

142 *Hoffmann-Riem* (2006), in: Hrsg. Scherzberg/u. a., S. 3, 6.

143 *Eckhardt/Rippe* (2016), S. 92; Vgl. auch *Brinkbäumer,* Der Spiegel 31/2017, S. 6.

144 *Sträter* (im Erscheinen), in: Hrsg. Hocke/Kuppler/Smeddinck/Hassel, S. 9 d. M.

Von zentraler Bedeutung sind dabei die Offenheit aller beteiligten Akteure und ein systematisches Verfahren, auch gegenläufige Ziele miteinander anzugehen.[145] *Oliver Sträter* hebt hervor, dass gerade vor dem Hintergrund die Belastungen, die mit der Realisierung eines Endlagers verbunden sind, offengelegt und diskutiert werden müssen – auch wenn das schmerzhafte Prozesse bedeuten kann. Für die langfristige Sicherheit sei dies essentiell, weil diejenigen, die die Belastungen tragen, ebenfalls gebraucht werden, um an der Sicherheit des Systems mitzuarbeiten.

Über eine planvolle und seröse strategische Planung, die Bedenken berücksichtigt, kann ein psychologischer Erkenntnisprozess in Gang gesetzt werden, in dem Lösungsansätze entstehen, die auch die Belastungen miteinbinden. So muss die etwaige Verunsicherung der Bevölkerung in der Nähe der Endlageroption in die strategische Planung des Gesamt-Systems einfließen, wenn die Endlageroption dauerhaft stabil sein soll. Das kann z. B. dadurch geschehen, dass Belastungen durch Kompensationen ausgeglichen werden.[146] Ansatzpunkte für eine solche Vorgehensweise sind im StandAG in § 10 Abs. 4 S. 3 angelegt, wonach die Regionalkonferenzen Konzepte zur Förderung der Regionalentwicklung erarbeiten und bei der letztendlichen Standortvereinbarung zu beteiligen sind.

Es wird hervorgehoben, dass es nicht darum gehen kann, die Meinung der Bevölkerung infrage zu stellen. Aus der Sicht einer selbsthinterfragenden Fehlerforschung wäre das vielmehr selbst eine pathologische Sichtweise. Stattdessen gehe es darum, in der Planung zu fragen „wie diese Meinung aktiv weiterentwickelt oder die Verunsicherung abgebaut werden kann. Dazu gehört auch eine geeignete Belohnungsstruktur.“[147]

I. Fazit und Ausblick

So ungewöhnlich die Thematik von Recht und Emotionen auf den ersten Blick auch wirken mag, so schnell wird in der Kombination mit Atommüll auch die Schubkraft deutlich. Dass es frühzeitig Anlass gab, die Thematik aufmerksamer zu betrachten, zeigen gerade auch die rechtswissenschaftlichen Beiträge zu den rechtlichen Auseinandersetzungen über die Kernenergie. Trotz der vermeintlichen Ferne zwischen Recht und Emotionen, die sich am Anspruch des rationalen Staates und der klassischen gerichtlichen Auseinandersetzung festmachen lässt, hat die Auseinandersetzung mit Emotionen zu Neuerungen und Weiterentwicklungen in der Herangehensweise des Rechts bei der Konfliktbewältigung im Recht geführt. Dafür stehen exemplarisch das StandAG und der darin geregelte Partizipationsbeauftragte.

Die Besonderheiten des Konfliktes um die friedliche Nutzung der Kernenergie und seine Verhärtung, die sich noch heute bemerkbar macht, gibt Anlass nach Möglichkeiten und Ver-

---

145 *Sträter* (im Erscheinen), in: Hrsg. Hocke/Kuppler/Smeddinck/Hassel, S. 10 d. M.

146 Vgl. dazu eingehend *Ott/Smeddinck* (Hrsg.) (im Erscheinen).

147 Dazu und zum Weiteren: *Sträter* (im Erscheinen), in: Hrsg. Hocke/Kuppler/Smeddinck/Hassel, S. 10 d. M.

fahren gesellschaftlicher Aussöhnung zu fragen. Sie sind im StandAG nicht angelegt. Umgekehrt sind das StandAG und sein Regelungszweck, die Realisierung eines Endlagers, darauf angewiesen, um erfolgreich sein zu können. Jedenfalls spricht einiges dafür, dass das damit verbundene Konfliktpotential reduziert werden kann.

Es bleiben Fragen offen, etwa die Bedeutung von Emotionen beim Umgang mit Ungewissheit,[148] die die Realisierung eines Endlagers mit sich bringt. Ferner wäre auch unter Auswertung praktischer Erfahrungen der Stellenwert von Emotionen im Rahmen von Staatlichkeit,[149] Regulierung und Good Governance[150] generell zu bestimmen.[151] Good Governance wird sich ja nicht darin erschöpfen können, „dass Menschen, die regiert werden, das Gefühl haben, an den Prozessen der Regierungsführung beteiligt zu werden."[152]

---

148 *Beckert* (2006), in: Hrsg. Scherzberg/u. a., S. 123 ff.

149 Zum Psychological State: *Sunstein* (2014), S. 13.

150 *Reimer* (2016), in: Hrsg. Kahl, S. 43, 50 ff.

151 Zu den Forschungsperspektiven: *Smeddinck* (2016), in: Hrsg. Hoffmann-Riem, S. 403, 429 ff.

152 So aber *Aziz* (2013), in: Hrsg. Flick, S. 181, 185.

Literaturverzeichnis

Acatech, Akzeptanz von Technik und Infrastrukturen – Anmerkungen zu einem aktuellen Gesellschaftlichen Problem, acatech BEZIEHT POSITION – Nr. 9, http://www.acatech.de/fileadmin/user_upload/Baumstruktur_nach_Website/Acatech/root/de/Publikationen/Stellungnahmen/acatech_bezieht_Position_Nr9_Akzeptanz-von-Technik_WEB.pdf, Zugriff am 23.5.2017.

Arndt, Hans-Wolfgang, Gutachten zur Kostentragung für alternative Standorte im geplanten Endlagergesetz, erstattet im Auftrag des VGB PowerTech e.V., Mannheim 2012.

Asendorpf, Dirk, Trauerarbeit nach dem Atomausstieg – Nur ein radikaler Schritt führt zum Erfolg bei der Endlagersuche, Zeit-Online v. 2.7.2015, http://www.zeit.de/2015/25/endlager-suche-dialog-atomindustrie, Zugriff am 24.7.2017.

Aziz, Shaukat, Ein Plädoyer für „Good Governance", in: Hrsg. Corinne Michaela Flick, Kollektiver Rechtsbruch – Gefahr für unsere Freiheit, Göttingen 2013, S. 181 ff.

Bandelow, Nils C./Barbara Thies, Gerechtigkeitsempfinden bei Großprojekten als Ursache von Konfliktsituationen? Vertrauen und Legitimität als moderierende Faktoren illustriert am Beispiel der Konflikte um die Erweiterung des Frankfurter Flughafens, Politische Psychologie 2014, 24 ff.

Becker, Tobias, Die Apokalypse lässt auf sich warten, Literatur-Spiegel Februar 2017, S. 1 ff.

Beckert, Jens, Was tun? Die emotionale Konstruktion von Zuversicht bei Entscheidungen unter Ungewissheit, in: Hrsg. Arno Scherzberg/u. a., Kluges Entscheiden, Tübingen 2006, S. 123 ff.

Besemer, Christoph/u. a., Politische Mediation – Prinzipien und Bedingungen gelingender Vermittlung in öffentlichen Konflikten, Bonn 2014.

Biegelbauer, Peter/Erich Grießler/Anne Loeber, Politik, öffentliche Verwaltung und Wissen: Wer prägt die Politikgestaltung ethisch und technisch komplexer Themen, in: Hrsg. Sabine Kropp/Sabine Kuhlmann, Wissen und Expertise in Politik und Verwaltung, Opladen/Toronto 2014, S. 223 ff.

Bielecke, Alexandra, Der Mensch ist dem Menschen kein Feind – Kommunikationstechniken für die Gesprächsführung mit aggressiven und stark emotionalisierten Menschen, FPR 2013, 471 ff.

Blackbourn, David, Die Eroberung der Natur – Eine Geschichte der deutschen Landschaft, München 2008.

Böhm, Monika, Bürgerbeteiligung nach Stuttgart 21 – Änderungsbedarf und -perspektiven, NuR 2011, 614 ff.

Breloer, Bernd J./Wolfgang Breyer, Die Entsorgung ist nicht gesichert – Wie es dazu kam, atw 8, 9/2013 (Sonderdruck), 1 ff.

Breuer, Rüdiger, Die Angst vor Gefahren und Risiken und die sachverständige Beratung nach dem Maßstab der praktischen Vernunft, in: Hrsg. Richard Bartlsperger, Der Experte bei der Beurteilung von Gefahren und Risiken, Berlin 2001, S. 31 ff.

Brinkbäumer, Klaus, Unter der Käseglocke, Der Spiegel 31/2017, S. 6.

Bröckling, Ulrich, Gute Hirten führen sanft, Berlin 2017.

Brunnengräber, Achim, Das *wicked problem* der Endlagerung, in: Hrsg. Achim Brunnengräber, Problemfalle Endlager, Baden-Baden 2016, S. 145 ff.

Brunnengräber, Achim/Peter Hocke, Bewegung Pro-Endlager? Zum soziotechnischen Umgang mit hochradioaktiven Reststoffen, FJ SB 4/2014, 59 ff.

Budde, Heinz, Das Gefühl der Welt, München 2016.

Bull, Hans Peter, „Wer den Menschen nur nach dem Munde redet, hat wenig Respekt vor ihnen", Asse-Einblicke Nr. 29, November 2015, S. 10 f.

Bull, Hans Peter, Was ist „die Öffentlichkeit" und welche Befugnisse soll sie haben? Zum Demokratieverständnis zivilgesellschaftlicher Verbände – am Beispiel des Auswahlverfahrens für ein Atommüll-Endlager, DVBl. 2015, 593 ff.

Bull, Hans Peter, Wissenschaft und Öffentlichkeit als Legitimationsbeschaffer – Eine kritische Analyse des Standortauswahlgesetzes, DÖV 2014, 897 ff.

Bürger, Manfred/Michael Buck/Georg Pohlner/Jörg Starflinger, Lernen aus der Katastrophe, in: Hrsg. bpb, Ende des Atomzeitalters? Von Fukushima in die Energiewende, Bonn 2012, S. 39 ff.

Dannenbaum, Thomas, „Atom-Staat" oder „Unregierbarkeit"? Wahrnehmungsmuster im westdeutschen Atomkonflikt der siebziger Jahre, in: Hrsg. Franz-Josef Brüggemeier/Jens Ivo Engels, Natur- und Umweltschutz nach 1945 – Konzepte, Konflikte Kompetenzen, Frankfurt/M. 2005, S. 268 ff.

Doering-Manteuffel, Anselm, Fortschrittsglaube und sozialer Wandel – Die Anti-Atom-Bewegung, in: Hrsg. Anselm Doering-Manteuffel/Bernd Greiner/Oliver Lepsius, Der Brokdorf-Beschluss, Tübingen 2015, S. 83 ff.

Doering-Manteuffel, Anselm/Bernd Greiner/Oliver Lepsius, Einleitung, in: Hrsg. Anselm Doering-Manteuffel/Bernd Greiner/Oliver Lepsius, Der Brokdorf-Beschluss, Tübingen 2015, S. 1 ff.

Domenig, Claudio, Restorative Justice – Vom marginalen Verfahrensmodell zum integralen Lebensentwurf, in: Hrsg. DBH, Restorative Justice – Der Versuch das Unübersetzbare in Worte zu fassen, Köln 2013, S. 8 ff.

Eckhardt, Anne/Jürgen Kreusch/Michèle Marti/Wolfgang Neumann, Risikolandschaft, in: Hrsg. Ulrich Smeddinck/Sophie Kuppler/Saleem Chaudry, Inter- und Transdisziplinarität bei der Entsorgung radioaktiver Reststoffe, Wiesbaden 2016, S. 59 ff.

Eckhardt, Anne/Klaus Peter Rippe, Risiko und Ungewissheit – bei der Entsorgung hochradioaktiver Abfälle, Zürich 2016.

Ehler, Karl, Familienrecht – Wie subsumiert man eigentlich Emotionen? FPR 2013, 500 ff.

Erbguth, Wilfried, Infrastrukturgroßprojekte – Akzeptanz durch Verfahren und Raumordnung, DÖV 2012, 821 ff.

Fehling, Michael, Informelles Verwaltungshandeln, in: Hrsg. Wolfgang Hoffmann-Riem/Eberhardt Schmidt-Aßmann/Andreas Voßkuhle, Grundlagen des Verwaltungsrechts II, 2. Aufl., München 2012, § 38.

Fetscher, Caroline, Die parallele Welt: Post Factum, Der Tagesspiegel v. 23.10.2016, S. 7.

Fraenkel-Haeberle, Cristina, Zur Multifunktionalität der Partizipation bei großen Infrastrukturprojekten, DÖV 2016, 548 ff.

Frankenberg, Günter, Staatstechnik – Perspektiven auf Rechtsstaat und Ausnahmezustand, Berlin 2010

Frevert, Ute, Was haben Gefühle in der Geschichte zu suchen? Geschichte und Gesellschaft 2009, 183 ff.

Früchtel, Frank/Anna-Maria Halibrand, Restorative Justice –Theorie und Methode für die Soziale Arbeit, Wiesbaden 2016.

Führ, Martin, Rechtswissenschaft als Verhaltenswissenschaft – Beitrag der Rechtswissenschaft zu Konzepten responsiver Regulierung, in: Hrsg. Arno Scherzberg/u. a., Kluges Entscheiden, Tübingen 2006, S. 291 ff.

Funke, Joachim/Daniel Holt, Zur Rationalität von Emotionen beim Problemlösen – Eine psychologische Perspektive, in: Hrsg. Arno Scherzberg/u. a., Kluges Entscheiden, Tübingen 2006, S. 77 ff.

Gärditz, Klaus-Ferdinand, Angemessene Öffentlichkeitsbeteiligung bei Infrastrukturplanungen als Herausforderung an das Verwaltungsrecht im demokratischen Rechtsstaat, GewArch 2011, 273 ff.

Gärditz, Klaus-Ferdinand, Die Entwicklung des Umweltrechts in den Jahren 2013–2014: Umweltschutz im Zeichen von Verfahren und Planung, ZfU 2015, 343 ff.

Gärditz, Klaus-Ferdinand, Nachhaltigkeit durch Partizipation der Öffentlichkeit, in: Hrsg. Wolfgang Kahl, Nachhaltigkeit durch Organisation und Verfahren, Tübingen 2016, S. 351 ff.

Göppner, Nadine, Vorgeschichte und Entstehung des Atomgesetzes vom 23.12.1959, Frankfurt/M. 2013.

Greiner, Bernd, in: Hrsg. Anselm Doering-Manteuffel/Bernd Greiner/Oliver Lepsius, Der Brokdorf-Beschluss, Tübingen 2015, S. 61 ff.

Groß, Thomas, Stuttgart 21 – Folgerungen für Demokratie und Verwaltungsverfahren, DÖV 2011, 510 ff.

Grunwald, Armin, Der lange Weg zum Konsens – Abschlussbericht der Endlagerkommission, PÖ 2016, 124 ff.

Habermas, Jürgen, Ziviler Ungehorsam – Testfall für den demokratischen Rechtsstaat, in: Jürgen Habermas, Die Neue Unübersichtlichkeit, Frankfurt/M. 1985, S. 79 ff.

Hagedorn, Hans, Die alte Konfliktschablone taugt nicht mehr, v. 27.3.2017, http://www.bipar.de/die-alte-konfliktschablone-taugt-nicht-mehr/, Zugriff am 5.12.2017.

Hahn, Susanne, Rationalität – Eine Kartierung, 2. Aufl., Münster 2017.

Hänni, Julia, Phänomenologie der juristischen Entscheidung, in: Hrsg. Hilge Landweer/Dirk Koppelberg, Recht und Emotion I: Verkannte Zusammenhänge, Freiburg, München 2016, S. 227 ff.

Häußler, Stefan, Psychoanalytische Rechtstheorien, in: Hrsg. Sonja Buckel/Ralph Christensen/Andreas Fischer-Lescano, Neue Theorien des Rechts, 2. Aufl., Stuttgart 2009, S. 307 ff.

Hehn, Marcus/Jörg Wagner, Mediation im öffentlichen Bereich – Teil 3: Besonderheiten und praktische Fragen, UPR 2016, 41 ff.

Hein, Till, Ausbruch eines Urgefühls, Tagesspiegel-Online v. 14.1.2013, http://www.tagesspiegel.de/wissen/psychologie-ausbruch-eines-urgefuehls/7622970.html, Zugriff am 24.7.2017.

Hertel, Wolfram/Christoph-David Munding, „Frühe Öffentlichkeitsbeteiligung" bei der Planung von Großvorhaben, NJW 2012, 2622 ff.

Heßler, Martina, Kulturgeschichte der Technik, Frankfurt/M. 2012.

Hien, Eckart, Partizipation in Planungsverfahren, UPR 2012, 128 ff.

Hof, Hagen, Rechtsethologie – Recht im Kontext von Verhalten und außerrechtlicher Verhaltensregelung, Heidelberg 1996.

Hoffmann-Riem, Wolfgang, Die Klugheit der rechtlichen Entscheidung ruht in ihrer Herstellung – selbst bei der Anwendung von Recht, in: Hrsg. Arno Scherzberg/u. a., Kluges Entscheiden, Tübingen 2006, S. 3 ff.

Hoffmann-Riem, Wolfgang, Rechtsformen, Handlungsformen, Bewirkungsformen, in: Hrsg. Wolfgang Hoffmann-Riem/Eberhard Schmidt-Aßmann/Andreas Voßkuhle, Grundlagen des Verwaltungsrechts II, 2. Aufl., München 2012, § 33.

Höfling, Wolfgang/Rudolf Gerhardt, Die Bedeutung von Recht und Empathie bei der Sterbebegleitung – Arzt hat keine Deutungshoheit über ein würdevolles Leben und Sterben, ZRP 2014, 251 ff.

Illouz, Eva, Warum Liebe wehtut – Eine soziologische Erklärung, Frankfurt/M. 2012.

Jessen, Jens, Warnung! Dieser Artikel kann Gefühle der Kränkung auslösen, Die Zeit v. 6.10.2016, S. 41.

Kastner, Heidi, Schrei, wenn Du kannst, Der Tagesspiegel v. 21.2.2015, S. 29.

Kemfert, Claudia, Kampf um Strom: Mythen, Macht und Monopole, Hamburg 2013.

König, Wolfram, Wie kann die langfristige sichere Entsorgung der radioaktiven Abfälle gelingen? – Zum Entwurf eines Standortauswahlgesetzes, ZNER 2012, 232 ff.

Kommission Lagerung hoch radioaktiver Abfallstoffe (abgekürzt: Endlager-Kommission), Abschlussbericht „Verantwortung für die Zukunft – Ein faires und transparentes Verfahren für die Auswahl eines nationalen Endlagerstandortes", Berlin 2016, https://www.

bundestag.de/blob/434430/bb37b21b8e1e7e049ace5db6b2f949b2/drs_268-data.pdf, Zugriff am 3.1.2018.

Kornwachs, Klaus, Philosophie der Technik – Eine Einführung, München 2013.

Kroeschell, Karl, Gegen die Gefühlsjurisprudenz, JZ 1952, 747.

Kühl, Yasmine/Felix Wittstock/Nele Wulf, Beteiligung lernen Diskussionsbeitrag anlässlich des „Bürgerdialogs Standortsuche" der Endlager-Kommission, TATuP 2016, 83 ff.

Landweer, Hilge/Dirk Koppelberg (Hrsg.), Recht und Emotion I: Verkannte Zusammenhänge, Freiburg, München 2016.

Landweer, Hilge/Dirk Koppelberg, Der verkannte Zusammenhang von Recht und Emotion, in: Hrsg. Hilge Landweer/Dirk Koppelberg, Recht und Emotion I: Verkannte Zusammenhänge, Freiburg/München 2016, S. 13 ff.

Landweer, Hilge/Fabian Bernhardt (Hrsg.), Recht und Emotion II: Sphären der Verletztlichkeit, Freiburg, München 2017.

Lebort, Sven, Wohin mit dem radioaktiven Müll? Der Tagessspiegel v. 2.12.2017, S. B 6.

Lepsius, Oliver, Versammlungsrecht und gesellschaftliche Integration, in: Anselm Doering-Manteuffel/Bernd Greiner/Oliver Lepsius, Der Brokdorf-Beschluss, Tübingen 2015, S. 113 ff.

Link, Christoph, „Gorleben hat massiv Vertrauen zerstört", Interview mit Klaus Toepfer, Stuttgarter Nachrichten v. 10.7.2017, http://www.stuttgarter-nachrichten.de/inhalt.klaus-toepfer-im-interview-gorleben-hat-massiv-vertrauen-zerstoert.633e2ca3-aac3-49b6-9b6a-8fc12eb33ae5.html, Zugriff am 12.7.2017.

Lippert, André, Die Bedeutung der Öffentlichkeitsbeteiligung bei großen Infrastrukturvorhaben, ZUR 2013, 203 ff.

Michel, Rolf, Strahlenschutz und Risikowahrnehmung, Beitrag zur 19. LPS Sommerschule, 22.6. – 26.6.2015, https://www.irs.uni-hannover.de/uploads/tx_tkpublikationen/151112_Michel_Strahlenschutz_Risikowahrnehmung_03.pdf, Zugriff am 5.12.2017

Nanz, Patricia/Claus Leggewie, Die Konsultative – Mehr Demokratie durch Bürgerbeteiligung, Berlin 2016.

Ossenbühl, Fritz, Zur Verbandslast als Finanzierungsinstrument der atomaren Endlagerung, DVBl 2004, 1132 ff.

Ott, Konrad/Ulrich Smeddinck (Hrsg.), Umwelt, Gerechtigkeit, Freiwilligkeit – insbesondere bei der Realisierung eines Endlagers für Atommüll (im Erscheinen).

Paulus, Christoph G./Martin Hörmann, Emotionale Kompetenz im Insolvenzverfahren – Erkenntnisse aus Neurobiologie, Hirnforschung und Verhandlungslehre, NZI 2013, 623 ff.

Plamper, Jan, Geschichte und Gefühl – Grundlagen der Emotionsgeschichte, München 2012.

Posser, Herbert, Zur Endlagerung radioaktiven Abfalls in Deutschland, in: Hrsg. Paul Kirchhof/Stefan Paetow/Michael Uechtritz, Umwelt und Planung, FS Dolde, München 2014, S. 251 ff.

Prosinger, Julia, Sind wir die Angsthasen Europas, Interview mit Frank Biess und Bettina Hitzer, Der Tagesspiegel v. 30.12.2016.

Radkau, Joachim, Eine kurze Geschichte der Antiatomkraftbewegung, in: Hrsg. bpb, Ende des Atomzeitalters? – Von Fukushima in die Energiewende, Bonn 2012, S. 109 ff.

Radkau, Joachim, Geschichte der Zukunft – Prognosen, Visionen, Irrungen in Deutschland von 1945 bis heute, München 2017.

Radkau, Joachim/Lothar Hahn, Aufstieg und Fall der deutschen Atomwirtschaft, München 2013.

Raiser, Thomas, Grundlagen der Rechtssoziologie, 6. Aufl., Tübingen 2013.

Raphael, Lutz, Recht und Ordnung, Herrschaft durch Verwaltung im 19. Jahrhundert, Frankfurt/M. 2000.

Reimer, Franz, Nachhaltigkeit und „Good Governance", in: Hrsg. Wolfgang Kahl, Nachhaltigkeit durch Organisation und Verfahren, Tübingen 2016, S. 43 ff.

Renn, Ortwin/Wolfgang Köck/Pia-Johanna Schweizer/Jana Bovet/Christina Benighaus/Oliver Scheel/Regina Schröter, Öffentlichkeitsbeteiligung bei Vorhaben der Energiewende, ZUR 2014, 281 ff.

Röhl, Klaus F., Rechtssoziologische Befunde zum Versagen von Gesetzen, in: Hrsg. Hagen Hof/Gertrude Lübbe-Wolff, Wirkungsforschung zum Recht I – Wirkungen und Erfolgsbedingungen von Gesetzen, Baden-Baden 1999, S. 413 ff.

Roose, Jochen, Der endlose Streit um die Atomenergie – Konfliktsoziologische Untersuchung einer dauerhaften Auseinandersetzung, in: Hrsg. Peter H. Feindt/Thomas Saretzki, Umwelt- und Technikkonflikte, Wiesbaden 2010, S. 79 ff.

Ropohl, Günther, Technologische Aufklärung, Frankfurt/M. 1991.

Rossen-Stadtfeld, Helge, Beteiligung, Partizipation und Öffentlichkeit, in: Hrsg. Wolfgang Hoffmann-Riem/Eberhard Schmidt-Aßmann/Andreas Voßkuhle, Grundlagen des Verwaltungsrechts II, 2. Aufl., Berlin 2012, § 29.

Roßnagel, Alexander/Christoph Ewen/Konrad Götz/Tomas Hefter/Anja Hentschel/Antonia Huge/Carla Schönfelder, Mit Interessengegensätzen fair umgehen, ZNER 2014, 329 ff.

Rüb, Friedbert W., Rapide Politikwechsel in der Demokratie: Gründe, Akteure, Dynamiken und Probleme, in: Hrsg. Jens Kersten/Gunnar Folke Schuppert, Politikwechsel als Governanceproblem, Baden-Baden 2012, S. 15 ff.

Scherer, Bernd, Der verwaltetet Dialog, Der Tagesspiegel v. 15.12.2015, S. 21.

Scherzberg, Arno, Der Ausstieg aus dem Restrisiko –Fukushima und die Folgen für die deutsche Risikodogmatik, UTR 115/2012, 7 ff.

Schink, Alexander, Bürgerakzeptanz durch Öffentlichkeitsbeteiligung in der Planfeststellung, ZG 2011, 226 ff.

Schmaler, Dirk, Die Macht des Augenblicks, Die Harke v. 22.10.16, S. 33.

Schön, Wolfgang, Grenzen der Rechtsdurchsetzung, in: Hrsg. Corinne Michaela Flick, Kollektiver Rechtsbruch – Gefahr für unsere Sicherheit, Göttingen 2013, S. 21 ff.

Schützeichel, Rainer, Zur Soziologie des Rechtsgefühls, in: Hrsg. Hilge Landweer/Dirk Koppelberg, Recht und Emotion I: Verkannte Zusammenhänge, Freiburg, München 2016, S. 65 ff.

Schwenn, Johann, Das soll Recht sein? Die Zeit v. 19.11.2015, S. 18.

Sellner, Dieter/Gerald Hennenhöfer, Atom- und Strahlenschutzrecht, in: Hrsg. Klaus Hansmann/Dieter Sellner, Grundzüge des Umweltrechts, 3. Aufl., Berlin 2007, § 12.

Skidelsky, Robert/Edward Skidelsky, Wieviel ist genug? Vom Wachstumswahn zu einer Ökonomie des guten Lebens, München 2013.

Smeddinck, Ulrich, Die Bille-Siedlung – ein Fall für den ehrlichen Makler? Über konfliktlösende kooperative Ansätze wie Sanierungsplanung, Konfliktmittlung und Schiedsverfahren zur Bewältigung dieser Altlast, in: Hrsg. Heike Bruns/u. a., Altlast Bille-Siedlung, Hamburg 1992, S. 114 ff.

Smeddinck, Ulrich, Interessenkonflikte und Interessenvermittlung im ländlichen Raum als Aufgabe der Verwaltungsrechtswissenschaft, EurUP 2011, 217 ff.

Smeddinck, Ulrich, Innovative Ansätze im Umweltrecht – Standortauswahlgesetz und Nudge-Ansatz: rechtswissenschaftliche Forschung zu Emotionen und Verhalten als Perspektive, in: Hrsg. Wolfgang Hoffmann-Riem, Innovationen im Recht, Baden-Baden 2016, S. 403 ff.

Smeddinck, Ulrich, Zwischen „weißer Landkarte" und „schwarzem Loch" – Endlager-Kommission am Ende ihrer Laufzeit, ZRP 2016, 181 ff.

Smeddinck, Ulrich, Die Fortentwicklung des StandAG – Novellierungen, Beispiele, Reflektionen, EurUP 2017, 195 ff.

Smeddinck, Ulrich, Kommentierung zu §§ 9 und 10, in: Hrsg. Ulrich Smeddinck, Standortauswahlgesetz – Kommentar, Berlin 2017.

Smeddinck, Ulrich/Franziska Semper, Zur Kritik am Standortauswahlgesetz – Eine rechtswissenschaftliche Sicht auf gesellschaftliche Debatten, in: Hrsg. Achim Brunnengräber, Problemfalle Endlager, Baden-Baden 2016, S. 235 ff.

Smeddinck, Ulrich/Sebastian Willmann, „Vorfeld-Kolonisation" und Lärmschutz – Selbstregulierung und „Regulierungspatchwork" an den Marken des Rechts, UPR 2015, 295 ff.

Smeddinck, Ulrich/Sebastian Willmann, Die Kommissionsempfehlung nach § 4 Abs. 5 Standortauswahlgesetz – Politikberatung oder Selbstentmündigung des Parlamentes? EurUP 2014, 102 ff.

Sollondz, Frank, Über den Einfluß mechanistischer Welterklärung auf das (Umwelt-)recht, in: Hrsg. Michael Kotulla/Herbert Ristau/Ulrich Smeddinck, Umweltrecht und Umweltpolitik, Heidelberg 1998, S. 221 ff.

Sträter, Oliver, Bedeutung von Mensch und Organisation für eine dauerhafte Sicherheit von Entsorgungsoptionen, in: Hrsg. Peter Hocke/Sophie Kuppler/Ulrich Smeddinck/Thomas Hassel, Long-Term Governance und Technical Monitoring (im Erscheinen).

Struck, Gerhard, Rechtssoziologie – Grundlagen und Strukturen, Baden-Baden 2011.

Sunstein, Cass R., Why Nudge? The Politics of Libetarian Paternalism, New Haven/London 2014.

Terkessidis, Mark, Kollaboration, Berlin 2015.

Tiggemann, Anselm, Der Weg nach Gorleben, in: Hrsg. Peter Hocke/Armin Grunwald, Wohin mit dem radioaktiven Abfall? Berlin 2006, S. 85 ff.

Ueberhorst, Reinhard, Demokratische Atommüllpolitik oder Zustimmungsmanagement und simulierte gesellschaftliche Verständigung – eine kritische Würdigung der Arbeit der StandAG-Kommission, https://www.ausgestrahlt.de/media/filer_public/bd/af/bdaf04fd-8a25-434f-9839-d23da47c5b60/ueberhorst-atommuell-tagung-2062015.pdf, Zugriff am 5.12.2017.

Vesting, Thomas, Rechtstheorie, München 2007.

Voßkuhle, Andreas, Das Konzept des rationalen Staates, in: Hrsg. Gunnar Folke Schuppert/Andreas Voßkuhle, Governance von und durch Wissen, Baden-Baden 2008, S. 13 ff.

Ware, Lauren, Emotions in the Evaluation of Legal Risk, in: Hrsg. Hilge Landweer/Dirk Koppelberg, Recht und Emotion I: Verkannte Zusammenhänge, Freiburg, München 2016, S. 249 ff.

Weisker, Albrecht, „Powered by Emotion? Affektive Aspekte in der westdeutschen Kernenergiegeschichte zwischen Technikvertrauen und Apokalypseangst, in: Hrsg. Franz-Josef Brüggemeier/Jens Ivo Engels, Natur- und Umweltschutz nach 1945 – Konzepte, Konflikte Kompetenzen, Frankfurt/M. 2005, S. 203 ff.

Wiegand, Marc-Andre, Konsens durch Verfahren? Öffentlichkeitsbeteiligung und Rechtsschutz nach dem Standortauswahlgesetz im Verhältnis zum atomrechtlichen Genehmigungsverfahren, NVwZ 2014, 830 ff.

Winter, Gerd, Aufstieg und Fall der Kernenergie in Deutschland: Verläufe, Erklärungen und die Rolle des Rechts, ZfU 2012, 209 ff.

Wollenteit, Ulrich, Vom Ende des Restrisikos, ZUR 2013, 323, 326 f.

Ziekow, Jan, Frühe Öffentlichkeitsbeteiligung – Der Beginn einer neuen Verwaltungskultur, NVwZ 2013, 754 ff.

Anne Reichold

Empörung im Kontext von Debatten um ein Endlager für Atommüll – Eine philosophische Analyse

Inhaltsverzeichnis

A. Emotionen und Rationalität – Eine Einleitung

Martha Nussbaum beginnt ihre Untersuchung über den Zorn in *Anger and Forgiveness* mit der Beschreibung einer Transformation der Erinnyen oder Furien in der griechischen und römischen Mythologie.[1] Die Furien waren ursprünglich tierhafte, böse Bestien, die auf Rache, Schmerz und irrationale Gewalt abzielten. Durch die Einführung des Rechts in der Antike wurden sie integriert in einen normativen, institutionellen Rahmen. Rechtliche Institutionen ersetzten die irrationalen Vergeltungs- und Rachestrukturen der Furien, indem sie deren Vergeltungsfunktionen übernahmen. Der irrationale Zorn verwandelte sich in eine rationalen Erwägungen und Argumenten gegenüber empfängliche Form von Emotionen.

Die von Nussbaum zu Beginn ihrer Analyse und Kritik des Zorns angeführten Transformationen im Verhältnis von Recht und Emotion verweisen auf ein bis in die Gegenwart reichendes Spannungsfeld zwischen Emotionen, Gefühlen, Affekten auf der einen Seite und Rationalität, Recht und Strafe auf der anderen Seite. Als „normative turn" wird in der Rechtsphilosophie in jüngerer Zeit eine Fokussierung auf die Frage bezeichnet, wie das Recht und insbesondere einzelne Gesetze Emotionen beeinflussen und modifizieren.[2] Rechtliche oder institutionelle Regeln können etwa Hoffnung bei bestimmten gesellschaftlichen Gruppen schaffen, die zuvor verzweifelt waren. Recht kann aus dieser Perspektive als strategisches Mittel zur Kanalisierung von Emotionen verstanden werden, wobei aber auch unvorhergesehene emotionale Effekte durch das Recht hervorgerufen werden können. Emotionen wie Empörung können sich aber andererseits gegen Unrecht und ungerechte oder schlechte Gesetze und Institutionen richten. Protestbewegungen können auf diese Weise rechtliche oder institutionelle Regeln kritisieren und zu deren Änderung beitragen. Emotionen und Regeln, Affekte und Institutionen, subjektive Haltungen und Recht sind häufig aufeinander bezogen und stellen alles andere als konträre Gegensätze dar. Gerade die in öffentlichen und politischen Kontexten relevanten Emotionen und Haltungen der Empörung, des Stolzes, der Zustimmung oder der Akzeptanz sind gekennzeichnet durch ein hohes Maß an Empfänglichkeit oder Reaktivität in Bezug auf Informationen, Regeln, Normen und Werte. Sie sind eingebettet in soziale, kulturelle und normative Rahmenbedingungen, die sowohl die Institutionen als auch die intersubjektiven Beziehungen und die wechselseitigen normativen Erwartungen prägen. das Verhältnis von Emotionen und Rationalität wird auf unterschiedlichen Ebenen diskutiert:

1. Unter Verwendung der Begriffe *sentiment, affect* oder *attitude* werden emotionale Bezugsweisen auf Handlungen, Situationen und Personen von einigen philosophischen Autoren schon auf einer ganz grundlegenden Ebene mit der Fähigkeit, wertende Urteile zu fällen, verbunden. Adam Smith etwa bindet in seiner Theorie der moralischen Gefühle (*The Theory of Moral Sentiments,* 1759) die Möglichkeit ethischen Urteilens an die durch Sympathie *(sympathy)* vollzogene Perspektivübernahme, durch die die

1 *Nussbaum* (2016), S. 1–5.

2 Einen Überblick über Studien zum Thema Recht und Gefühle geben *Abramst/Keren,* Minnesota Law Review 2010, 1938, S. 2003 ff. Zum „normative turn" ebd. S. 2011. Vgl. auch *Landweer/Koppelberg* (Hrsg.) (2016); *Landweer/Bernhardt* (Hrsg.) (2017).

Handlungen anderer allererst beurteilt werden können.[3] Unter anderem mit Bezug auf die Theorie der moralischen Gefühle formuliert Peter Strawson in *Freedom and Resentment (1962)*[4] einen moralphilosophischen Ansatz, in dem reaktive Haltungen *(reactive attitudes)* die Rolle grundlegender Reaktionsweisen auf die Handlungen anderer im Lichte normativer Rahmenbedingungen bilden. Sowohl Smith als auch Strawson sehen diese Arten von Gefühlen oder Haltungen nicht als dem rationalen Urteilen entgegengesetzt, sondern konzipieren sie als Grundlage allen Urteilens, Argumentierens und Kritisierens. Entweder als anthropologische oder sogar als transzendentale Bedingungen der Moral und des praktischen Urteilens sind bestimmte haltungsmäßige oder gefühlsmäßige Bezugnahmen auf andere und deren Handlungen hier eine selbst nicht wieder rational letztbegründete Voraussetzung für menschliche Denkvollzüge. Die Akzeptanz von Regeln sowie Informationen über die Faktenlage sind dabei unverzichtbar.

2. Auf einer konkreteren Ebene finden sich zahllose Untersuchungen zu einzelnen Gefühlen, Emotionen oder Haltungen: Nussbaums Analyse und Kritik von Zorn *(anger)* und ihre Favorisierung von Großzügigkeit *(generosity)* und Liebe *(love),* Strawsons Untersuchung von Übelnehmen *(resentment)* und Empörung *(indignation),* aber auch seine Bemerkungen zu Liebe, Untersuchungen zur Scham, zu Ehre, Vergebung und Schuld zeigen in unterschiedlicher Weise die rationalen Strukturen, die moralischen Kontexte und die intersubjektiven und sozialen Funktionen dieser Phänomene auf.[5] So unterschiedlich diese Untersuchungen und ihre philosophischen Grundannahmen im Einzelnen sind, so werden diese Arten von Gefühlen immer auch bezüglich ihres kognitiven Gehalts und ihrer Legitimation in normativen Kontexten diskutiert. Die Analysen dieser einzelnen Gefühle, Haltungen oder Emotionen weisen spezifische Verbindungen zu Elementen rationaler Argumentation auf, wie etwa Bezugnahmen auf Normen und Handlungsbeschreibungen. Als eingebunden in soziale Beziehungen ist das Haben und das Äußern von Gefühlen selbst reguliert durch soziale Regeln und normative Erwartungen. Gefühle und Haltungen können in diesem Sinne als normativ-rational strukturiert angesehen werden.
3. Emotionen werden auch in argumentationstheoretischen Untersuchungen zum Gebrauch emotiver Sprache und zur Rolle von Emotionen beim Argumentieren thematisiert.[6] Mit einem Fokus auf emotive Wortwahl und emotive Ausdrucksweisen wird hier untersucht, wie normative oder evaluative Urteile durch emotive Verstärkung oder Verdeckung, durch Umdefinition oder Ambiguität nahegelegt oder vorbereitet werden. Im Hintergrund dieser Analysen steht auch hier die Annahme, dass eine Explikation der in emotiven Wörtern oder Prämissen verstärkten oder verdeckten Prämissen die

3 *Smith* (1759); *Raphael/MacFie* (Eds.) (1982). Vgl. dazu auch: *Andree* (2003); *Evensky* (2005).

4 *Strawson* (1974), in: Ed. Strawson, S. 1 ff.

5 *Bagnoli* (Hrsg.) (2011).

6 *Macagno/Walton,* Revista Iberoamericana de Argumentacion 2010, 1 ff.

argumentative Struktur aufzeigen kann, die durch emotive Wortwahl zum Teil manipulativ oder rhetorisch nahegelegt wird. Der Umgang mit Ängsten durch emotive Formulierungen („Restrisiko" oder „friedliche Atomenergie"[7]), der Einfluss technischer oder wissenschaftlicher Ausdrücke auf die Evaluation des bezeichneten Gegenstandes („Dekontamination" versus „Verseuchung"[8]), die Umdefinition oder Erweiterung unklar definierter Ausdrücke („Pazifizierung" in Kontexten der Kriegsführung) verweisen u. a. auf die Ziele der argumentierenden Parteien.

4. Neben auf Wortwahl, Aussagen, Argumente und Inferenzen konzentrierten Analysen emotiver Sprache finden sich auch sprechakttheoretische Analysen von Haltungen und Äußerungen von Emotionen, zu denen auch die Analysen reaktiver Haltungen bei Strawson zu rechnen sind. Die von Austin ausgehenden und in der *Oxford Philosophy* sowohl in sprachphilosophischen als auch in rechtlichen und ethischen Kontexten ausformulierten Analysen untersuchen Empörungsäußerungen als Formen von ethischen oder rechtlichen Verantwortungszuschreibungen und analysieren normativ die Legitimation und Modifikation von Handlungszuschreibungen und Haltungen durch Entschuldigungen, Verweise auf Nichtwissen, Unabsichtlichkeit oder auch Unzurechnungsfähigkeit von Handelnden in diesen Zusammenhängen.[9] Haltungen und Gefühle werden hier mit Bezug auf den sie regulierenden sozialen Kontext untersucht.

Im Folgenden konzentriere ich mich auf eine Analyse von Empörung, den damit zusammenhängenden Gefühlen und Haltungen sowie dem Ausdruck von Empörung in sprachlichen oder sonstigen Handlungen. Empörung dient mir dabei als übergeordneter Begriff für eine Gruppe von Haltungen und Gefühlen gegenüber Handlungen, in denen für legitim gehaltene normative Erwartungen an andere verletzt werden oder zumindest aus Sicht der empörten Person als verletzt empfunden werden. Phänomene wie Entrüstung und bestimmte Formen von Zorn oder Wut fallen demnach unter den Begriff der Empörung, sofern mit diesen Gefühlen reagiert wird auf eine empfundene Verletzung bestimmter als allgemein gültig angesehener Normen. Empörungsgefühle und Haltungen sowie deren Ausdruck in Sprechakten oder Protesthandlungen nehmen im Bereich des Sozialen und Politischen eine besondere Stellung ein, weil sie als Kritikformen öffentlich geäußert und somit insbesondere in sozialen und politischen Debatten eine Form der normativen Stellungnahme darstellen. Der negative Charakter der Empörung, die auf Verletzungen von normativen Erwartungen reagiert, ist häufig klarer identifizierbar und öffentlich sichtbarer, als normative Zustimmungen oder Indifferenz. Eine philosophische Analyse der Empörung eignet sich somit besonders gut, um kontroverse öffentliche Debatten zu analysieren, Standpunkte und Kontroversen zu identifizieren und normativ zu bewerten.

7 Vgl. zur emotionalen Wirkung des Begriffs Restrisiko *Jung* (1994), S. 196.

8 Vgl. *Jung* (1994), S. 185 f.

9 Vgl. *Austin,* Proceedings of the Aristotelian Society 1956, 1 ff.; *Hart,* Proceedings of the Aristotelian Society 1948–1949, 171–194.

Die vorliegende philosophische Analyse der Empörung untersucht dabei im Unterschied zu soziologischen oder psychologischen Analysen nicht empirisch die Ursachen und Formen von Empörung, sondern begrifflich und argumentationstheoretisch die rational-inferenziellen Implikationen von Empörungshaltungen.[10] Es handelt sich dabei insofern um einen normativen Ansatz, als herausgearbeitet wird, welche normativen Anforderungen wir an Empörung stellen dürfen und wie sie in rationale Begründungsstrukturen eingebunden und durch sie geprägt wird.[11] Empörung wird als genuin normatives Phänomen gefasst, insofern sie auf normative Verletzungen reagiert und implizite Begründungsstrukturen enthält, die auf Nachfrage hin expliziert werden sollten. Äußerungen wie „Es ist empörend, sich so zu verhalten" oder „Diese Entscheidung ist empörend" verweisen auf empfundene Verletzungen von normativen Erwartungen. Auf Nachfrage hin sollte expliziert werden können, was denn empörend ist und wem die empörende Handlung zugeschrieben wird. Eine derartige Explikation der begrifflichen und inferenziellen Struktur der Empörung legt dann die Grundlage für eine detaillierte Bewertung sowohl der Gegenstände der Empörung als auch der Empörungshaltung selbst. Möglicherweise war die empörende Handlung gar nicht intendiert oder sie wurde von der empörten Person falsch interpretiert: vielleicht handelte es sich z. B. gar nicht um eine absichtliche Missachtung oder Demütigung, sondern um eine unabsichtliche Handlung, für die Entschuldigungsgründe vorgebracht werden können. Gerade in öffentlichen Debatten hängt von der Aushandlung dieser Interpretationen und der öffentlichen Äußerung von Empörung häufig viel ab: die Empörung über die Atomwaffentests Nordkoreas etwa oder die Empörung über das Verhalten der ungarischen Kamerafrau, die im Herbst 2015 in Rösken in Ungarn einem flüchtenden Vater mit Kind auf dem Arm ein Bein stellt und ihn zu Fall bringt.[12] Die im Folgenden vorgenommene philosophische Analyse inferenzieller Begründungs-, Anfechtungs- und Kritikmöglichkeiten von Empörung soll somit auch beitragen zu einer normativen Bewertung von Emotionsäußerungen im Kontext gegenwärtiger politischer Debatten um die Endlagerung von Atommüll.[13]

Die vorliegende philosophische Analyse von Empörung orientiert sich dabei an der Konzeption reaktiver Haltungen *(reactive attitudes)* bei Peter Strawson[14], die ich in einem ersten Teil des Aufsatzes darstelle. In einem zweiten Teil untersuche ich die Relevanz der philosophischen Analyse von Empörung und Empörungsäußerungen für soziale und politische

---

10 Die Rede von „inferenziellen Implikationen" verweist auf die Annahme, dass Empörungshaltungen begründet werden können und Ausdruck impliziter Schlüsse (Inferenzen) sind. Ob diese Schlüsse gültig oder richtig sind, ist damit nicht gesagt, aber der Hinweis auf die inferenzielle Struktur besagt, dass sie als begründbare Phänomene in argumentative Strukturen eingebunden sind.

11 Der normative Ansatz der philosophischen Analyse von Empörung folgt hier *Strawson* (1974) in: Ed. Strawson, S. 1 ff. Dieser stellt unter andere die Bewertungs- und Modifikationsmöglichkeiten von Empörung dar: „I considered earlier a group of considerations which tend to inhibit, and, we judge, should inhibit, resentment […]" *Strawson* (1974), in: Ed. Strawson, S. 1, 10.

12 Vgl. dazu auch Süddeutsche Zeitung vom 26.8.2017.

13 Mit Bezug auf den Gesamttitel des vorliegenden Bandes verwende ich im Folgenden den Begriff „Atommüll" zur Bezeichnung hoch radioaktiver Abfallstoffe.

14 *Strawson* (1974), in: Ed. Strawson, S. ff.

Kontexte. Ein Explizitmachen der rational-normativen Gründe von Empörung bietet gerade in politischen Kontexten die Chance der genauen Verortung und Identifikation kontroverser Annahmen in einer Debatte. Ich unterscheide in diesem Zusammenhang zwischen einer situativen, kontextgebundenen Ebene der Empörung und einer institutionellen, regelorientierten Ebene von Empörung. Auf institutioneller Ebene richtet sich Empörung z. B. auf die Verfahrensregeln einer politischen Debatte, etwa den Zeitpunkt der Beteiligung bestimmter Bürgergruppen, deren Beteiligungsrechte oder die Transparenz der Informationen. Diese Unterscheidung verwende ich in einem dritten Teil zur Analyse von Empörung in der Endlagerdebatte.

Die hier vorgeschlagene Analyse von Empörung und ihren Äußerungsformen dient dabei sowohl analytisch zur Identifikation strittiger Normen, Regeln, Handlungstypen sowie Situationsbeschreibungen als auch normativ zur rationalen Legitimation oder Anfechtung sowohl von Entscheidungsvorschlägen, Verfahrensregeln als auch Gegenständen und Ausdrucksformen der Empörung. Eine philosophische Analyse der Empörung kann demnach folgendes leisten:

- Sie erfüllt eine *analytisch-diagnostische Funktion,* indem sie die inferenziellen Implikationen der Empörungshaltungen und Empörungsäußerungen explizit macht.
- Sie erfüllt eine *normative-evaluative Funktion,* insofern das Explizitmachen der inferenziellen Strukturen von Empörung eine normative Bewertung der identifizierten Standpunkte, Argumente und Normen ermöglicht. Sie ermöglicht damit eine kritische Diskussion und Bewertung von Empörungshaltungen und Empörungsausdrücken.
- Sie kann darüber hinaus eine *regeltransformierende Funktion* haben, da sie die informellen und institutionellen Regeln in Empörungskontexten nicht nur thematisiert, sondern sich in den Empörungshaltungen auch auf alternative normative Maßstäbe bezieht und diese so in die öffentliche Debatte einbringt.

Eine philosophische Analyse der Empörung im Kontext der Endlagerdebatte kann durch das Explizitmachen von Gründen und Regeln für Empörungshaltungen und Empörungsäußerungen somit insgesamt zu einer Rationalisierung und Evaluation von Empörungshaltungen und Ausdrucksformen von Empörung beitragen. Auf Grundlage der explizit gemachten Gründe und Regulierungen kann zwischen legitimen Formen und nicht legitimen Formen der Empörung unterschieden werden. Dies kann normativ (wenn auch vielleicht nicht in allen Fällen faktisch) zu einer Annäherung an nachvollziehbar begründete und legitimierbare Lösungen in der Endlagerdebatte beitragen.

B. Peter Strawsons Konzeption reaktiver Haltungen

I. Reaktive Haltungen und die Akzeptanz von Regeln

Strawson führt in *Freedom and Resentment* seine Untersuchung zu den Grundlagen der Moral im Kontext einer Auseinandersetzung um die Frage nach der Vereinbarkeit von Freiheit und

Determinismus.[15] An die Stelle einer inhaltlichen Auseinandersetzung mit Vertretern des Inkompatibilismus, die menschliche Freiheit und Determinismus für unvereinbar halten, Vertretern des Kompatibilismus, die eine Vereinbarkeit von Freiheit und Determinismus annehmen, und des moralischen Skeptizismus setzt Strawson seine Analyse der reaktiven Haltungen. Er liefert damit kein Argument, das darauf abzielt, eine generelle Aussage über die Legitimation moralischer Praktiken oder die Anwendung moralischen Vokabulars zu treffen, sondern beschreibt eine bestimmte Struktur von Haltungen, die unser zwischenmenschliches soziales Leben kennzeichnet und die u. a. in moralischen Praktiken und der Verwendung moralischen Vokabulars zum Ausdruck gebracht wird. Die reaktiven Haltungen bilden den methodischen und konzeptuellen Ausgangspunkt von Strawsons Analyse der Moralität.

Der Begriff der Haltungen *(attitudes)* wird in *Freedom and Resentment* zunächst ohne den Zusatz „reactive" eingeführt. Strawson lenkt die Aufmerksamkeit auf die Tatsache, dass wir Handlungen anderer mit Blick auf die in ihnen zum Ausdruck kommenden Haltungen beurteilen. Handlungen, so die antiutilitaristische Analyse, werden nicht nur mit Bezug auf ihre Folgen oder mit Blick auf mögliche Vorteile für uns beurteilt, sondern insbesondere mit Blick auf die in ihnen gesehenen Haltungen und Intentionen. Strawson betont „how much we actually mind, how much it matters to us, whether the actions of other people – and particularly of some people – reflect attitudes towards us of goodwill [...]."[16]

Unter welchen Umständen und in welchen Arten von Beziehungen wir nun aber auf welche Formen von Haltungen, die in Handlungen zum Ausdruck kommen, empfindlich, verletzbar oder wertend reagieren, ist nach Strawson variabel und abhängig von Forderungen, die wir innerhalb bestimmter Typen von Beziehungen an andere und uns selbst richten. Der Begriff der „reactive attitudes" wird hier in direktem Zusammenhang mit der Tätigkeit des Forderns oder Erwartens eingeführt: „In general, we demand some degree of goodwill or regard on the part of those who stand in [...] relationships to us, though the forms we require it to take vary, widely in different connections. The range and intensity of our reactive attitudes towards goodwill, its absence or its opposite vary no less widely."[17]

Reaktive Haltungen werden bei Strawson konstitutiv gebunden an normative Forderungen nach intersubjektiver Anerkennung oder guten Willens, sie sind Ausdruck insbesondere von Verletzungen oder aber auch Erfüllungen dieser Forderungen oder Erwartungen. Als Beispiele für reaktive Haltungen nennt er Übelnehmen, Empörung, aber auch Liebe und Vergebung. Reaktive Haltungen „involve or express a certain sort of demand for inter-personal regard"[18]. Strawsons Ausdrücke „involve" und „express" verweisen hier auf eine besondere Art, in der „demands" als normative Forderungen im zwischenmenschlichen und moralischen Bereich vorliegen, artikuliert und psychologisch oder motivational verkörpert werden. Forderungen oder normative Erwartungen werden von Strawson nicht unabhängig von der Frage des Zugangs, den Individuen zu ihnen haben, etwa als Regelkanon, eingeführt, sondern

15 *Strawson* (1974), in: Ed. Strawson, S. 1.

16 *Strawson* (1974), in: Ed. Strawson, S. 1, 5.

17 Ebd. S. 1, 6.

18 Ebd. S. 1, 17.

sie erscheinen aus der Perspektive der beurteilenden, wertenden Subjekte und deren normativer Beziehung zu anderen.[19] Reaktive Haltungen sind damit nicht nur Ausdruck bestimmter Gefühle, sondern konstitutiv Ausdruck der Verletzung oder Erfüllung normativer Erwartungen und Forderungen. Sie enthalten einen Bezug auf Normen oder Regeln als Gründe für Handlungen und reaktiven Haltungen. Durch die handlungsanleitende Funktion von Normen und Regeln werden diese bei Strawson und anderen Philosophen der *Oxford Philosophy* (wie etwa H. L. A. Hart) an einen internen Standpunkt gebunden.[20] Die Relevanz von Regeln zeigt sich in ihrer Verwendung als Handlungsanleitung. Mit Bezug auf Harts Konzeption des „internal point of view“ erläutert Tranow: „Weist ein Akteur einen *internen Standpunkt* auf, ist sein normkonformes Verhalten durch die Akzeptanz dieser Norm determiniert.“[21] Im Unterschied dazu wird normkonformes Verhalten aus einem externen Standpunkt nicht durch Haltungen der Akzeptanz, sondern durch das Bestreben, Sanktionen zu vermeiden, konzipiert.[22] Der Unterschied zwischen den beiden Standpunkten liegt somit in der Struktur der Prämissen, die als Gründe für das Verhalten angenommen werden: Im internen Standpunkt treten Regeln als Gründe auf, sie werden von Handelnden als normativ-handlungsleitend akzeptiert.[23]

Als reaktive Haltung bringt Empörung die Einschätzung zum Ausdruck, dass bestimmte für legitim gehaltene Erwartungen verletzt wurden. Jeder dieser Empörungsäußerungen liegt somit mindestens implizit der Bezug auf akzeptierte normative Maßstäbe zugrunde. Empörung wird nun von Strawson als moralische Haltung bezeichnet, die nicht nur im Fall persönlicher Betroffenheit auftritt und angemessen sein kann, sondern wenn allgemeine Normen oder Regeln in Handlungen verletzt werden. Die empörte Person kann also auch Beobachter der Verletzung etwa von Respektsnormen gegenüber Dritten sein. Dies ist etwa der Fall bei Empörung in Bezug auf Mobbing oder rassistische Herabsetzungen, die nicht nur in der Position der unmittelbar betroffenen Person geäußert und gefühlt wird, sondern gerade auch in der Position derer, die Zeugen oder Beobachter einer solchen Situation sind. Strawson bezeichnet Empörung und andere Formen unpersönlicher oder stellvertretender Haltungen auch als moralische Haltungen und unterscheidet sie von „personal reactive attitudes“[24], die insbesondere persönliche Betroffenheit zum Ausdruck bringen wie etwa Liebe oder Übelnehmen *(resentment)*. Mit der Analyse der Empörung beziehe ich mich im Folgenden auf Fälle, in denen aus Sicht der Empörten Normen durch Handlungen anderer zumindest auch gegenüber Dritten verletzt werden. Empörung wird z. B. in der Endlagerdebatte auch stellvertre-

---

19 Zur Motivierung der regelbasierten Interpretation *Strawsons* vgl. *Reichold* (2017), Hrsg. Landweer/Bernhardt, S. 220.

20 Vgl. *Hart,* Proceedings of the Aristotelian Society 1948–1949, 171 ff. und *Rawls,* Philosophical Review 1955, 3 ff.

21 *Tranow* (2012), S. 38.

22 Vgl. ebd.

23 Für Diskussionen zum Zusammenhang von Haltungen und Regeln sowie zur Haltung der Akzeptanz danke ich *Karl Christoph Reinmuth.* Das Verhältnis zwischen der Beurteilung von Regeln, ihrer Verwendung und entsprechenden Haltungen wird analysiert in seiner in Arbeit befindlichen Dissertation.

24 *Strawson* (1974), in: Ed. Strawson, S. 1, 15.

tend für Kinder und zukünftige Generationen geäußert und nicht nur für den eigenen persönlichen Fall. Faktisch mögen sich häufig persönliche reaktive Haltungen mit den moralischen mischen, so dass die lokale Betroffenheit von Standortentscheidungen für Proteste eine relevante Rolle spielt. Die Analyse der Begründungsstruktur in Empörungsfällen zeigt aber, dass die zugrundeliegenden Normen sich auch auf Handlungen gegenüber Dritten, seien dies Kinder, politisch uninteressierte und nicht empörte Bürger oder zukünftige Generationen, beziehen können. Empörung wird demnach auch stellvertretend für andere geäußert und artikuliert so allgemeine, oft auch moralische Maßstäbe.

Die generelle Bereitschaft oder Disposition, Forderungen anderer an uns selbst anzuerkennen und Normen oder Regeln als Handlungsgründe zu behandeln, wird dabei ebenso wie das Vorkommen reaktiver Haltungen in *Freedom and Resentment* als Faktum behandelt: „The existence of some such readiness [to recognize claims made upon one] needs no more to be argued for than the existence of morality in general."[25] In diesem Zusammenhang spricht Strawson auch von einem „fact of acknowledgement of claims".[26] Rationale Begründung, Zweifel, Kritik, Modifikation und Rechtfertigung haben ihren Raum innerhalb eines mit dem menschlichen Sozialleben immer schon gegebenen normativen Rahmens. Sie erfolgen somit intern und beziehen sich dabei immer schon auf Regeln als Maßstäbe der Bewertung, Legitimation oder Kritik. Diese Regeln oder Normen können im Einzelnen angefochten, modifiziert oder sogar transformiert werden, es gibt also keinen festen Regelkanon, aber der Bezugspunkt und Kontext normativer Kritik und auch jeder einzelnen reaktiven Haltung ist immer schon ein normativer. Denken, Urteilen, Argumentieren oder Kritisieren sind normative Tätigkeiten, die den Bezug auf Regeln oder Normen als Maßstäbe voraussetzen.

II. Anfechtung und Rechtfertigung reaktiver Haltungen

Das Feld rationaler Argumentation, Anfechtung, Kritik und Rechtfertigung im Kontext moralischer oder evaluativer Urteile oder Aussagen wird in *Freedom and Resentment* insbesondere in der Analyse möglicher Modifikationen reaktiver Haltungen aus interner Perspektive beschrieben. Während Strawson zufolge Personen auf Handlungen anderer, die die Forderung nach angemessenem Wohlwollen verletzen, unter normalen Umständen legitimerweise mit reaktiven Haltungen wie Entrüstung oder Empörung reagieren, gibt es Fälle, in denen die reaktiven Haltungen modifiziert werden (sollten). Strawson zufolge gibt es zwei grundsätzlich unterschiedliche Formen der Modifikation:

a) Modifikationen innerhalb der teilnehmenden Haltung: Der Handelnde hat mit seiner Handlung H die Forderung nach Wohlwollen zwar *prima facie* verletzt, es gibt aber Entschuldigungsgründe: Er hat H nicht absichtlich getan oder nicht wissentlich oder er hat andere Entschuldigungsgründe in den konkreten Handlungsumständen (z. B.: Er hat gerade eine schlimme Nachricht erhalten und war deshalb nicht aufmerksam und

25 *Strawson* (1974), in: Ed. Strawson, S. 1, 12.

26 *Strawson* (1974), in: Ed. Strawson, S. 1, 12.

schlug mir die Tür vor der Nase zu.). Die Kenntnis dieser Umstände kann in vielen Fällen zu einer Modifikation der reaktiven Haltung der Empörung führen, ohne aber die generelle teilnehmende Haltung dem Handelnden gegenüber zu verändern. Der Handelnde bleibt weiterhin Adressat der generellen Forderung nach angemessenem Wohlwollen. Die Modifikation erfolgt demnach innerhalb der teilnehmenden Haltung („attitude of involvement or participation"[27]).

b) Einnahme einer objektiven Haltung: Grundsätzlich anders ist der Fall, in dem nicht Unabsichtlichkeit, Unwissen oder besondere Umstände die Handlung in anderem Licht erscheinen lassen, sondern in denen der Handelnde selbst anders gesehen wird: Strawson nennt psychische Krankheiten oder die Information, dass die handelnde Person ein Kind ist, als Umstände, in denen nicht nur die Reaktion auf die konkrete Handlung, sondern auch die Reaktion auf das Gegenüber als solches eine Modifikation erfahren (sollte): wir stellen an das Gegenüber (möglicherweise temporär) nicht mehr die normative Forderung des Wohlwollens. Wenn jemand – z. B. aufgrund von Krankheit oder Alter – nicht als voll zurechnungsfähige Person angesehen wird, so wird ihm gegenüber partiell eine objektive Haltung („objective attitude"[28]) eingenommen. Die reaktiven Haltungen werden gegenüber dem Handelnden (partiell) ausgesetzt, das heißt ihm gegenüber sind reaktive Haltungen wie Empörung nicht angemessen.

Strawson steht mit dieser Diskussion von Anfechtungs- und Entschuldigungsgründen sowie Modifikation von Handlungszuschreibungen und Bewertungen hier in der Tradition der *Oxford Philosophy:* Austin und Hart haben schon in den 40er und 50er Jahre in *A Plea for Excuses*[29] und *Ascription of Responsibility and Rights*[30] ausführlich diskutiert, wie Unwissenheit, Unabsichtlichkeit, Unfreiwilligkeit, Unzurechnungsfähigkeit etc. als Anfechtungsgründe für Verantwortungszuschreibungen verwendet werden. Eine Analyse der unterschiedlichen Formen der Modifikationen reaktiver Haltungen ist für eine Analyse von Empörung insofern aufschlussreich, als gerade die Anfechtungen von Empörung zeigen, inwiefern Empörungsäußerungen als rationale Phänomene angesprochen werden, deren Existenz nicht einfach anthropologisch oder gefühlsmäßig gegeben ist, sondern die als Gegenstände der Begründung, Rechtfertigung, Kritik angesehen werden sollten. Empörung wird als normativ begründungspflichtig angesprochen und es wird erwartet, dass sich Empörung bei Vorliegen bestimmter modifizierender Gründe (entweder Entschuldigungen oder Informationen über die Unzurechnungsfähigkeit des Handelnden) verändern oder gar verschwinden sollte. Gerade in den Modifikationen und dem Umgang mit Empörung zeigt sich, dass Empörung kein reines oder irrationales Gefühl ist, sondern eine Haltung in einem normativen Kontext. Ein Explizitmachen der Empörungsgründe macht auch die Regeln oder Normen explizit, die in Empörungskontexten aus Sicht der Empörten verletzt wurden. Diese sind häufig weder den Empörten noch

27 *Strawson* (1974), in: Ed. Strawson, S. 1, 9.

28 *Strawson* (1974), in: Ed. Strawson, S. 1, 9.

29 *Austin,* Proceedings of the Aristotelian Society 1956, S. 1 ff.

30 *Hart,* Proceedings of the Aristotelian Society, New Series 1948–49, S. 171 ff.

den Angesprochenen explizit bewusst, aber bei Nachfragen oder Anfechtungen ergeht die normative Anforderung, diese explizit zu machen. Empörungsäußerungen stellen demnach kritische Interventionen dar, deren rationaler Gehalt und deren Berechtigung sich im Lauf einer Debatte im öffentlichen, moralischen aber auch sozialen und politischen Diskurs erweisen sollten. In diesem Sinne sind Empörungsäußerungen als inferenziell strukturiert anzusehen, wobei die Güte der Gründe und die Richtigkeit der Schlussfolgerungen auf Basis einer Explikation der inferenziellen Struktur geprüft und beurteilt werden kann. Der rationale Gehalt der Empörung und die Frage ihrer Legitimation kann dann Gegenstand einer öffentlichen Debatte werden. Wenn im Folgenden Empörung als inferenziell und in diesem Sinne als rational strukturiert angesehen wird, dann bedeutet dies nicht, dass sie in allen oder auch nur den meisten Fällen legitim oder gut begründet ist, sondern dass sie in Bezug auf ihre implizite inferenzielle Struktur hin befragt und geprüft werden kann. Wutgefühle ohne implizite Begründungsstruktur sind in diesem Sinne nicht als Empörung zu bezeichnen.

Ein gewisses Maß an Rationalität wird aber nicht nur von der empörten Person erwartet, sondern auch vom Adressat der Empörung, der die empörende Handlung ausgeführt hat. Wird deutlich, dass die Person, die die empörende Handlung ausgeführt hat, zum Zeitpunkt der Handlung nicht zurechnungsfähig war, also ein Mindestmaß an Rationalität nicht aufweist, sollte die Empörungshaltung verändert oder ganz aufgegeben werden. Der legitime Ausdruck der Empörung ist gebunden an die Annahme, dass der Adressat der Empörung hinreichend rational ist und somit die in der Empörung geforderten Erwartungen oder Normen für den Adressaten verständlich und anwendbar. Mit Hinweis auf die zeitweilige oder generelle Unzurechnungsfähigkeit des Akteurs (durch psychische Krankheit oder Kindheit) wird der partizipative Aushandlungsraum von Verantwortungszuschreibungen verlassen. Die begriffliche Grundstruktur der Empörung enthält somit eine grundlegende Rationalitätsannahme bezüglich der beteiligten Personen sowohl auf Seiten der empörten Personen als auch auf Seiten derjenigen, an deren Handlungen sich die Empörung entzündet. Die normative Struktur der Empörung zeigt sich daran, dass für alle Seiten unterstellt wird, dass die beteiligten Personen für Normen und Regeln empfänglich sind und dass sie diese in ihren Handlungen und Haltungen als handlungsleitend behandeln können und sollten. Diese grundlegende Rationalitätsannahme bildet die Basis der kritischen Funktion der Empörung und der diskursiven Aushandlungsprozesse ihrer Legitimität.

Der Aspekt der Anfechtbarkeit sowie die zahlreichen Modifikationsmöglichkeiten reaktiver Haltungen sind gerade für eine Analyse von Emotionen oder reaktiven Haltungen in politischen Kontexten relevant.[31] Hier beanspruchen Empörungsäußerungen oder Ausdrucksformen des Protests öffentlich und politisch wirksam Legitimität.

---

31 *Strawson* selbst verwendet seine Analyse reaktiver Haltungen nicht in politischen Kontexten.

C. Politische Dimensionen reaktiver Haltungen

Empörungsäußerungen sind gerade wegen des durch sie erhobenen Anspruchs auf Legitimität Gegenstand von Begründungsanfragen und können somit Anstoß oder Ausgangspunkt öffentlicher Debatten sein. Auf der Basis der angegebenen Gründe kann Empörung dann angefochten, kritisiert oder aber gerechtfertigt und geteilt werden. Weil reaktive Haltungen oder Gefühle legitimerweise auf Gründe hin befragt werden können und weil die Begründungen u. a. in der Angabe von Regeln oder Normen bestehen, die aus interner, subjektiver Perspektive als bindend und handlungsleitend anerkannt werden, können Empörungshaltungen auch als Indikatoren für normative Standpunkte bestimmter Personen oder Gruppen gelten. Empörungsäußerungen umfassen dabei ein breites Spektrum von Handlungen und nur in einigen Fällen wird Empörung in expliziten Sprechakten wie z. B. „Ich bin empört“ geäußert. Andere Formen sind Demonstrationen, Slogans wie „Je suis Charlie“, das Unterschreiben bestimmter Petitionen oder das Überreichen von Unterschriftenlisten, Streiks aber auch das Festketten auf Gleisen zur Verhinderung von Atommülltransporten, Sitzblockaden, Gesprächsverweigerungen oder das Fernbleiben von bestimmten Debatten oder Abstimmungen. Eine genauere Abgrenzung von Empörungsformaten sozialer Bewegungen, legale und illegale Proteste müsste sich dem vorliegenden Ansatz zu Folge daran orientieren, ob die entsprechende Handlung gegen die Verletzung einer für legitim gehaltenen Norm protestiert.

Wenn mit Empörung auf die empfundene Verletzung von Normen reagiert wird, kann eine Analyse der Empörung dazu beitragen, über die normativen Standpunkte der empörten Personen oder Gruppen Aufschluss zu geben. Empörung kann dabei zum einen als diagnostisches Zeichen dafür gelten, welche Gruppen welche normativen Haltungen einnehmen und diese auch mit Empörungsreaktionen verteidigen. Zum anderen aber zeigt eine Analyse der Empörung auch auf, dass Empörungshaltungen und Empörungsäußerungen selbst gesellschaftlich normiert sind. Was heute Empörung hervorruft, hat es vor dreißig Jahren nicht getan. Und es gibt Vieles, auf das keiner empört reagiert, obwohl es empörenswert wäre. Der Krisenforscher Roselieb diagnostiziert der deutschen Gesellschaft immer mehr mediale Empörung bei immer weniger echten Krisen.[32] Empörung ist also kein Anzeiger der Wahrheit bezüglich der Ernsthaftigkeit oder Schwere eines Problems oder einer Krise, aber sie ist Anzeiger der subjektiven oder gesellschaftlichen Wahrnehmung von empörenswerten Handlungen und Entscheidungen sowie den gesellschaftlichen Bereichen, in denen Empörung am Platze erscheint. Die Rolle der Medien, der Manipulation und der institutionellen Organisation von Empörung wird hier sehr deutlich: nicht nur psychologische oder anthropologische Gesetze regulieren Empörung, auch soziale, politische, rechtliche und mediale Rahmenbedingungen. Empörung ist ein gesellschaftsdiagnostisches Mittel zur Wahrnehmung und Bewertung von Krisen, aber nicht nur in Bezug auf die empörten Akteure, sondern auch in Bezug auf die Institutionen, die diese Empörung regulieren. Empörung bietet somit einen breiten Ansatzpunkt für gesellschaftliche und öffentliche Debatten und Kritik, nicht nur im engen Sinne bezüg-

32 Vgl. Bericht im Deutschlandfunk vom 9.9.2017: http://www.deutschlandfunk.de/gesellschaft-krisenforscher-sieht-weniger-echte-krisen-aber.1939.de.html?drn:news_id=790359 (Zugriff am 9.9.2017).

lich der Themen, auf die Empörung gerichtet ist, sondern als Reflexion der Empörung auch mit Blick auf die die Empörung regulierenden, ermöglichenden oder auch unterdrückenden Rahmenbedingungen. In diesem Zusammenhang sollte auch das Fehlen von öffentlicher Empörung auf normative Hintergründe hin analysiert werden: warum lösen bestimmte Probleme oder Krisen keine Empörung aus, obwohl sie empörenswert erscheinen? Wird Empörung politisch, gesellschaftlich oder medial unterdrückt? Oder entsteht sie gar nicht? Welche Akteure empören sich und welche nicht, obwohl die Umstände dies nahelegen könnten? Und häufig beziehen sich Empörungsdiskurse auf einander diametral entgegenlaufende normative Prinzipien: die von rechten Bewegungen wie Pegida zum Ausdruck gebrachte Empörung bezieht sich auf nationalistische oder gar rassistische Normen. Und die Empörung über Pegida bezieht sich auf Normen der Gleichheit und der Antidiskriminierung. Diagnostiziert werden können hier ein grundlegender Normkonflikt sowie die Beobachtung, dass Themen der europäischen Grenzen und der Flucht Orte einander widersprechender Empörungshaltungen sind.

Eine Bewertung oder Legitimation der Empörungshaltungen folgt aus dieser Diagnose aber noch nicht. Das Faktum der Empörung, das Gefühl empört zu sein und auch der damit verbundene Eindruck der Legitimation ist ein Anstoß für eine kritische gesellschaftliche Debatte, die aber erst auf der Grundlage von explizit gemachten Gründen rational geführt werden kann. Mit Bezug auf Strawson und Autoren der Frankfurter Schule formuliert Iser die These, dass „Gesellschaftskritik […] im Kern die reflexive Überprüfung der Empörung ist.“[33] Um als legitimer Indikator für Ungerechtigkeit zu gelten, muss Empörung selbst zunächst gerechtfertigt werden. In diesem Sinne können Empörungsäußerungen als Startpunkte, Initiatoren und Korrektive für gesellschaftliche und politische Debatten angesehen werden.

Empörung über eine als ungerecht oder falsch erachtete Handlung beinhaltet nun aber nicht selbst schon die Antwort auf die Frage, wie mit dieser falschen Handlung oder dem Handelnden umzugehen sei oder welche besseren Handlungsalternativen sich bieten. Empörung und Protest geben also noch keine Antwort auf die normative Frage, welche Alternativen zu den kritisierten Entscheidungen, Regeln, Institutionen oder Handlungen gewählt werden sollten. Unter bestimmten Umständen haben sie das Potenzial, öffentliche und politische Debatten zu eröffnen oder am Laufen zu halten, sie können auch auf Missstände verweisen und so integrative Funktion aufweisen, auch können sie durch den internen Bezug auf normative Maßstäbe der Kritik veränderte Regeln in die Diskussion bringen. Antworten auf die Frage, was angesichts der kritisierten Verhältnisse getan werden sollte, sind jedoch Gegenstand weiterer normativer Debatten. Empörung ist als reaktive Haltung Korrektiv und Debattenanstoß, aber nicht abschließender Ratgeber.

Auch die Formen, in denen Empörung zum Ausdruck gebracht werden können, werden durch die inferenzielle Struktur der Empörung nicht vorgegeben oder legitimiert. Empörung kann auf unterschiedliche Weise zum Ausdruck gebracht werden: durch Sprechakte, durch Protesthandlungen, durch Unterschriftenlisten, Demonstrationen, Blockaden oder auch durch Anwendung von Gewalt gegen Sachen oder Personen. Die Bewertung und Legitimation der Äußerungsformen von Empörung und Protest ist im öffentlichen und politischen Raum

33 *Iser* (2009), S. 8.

selbst Gegenstand normativer Regeln und häufig auch gesetzlicher Regelungen. Empörung reagiert somit nicht nur auf empfundene Normverletzungen, sondern sie kann auch selbst in ihrer Äußerungsform legitim oder illegitim oder auch illegal sein. Die Regulierung von Empörungsäußerungen ist vielfältig und reicht von in demokratischen Rechtsstaaten geregelten legalen Formen des Protests zur Frage, welche Akteure Zugang zu Formaten der Empörungsäußerung haben bis hin zur Frage der Legitimität gezielter Rechts- oder Regelverletzungen bei Protesthandlungen. Empörung ist also eine Form der haltungsmäßigen, emotionalen und praktischen Reaktion auf Handlungen, Entscheidungen und Regeln, die selbst normativ und institutionell reguliert ist. Sowohl die Normen und Regeln als auch die vorgenommenen Bewertungen und praktischen Schlussfolgerungen sind dabei anfechtbar und müssen bei Bedarf legitimiert, diskutiert und möglicherweise modifiziert werden.

Mit Blick auf die Gegenstände der Empörung unterscheide ich im Folgenden zwei Ebenen:

- Eine situative, kontextgebundene Ebene$_{(K)}$ und
- eine institutionelle, regelorientierte Ebene$_{(I)}$, die kontextübergreifend Kommunikations, Verfahrens- und Entscheidungsregeln thematisiert und bestimmt.[34]

Kontexte oder Situationen auf der Ebene$_{(K)}$ sind durch Regeln bestimmt, zum Teil sogar konstituiert. Die auf der Ebene$_{(K)}$ lokalisierten praktischen Inferenzen, Handlungsbegründungen oder Kontroversen richten sich auf die innerhalb dieser Situationen oder Kontexte angestrebten Ziele und die Mittel zur Erreichung dieser Ziele. Auf der institutionellen, kontextübergreifenden Ebene$_{(I)}$ hingegen werden die Kontexte regulierenden oder konstituierenden Regeln selbst thematisiert, gerechtfertigt, angefochten oder transformiert.

Entsprechend dieser Ebenenunterscheidung nenne ich Empörungsphänomene auf der kontextgebundenen Ebene Empörung$_{(K)}$, Empörungsphänomene auf institutioneller, kontextübergreifender Ebene Empörung$_{(I)}$.

Empörung$_{(K)}$ richtet sich auf die empfundene Verletzung normativer Maßstäbe bei der Ausführung von Handlungen oder Entscheidungen innerhalb einer inhaltlichen Debatte. Beispiele sind hier politische Entscheidungen in der Flüchtlings- und Grenzpolitik oder Standortempfehlungen in der Endlagerdebatte.

Empörung$_{(I)}$ richtet sich hingegen auf die Regeln oder das Verfahren der politischen oder gesellschaftlichen Entscheidungsfindung oder auf die Konstituierung bestimmter inhaltlicher Kontexte. Hier werden nicht kontextinterne, inhaltliche Entscheidungen angefochten, sondern die politischen oder rechtlichen Regeln und Verfahren, durch die die inhaltlichen Entscheidungen im politischen Raum konstituiert und reguliert werden. Beispiele sind etwa Empörung über Demokratiedefizite in der EU oder Empörung über die zu späte Beteiligung von Bürgerinnen und Bürgern bei politischen Großvorhaben wie z. B. Stuttgart 21.

34 Zu ähnlichen Unterscheidungen vgl. die Rede von *choice of rules* und *choice within rules* bei *Brennan/Buchanan* (2000); *Rawls,* Philosophical Review 1955, 3 ff. Für den Hinweis auf die Unterscheidung bei *Brennan* und *Buchanan* danke ich *Karl Christoph Reinmuth.*

Die philosophische Analyse der Empörung erfüllt in sozialen und politischen Kontexten die drei zu Beginn genannten, miteinander verbundenen Funktionen in folgender Weise:

- *Analytisch-diagnostische Funktion:* sowohl auf der kontextgebundenen $\text{Ebene}_{(K)}$ als auch auf der regelorientierten institutionellen $\text{Ebene}_{(I)}$ werden gesellschaftlich kontroverse normative Standpunkte von Akteuren oder Gruppen identifiziert und die dahinterstehenden praktischen Inferenzen explizit gemacht.
- *Normative-evaluative Funktion:* auf Grundlage der explizit vorliegenden praktischen Inferenzen und normativen Rahmenbedingungen der Empörung können sowohl Empörungsäußerungen als auch die darin angefochtenen kontextgebundenen Normen oder institutionellen Regeln bewertet, legitimiert, kritisiert oder modifiziert werden.
- *Regeltransformierende Funktion:* insbesondere auf der regelorientierten, institutionellen $\text{Ebene}_{(I)}$ tragen Empörungsanalysen somit auch zur Transformation von Regeln, Institutionen und gesellschaftlichen Rahmenbedingungen bei. Die Empörungsanalysen liefern zwar nicht selbst alternative Lösungen, aber sie machen sowohl die angefochtenen Regulierungen und institutionellen Rahmungen als auch die Gründe und Maßstäbe der in der Empörung geäußerten Kritik explizit. Damit legen sie nicht nur die Grundlage für rationale Debatten und Kritik von Regeln und Institutionen, sondern sie stellen dem öffentlichen Diskurs auch alternative Maßstäbe und deren Anspruch auf Legitimität zur Verfügung.

Sowohl die Unterscheidung zwischen einer kontextgebundenen $\text{Ebene}_{(K)}$ und einer regelorientierten, institutionellen $\text{Ebene}_{(I)}$ als auch die drei Funktionen der Analyse von Empörung sind für die philosophische Analyse von Empörung in der Endlagerdebatte relevant.

D. Empörung in Debatten um die Endlagerung von Atommüll

Ausgehend von der normativen Konzeption der Empörung als reaktive Haltung bei Strawson, der Erweiterung dieser Analyse auf politische Kontexte und der genannten drei Funktionen einer philosophischen Analyse der Empörung werden im Folgenden Empörungsphänomene im Kontext der Endlagerdebatte untersucht. Nach einer „Konsensphase in der Atomdiskussion“[35] wurde der Widerstand gegen die zivile Nutzung der Kernenergie in den 1960er Jahren immer stärker. Jung spricht von einer „Dissensphase in der Atomdiskussion“[36] und untersucht Protestformen und die Diskursgeschichte der Atomenergie. Als Empörungsgegenstand mit einer inzwischen schon über 50-jährigen Geschichte kann die Analyse neuerer Empörungshaltung, Empörungsgegenstände sowie der Umgang mit Empörung in der neueren Debatte um die End-

35 *Jung* (1994), S. 24.

36 *Jung* (1994), S. 82.

lagerung gesellschaftlichen Wandel sowie eine Gegenwartsdiagnose bezüglich genauer Gegenstände der Empörung und der institutionellen und politischen Umgangsweisen mit Empörung explizit machen. Dies bietet einen spezifischen Blick auf die Endlagerdebatte als Kontext der Empörung: Im Unterschied zu einer Beschreibung der Debatte aus einer ökonomischen, energiepolitischen, nationalstaatlichen oder umweltpolitischen Perspektive nimmt die Perspektive der Empörung einen kritischen Blick aus Sicht von Bürgerinnen und Bürgern ein, die gerade keine Experten sind und deren Einfluss auf die Entscheidungen und Informationen zunächst eher gering erscheint. Öffentliche Empörung ist hier nun eine Form der Ermächtigung und öffentlichen Artikulation, die nicht durch enge institutionelle Rahmen begrenzt und reguliert erscheint. Empörungsäußerungen stehen gerade auch denjenigen zur Verfügung, die nicht als Experten oder politisch legitimierte Akteure in die Entscheidungsprozesse eingebunden sind. Als Nein-Stellungsnahmen setzen sie zunächst weder detaillierte Sachkenntnis noch die Formulierung alternativer Lösungen des Problems voraus. Auch wenn Empörung und ihre Äußerungsformen als solche nicht bereits legitimiert sind, haben sie die Kraft, den öffentlichen Diskurs zu verändern und bestehende institutionelle oder normative Regeln und Maßstäbe in Frage zu stellen. Als Mittel der Kritik, die nicht bereits den Status der Wissenschaft, der Wirtschaft oder der politischen Legitimation aufweist, ist sie als „Treiber“ und „Chance“ zur breiten öffentlichen Beteiligung und somit zur Partizipation anzusehen.[37]

Die neuere Debatte in Bezug auf die Endlagerung von Atommüll betrifft nicht mehr die normative Frage, ob die Atomenergie zivil genutzt werden sollte (und somit Atommüll überhaupt produziert werden sollte), sondern die Frage, „wie der Verbleib der erzeugten Schadstoffe geregelt werden soll“.[38] Mit Blick auf die Rolle von Emotionen, insbesondere von Empörung in diesen Debatten, lohnt es sich allerdings, auch die ältere Debatte im Blick zu behalten, da hier eine grundsätzliche Ablehnung, Empörung, Wut und Angst in Bezug auf die generelle Nutzung von Atomenergie und die dadurch anfallenden langlebigen Reststoffe eine emotional bereits aufgeladene Ausgangssituation bei der Diskussion um die Art der Endlagerung bilden. Die Akteure in der neueren Debatte haben nicht plötzlich gewechselt, sondern haben normativ, argumentativ und emotional bereits eine Geschichte. In der älteren Debatte zu verortende Empörung, Ungerechtigkeit, Exklusion sind auch in der neueren Debatte relevant.[39] Eine Verbindung der beiden Debatten liegt auch insofern auf der Hand, als sich die jüngere Frage der Art der Endlagerung allererst aus Entscheidungen in der älteren Debatte, ob die Atomkraft überhaupt zur Energiegewinnung genutzt werden soll, ergibt. Insofern wäre es angemessener, von einer präfigurierten Debatte bezüglich der Endlagerung zu sprechen, da ihr insbesondere normative Entscheidungen zugunsten der zivilen Nutzung im schon damals bekannten Lichte der ungelösten Endlagerfrage zugrunde liegt.

37 Hiermit greife ich eine Formulierung von *Smeddinck* und *Hocke* auf. *Hocke/Smeddinck,* GAIA 2017, 125, 127.

38 *Ott/Semper,* GAIA 2017, 100.

39 Vgl. *Hocke/Smeddinck,* GAIA 2017, 125 ff., die auf die Relevanz einer historischen Betrachtung verweisen.

Gemäß der drei Funktionen der philosophischen Analyse von Empörung kann durch das Explizitmachen der inferenziellen Annahmen in Empörungsformen sowie der sie regulierenden Rahmen und Institutionen eine Diagnose von Empörung, ihren Gegenständen und Rahmenbedingungen ermöglicht, eine Bewertung in Bezug auf die Legitimation der Empörung grundgelegt und eine Transformation der die Debatte regulierenden Institutionen und Rahmenbedingungen angestoßen werden. Ausgehend von der Unterscheidung zwischen den Ebenen der Empörung$_{(K)}$ innerhalb von Debatten und der institutionellen Empörung$_{(I)}$ bezüglich der Regulierung von Debatten möchte ich zeigen, dass Diskussionen über Proteste in der Endlagerdebatte auf diesen deutlich zu unterscheidenden Ebenen stattfinden. Die auf beiden Ebenen vorgenommene Kritik an Normen, Regeln und Verfahrensweisen trägt zur öffentlichen Diskussion und Modifikation dieser Normen und Regeln sowie zur öffentlichen Diskussion und Legitimation von Handlungen und Entscheidungen in der Endlagerdebatte bei. Aber auch eine Unterscheidung und Bewertung von Protestbewegungen kann durch ein Explizitmachen der implizierten Gründe für Empörung und Protest vorgenommen werden.

I. Kontextgebundene Empörung$_{(K)}$ in der Endlagerdebatte

Empörung$_{(K)}$ bezeichnet im Folgenden den Aspekt in Empörungshaltungen, der kontextgebundene normative oder deskriptive Gründe für Entscheidungen oder Handlungsvorschläge bei der Endlagersuche zum Gegenstand hat. Das kann an folgendem Beispiel erläutert werden: Empörung$_{(K)}$ entzündet sich in der Endlagerdebatte unter anderem an Interpretationen und Umsetzungen des normativen Prinzips der Sicherheit. Das Standortauswahlgesetz (StandAG) und der Abschlussbericht der Endlager-Kommission gehen von einem Primat der Sicherheit aus, die bei der Wahl eines Tiefenlagers für eine Million Jahre gewährleistet sein soll.[40] Das Prinzip der Sicherheit beruht auf einem breiten gesellschaftlichen Konsens. Die Sicherheit eines Endlagers wird im „Safety Case" dargelegt, in dem „die jeweils zu adressierenden Fragestellungen beziehungsweise zu treffenden Entscheidungen, die Sicherheitsstrategie, die wissenschaftliche und technische Basis, die Inhalte und Ergebnisse von Sicherheitsanalysen sowie Aussagen zum Vertrauen in die Ergebnisse und zu offenen Fragestellungen dokumentiert" werden.[41] Den Sicherheitsanalysen liegen dabei Szenarien möglicher Entwicklungen des Endlagers zugrunde, bei denen auch der Umgang mit *known unknowns* eine Rolle spielt. Während nun das Prinzip der Sicherheit weitgehend unstrittig ist, ist im Diskurs „viel Skepsis gegenüber dem Safety Case auszumachen".[42] Insbesondere die Sicherheitsuntersuchungen der Endlager-Kommission riefen „massive Vorbehalte" hervor, da sie „aufgrund ihrer Komplexität die Möglichkeiten bieten könnten, Ergebnisse und damit Entscheidungsgrundlagen bei der Stand-

40 Vgl. *Röhlig/Eckhardt,* GAIA 2017. 103. Das folgende Beispiel des Safety-Case entnehme ich dieser Quelle.

41 *Röhlig/Eckhardt,* GAIA 2017, 103.

42 *Röhlig/Eckhardt,* GAIA 2017, 103.

ortwahl zu manipulieren."[43] In dem vorliegenden Beispiel ist nicht das normative Sicherheitsprinzip als solches Gegenstand der Empörung, sondern die Operationalisierung des normativen Prinzips der Sicherheit in den Sicherheitsuntersuchungen. Die Empörungshaltungen$_{(K)}$ beziehen sich also kontextgebunden auf einen Teil der für einen Endlagervorschlag vorgebrachten Gründe: die Sicherheitsstrategie, die wissenschaftliche und technische Basis, die Inhalte und Ergebnisse von Sicherheitsanalysen, die Szenarien möglicher Entwicklungen oder den Umgang mit *known unknowns.* Im Kontext der Endlagerdebatte mag ein abstraktes Gerechtigkeits- oder Sicherheitskonzept rational überzeugend sein, wenn es aber entweder nicht verstanden oder nicht kommuniziert oder aus anderen Gründen nicht von den betroffenen und beteiligten Bürgern akzeptiert wird, können die daraus resultierenden Vorschläge oder Entscheidungen auf Widerstand stoßen. Wird das Sicherheitskonzept der Kommission zur Lagerung hoch radioaktiver Abfallstoffe „nur mäßig" akzeptiert[44], dann kann dies Ausdruck in Empörungshaltungen oder Protesten finden.

Empörungshaltungen lassen sich auch bezüglich anderer Gegenstände im Kontext der Endlagerdebatte skizzieren. Gerade die Konkretisierung abstrakter normativer Prinzipien ist Gegenstand kontroverser Debatten und möglicher Gegenstand von Empörung$_{(K)}$: Was versteht man unter Gerechtigkeit, insbesondere mit Blick auf zukünftige Generationen? Wie formuliert man den Begriff der prospektiven Verantwortung oder der „Zukunftsverantwortung"[45]? Bezüglich der Auswahl und Formulierung deskriptiver Prämissen ist die Relevanz der hierzu beitragenden empirischen Wissenschaften umstritten: Welche wissenschaftlichen Ergebnisse sind einschlägig und sind sie vollständig? Welche Wissenschaften müssen überhaupt bezüglich ihrer Expertise gefragt werden?

Je expliziter Prämissen und Schlussfolgerungen der jeweiligen Seiten gemacht werden, umso besser kann der genaue Gegenstand der emotional aufgeladenen Auseinandersetzung identifiziert und verortet werden. Dies gilt sowohl für die von Empörungsäußerungen angefochtenen Vorschläge als auch für die Empörungsäußerungen selbst.

Die normativ-rationale Struktur der Empörung zeigt sich nun auch im Kontext der Endlagerdebatte besonders deutlich an Modifikationen der Empörung. In der politischen Endlagerdebatte finden sich zahlreiche institutionalisierte Vorschläge zur Entschärfung von Konflikten und zur Lösung von Problemen, die in den Protestbewegungen angesprochen werden. Dies soll noch einmal an dem oben genannten Beispiel der Empörung über den Safety Case dargestellt werden: als zentraler Aspekt des Widerstands wurde genannt, dass der Safety Case aufgrund der „Komplexität die Möglichkeiten bieten könnte[n], Ergebnisse und damit Entscheidungsgrundlagen bei der Standortwahl zu manipulieren."[46] Verbesserungsvorschläge beziehen sich hier zum einen auf die Transparenz und Verständlichkeit von Informationen, so dass die Fakten auch von Laien besser verstanden werden. Der zentrale Auslöser der Empörung wird aber gar nicht auf der kontextgebundenen Ebene$_{(K)}$ schlechter inhaltlicher Argumente gesehen,

43 *Röhlig/Eckhardt,* GAIA 2017, 103.

44 *Röhlig/Eckhardt,* GAIA 2017, 103.

45 *Ott/Semper,* GAIA 2017, 100.

46 *Röhlig/Eckhardt,* GAIA 2017, 103.

sondern in einem Mangel an Vertrauen in die Autorinnen und Autoren dieser Informationen. Nicht das Verstehen, sondern die Glaubwürdigkeit steht in Frage. „Vertrauen ist der entscheidende Faktor, Probleme in der Wahrnehmung des Safety Case hängen vor allem mit Mangel an Vertrauen in dessen Autoren zusammen.“[47] Eine Änderung der Empörungshaltung oder eine Lösung des Widerstandes wird im Fall der Safety Cases demnach nicht allein durch bessere Informationen angestrebt, denn dies löst nicht das zugrundeliegende Misstrauen gegenüber den Autoren von Safety Cases. „Aktuell fühlen sich Bürger(innen) von Spezialist(inn)en, die diese Ängste als irrational bezeichnen, nicht ernst genommen.“[48] Empörungshaltungen, die ihren Grund in der Einschätzung haben, nicht ernst genommen zu werden, entzünden sich an der Verletzung von Respektnormen und an der Einschätzung, die eigenen Einwände und Fragen seien nicht rational. Die hier vorgenommene Gegenüberstellung von Rationalität und Gefühlen und die Delegitimierung von Angst als irrational kann sogar Teil des Empörungsgrundes sein.

Eine Erhöhung der Akzeptanz und damit eine Modifikation oder Auflösung von Empörung verspricht man sich in diesem Zusammenhang von der aktiven Beteiligung von Bürgerinnen und Bürgern sowie Stakeholdern.

In den Lösungsansätzen zum Aufbau von Vertrauen und zur Verringerung des Widerstandes in der Endlagerdebatte zeigt sich eine Verbindung der kontextgebundenen Ebene mit der institutionellen Ebene der Regulierung der Debatte: Durch frühe und breitere aktive Beteiligungsmöglichkeiten wird sowohl die Vielfalt der Interpretationen relevanter Sicherheitsanalysen erhöht als auch die Rahmenregeln von Debatten und Entscheidungen modifiziert. Im Kontext der hier vorgeschlagenen normativ-rationalen Konzeption der Empörung können diese Lösungsansätze beschrieben werden als Versuche der Modifikation von Empörung durch Änderung der zentralen Gegenstände und Auslöser der Empörung. Um derartige Lösungsansätze zu finden, um also Empörung in dem Sinne zu modifizieren, dass es keinen Grund für die Empörung mehr gibt, bedarf es einer normativ-rationalen Analyse der Empörung und einer möglichst präzisen Identifikation und Explikation der Gegenstände, Gründe und normativen Rahmenbedingungen der Empörung. Im vorliegenden Beispiel wird die Empörung als Anlass zur Änderung von Verfahrensweisen bei der Entscheidungsfindung genommen, und auf die zum Ausdruck gebrachte Empörung über die mögliche Manipulation der Entscheidungen wird durch Verfahrensänderungen zu reagieren versucht. Dass Empörungshaltungen in der Endlagerdebatte zu einem großen Teil auch in ihrem institutionellen Aspekt thematisiert werden, zeigt sich an den politischen Lösungsversuchen, die zum Umgang mit Empörungshaltungen vorgeschlagen und umgesetzt werden. In der Endlagerdebatte ist mit dem StandAG und der Organisation von Bundes- und Regionalkonferenzen eine Verschiebung der Aufmerksamkeit hin zur institutionellen und rechtlichen Organisation des Debatten- und Beteiligungsverfahrens zu konstatieren. Rechtfertigung durch Verfahren stehen im Fokus und es wird davon ausgegangen, dass Akzeptanz zur Minderung der Empörung oder zumindest bestimmter

47 *Röhlig/Eckhardt,* GAIA 2017, 103, 104.

48 *Röhlig/Eckhardt,* GAIA 2017, 103, 105.

Ausdrucksformen der Empörung auch jenseits eines inhaltlichen Konsenses führen kann. Damit komme ich zur institutionellen Ebene von Empörung$_{(I)}$.

II. Institutionelle Empörung$_{(I)}$ in der Endlagerdebatte

Was in der zwischenmenschlichen Alltagskommunikation häufig gar nicht explizit geregelt, sondern durch Erwartungen des zwischenmenschlichen Respekts oder der Fairness moralisch oder kommunikativ vorausgesetzt wird, ist in politischen Debatten und Verfahren der Entscheidungsfindung häufig bis ins Detail institutionell und gesetzlich reguliert. In demokratischen Entscheidungsprozessen werden die Partizipation, angemessene Berücksichtigung von Bürgerinnen und Bürgern, Entscheidungsprozeduren, Akteure u. a. durch diffizile Regelwerke bestimmt. Hier wird geregelt, welche Akteure mit welchen Macht- und Entscheidungsbefugnissen zu welchem Zeitpunkt und in welcher Form an einer Debatte teilnehmen und Entscheidungen treffen dürfen. Auch die Frage, welche Rechte (etwa Einspruchs-, Anhörungs- oder Vetorechte) bestimmte Gruppen haben, muss entschieden werden. Die von der Kommission zur Lagerung hoch radioaktiver Abfallstoffe genannten Leitziele der umfassenden Transparenz und der Beteiligungsrechte, des fairen Verfahrens und eines „breiten Konsens(es) der Gesellschaft“[49] beziehen sich damit auf die institutionelle Ebene$_{(I)}$. Die Regulierung der Kommunikation und der Entscheidungen und damit der institutionelle Rahmen der Debatte stehen hier im Vordergrund. Allerdings zeigen sich Probleme bezüglich der institutionellen Rahmung häufig erst im Verlauf der inhaltlichen Debatten um Empörung$_{(K)}$. Empörung$_{(I)}$ bezüglich der institutionellen Regeln zeigt sich oft erst mitten im Verfahren, wenn etwa Machtasymmetrien oder interessengeleitete Argumentationen bestimmter Akteure deutlich werden. Die kontextgebundene Ebene inhaltlicher Argumente wird dann verlassen und Empörung bezüglich der institutionellen Rahmung zum Ausdruck gebracht. Häufig ist hier schon viel Vertrauen zerstört, so dass institutionelle Empörung meist bereits eine historische Dimension des Problems oder der Kontroverse enthält. Bei einer fairen und akzeptierten institutionellen Regulierung der gegenwärtigen politischen Debatte wird auf die Notwendigkeit oder zumindest Sinnhaftigkeit einer Aufarbeitung der historischen Konfliktsituationen in der zivilen Atomenergie hingewiesen: gerade vor dem Hintergrund bereits jahrzehntelanger Konflikte der Akteure untereinander sollte die Geschichte der atomaren Endlagerung im gegenwärtigen Konflikt nicht unbeachtet bleiben.

In einer Analyse sozialer Konflikte im Kontext dezentraler Energieanlagen verweisen Roßnagel und andere[50] auf Defizite in öffentlichen Entscheidungsfindungsprozessen: zu wenig und zu späte Beteiligung, mangelnde Nachvollziehbarkeit von Verfahren sowie das „Beteiligungsparadox“, das darin besteht, Betroffene erst zu einem Zeitpunkt zu beteiligen, zu dem wichtige grundlegende Entscheidungen bereits getroffen und nicht mehr zur Diskussion stehen. Verwiesen wird darauf, dass die *ob-Frage,* also die Frage danach, ob überhaupt eine

49 BT-Drs. 18/9100, S. 25, zitiert nach *Ott/Semper,* GAIA 2017, 100, 101.

50 *Roßnagel/Ewen/Götz/Hefter/Hentschel/Huge/Schönfelder,* ZNER 2014, 329 ff.

bestimmte Energieanlage gebaut wird, bereits beschlossen wurde. „Ergebnis dieses Paradox ist eine Frustration der Öffentlichkeit, [...] Dies begründet ein Gefühl, ungerecht behandelt zu werden.“[51] Roßnagel et al.weisen darauf hin, dass im Kontext dezentraler Energieprojekte auch eine milieuspezifische Verhärtung von Motiven festzustellen ist, in der die Protesthaltung Teil des Selbst- oder Fremdbildes wird und nicht mehr durch Argumentationen oder Zusatzinformationen modifiziert oder erreicht werden kann. Die Polarisierung der Seiten als „fundamentalistische Wutbürger“ versus „profitgierige Unternehmen“ führen zur Konflikteskalation.[52] Die emotiven Begriffe „Wutbürger“ und „profitgierige Unternehmen“ dienen als Kampfbegriffe, die nicht nur kontextbezogen, sondern auch institutionell Empörung$_{(I)}$ zum Ausdruck bringen. Der Verweis auf emotionale Kategorien wie Wut oder Gier ist hier als Versuch einer Entrationalisierung von kontroversen Positionen und als Delegitimierung von Akteuren zu deuten. Der Hinweis auf von Emotionen oder starken Eigeninteressen geprägte Akteure impliziert den Zweifel daran, dass diese als rationale, verantwortliche Akteure in der Debatte anzusehen seien. Dass dies auch in den Debatten um ein Endlager der Fall ist, zeigt sich an der Weigerung vieler Anti-Atomkraft-Akteure, sich am StandAG und der Kommission überhaupt zu beteiligen. Will man die Gesprächsverweigerung als eine Form des Protests interpretieren, so richtet sich dieser Protest nicht primär gegen inhaltliche Vorschläge und Positionen, sondern gegen die institutionelle Rahmung und Regulierung der gesamten Debatte. Die inhaltliche Debatte wird durch die Empörung$_{(I)}$ mit den institutionellen Regeln der Debatte verknüpft und als ungerecht, interessengeleitet und mit starken Machtasymmetrien versehen betrachtet. Nicht die Macht des besseren Arguments, sondern die Macht bestimmter politischer und ökonomischer Akteure wird in der Empörung$_{(I)}$ betont. Gerade hier zeigt sich auch die historische Dimension des Vertrauensverlusts in der Endlagerdebatte. Verfahrensprinzipien wie Partizipation und früher Beteiligung der Öffentlichkeit werden im StandAG für den Umgang mit den verhärteten Konfliktparteien als sehr wichtig eingeschätzt. Ein großer Teil der Analysen und Maßnahmen fällt auf die institutionelle und rechtliche Organisation des Kommunikationsprozesses als solches und damit auf die Frage der institutionellen Integration unterschiedlicher und sogar kontroverser Sichtweisen der zu beteiligenden Akteure.

Ob Empörung$_{(I)}$ oder sogar der Ausstieg aus der Debatte und der Versuch der Delegitimierung des gesamten Geschehens berechtigt und mit guten Gründen erfolgen oder ob sie als ungerechtfertigt, überzogen oder illegitim eingeschätzt werden, kann auf Grundlage der Explizierung der inferenziellen Struktur auf der institutionellen Ebene diskutiert und beurteilt werden. Götter weist für Debatten um die Kernenergie in den 1970er Jahren in Biblis nach, dass der Vorwurf irrationaler Angst in lokalen Debatten meistens eine Zuschreibung von Kernkraftbefürwortern war, die die Aussagen von Kernkraftgegnern delegitimieren sollte.[53]

Hier zeigt sich nun eine Vernetzung der kontextuellen und der institutionellen Ebene derart, dass institutionelle Empörung, die die Rationalität von Akteuren in Frage stellt und somit die Rahmenbedingungen der Debatte ins Auge nimmt, auch der Ablenkung von inhaltlichem

51 *Roßnagel/Ewen/Götz/Hefter/Hentschel/Huge/Schönfelder,* ZNER 2014, 329, 332.

52 *Roßnagel/Ewen/Götz/Hefter/Hentschel/Huge/Schönfelder,* ZNER 2014, 329, 334.

53 Vgl. *Götter* im vorliegenden Band.

Dissens oder gar relevanten und guten Argumenten dienen kann. Dass diese Strategie zu Vertrauensverlust und Empörung führt, wurde in dem oben genannten Beispiel der Sicherheitsvorkehrungen deutlich: „Aktuell fühlen sich Bürger(innen) von Spezialist(inn)en, die diese Ängste als irrational bezeichnen, nicht ernst genommen.“[54] Die Verwendung emotiven Vokabulars oder der Vorwurf der Emotionalisierung können Versuche darstellen, von der Rationalität oder den guten Gründen der gegnerischen Position abzulenken oder diese zu verschleiern. Der Aspekt der Verwendung von Emotionen zur Entrationalisierung und Delegitimierung der gegnerischen Position ist umso wichtiger, als im Kontext der Endlagerdebatte selbst bei idealen Kommunikationsbedingungen nicht von einer konsensualen, konflikt- oder spannungsfreien Lösung auszugehen ist. Die Kontroversen liegen nicht primär an Kommunikationsproblemen, Informationsdefiziten oder Formulierungsproblemen, sondern an begründetem rationalen Dissens und damit fehlender Akzeptanz. „Akzeptanzprobleme bei Planungsvorhaben treten überwiegend aufgrund schwacher Argumente für die Realisierung dieser Vorhaben auf. Sie sind nicht Folge einer falschen Kommunikationsstrategie.“[55] Nicht Unverständnis, sondern sachbezogener Dissens, liegt fehlender Akzeptanz häufig zugrunde. Gerade wenn aber nicht mit einem inhaltlichen Konsens zu rechnen ist, was durchaus als Merkmal pluralistischer, individualisierter moderner Gesellschaften generalisiert werden kann, ist ein Fokus auf die Vernetzung der kontextuellen und der institutionellen Ebene zu legen. Die Legitimation der institutionellen Regulierungen der Entscheidungsverfahren gewinnt im Lichte des generell zu erwartenden inhaltlichen oder kontextbezogenen Dissenses an Bedeutung. Renn et al. bezeichnet es nun als ein Charakteristikum von Protestbewegungen in demokratischen Gesellschaften, dass Akzeptanz nicht allein durch demokratische Legitimation zu erreichen ist. Empörungsäußerungen, so meine daran anschließende These, machen gerade die innerhalb moderner demokratischer Rechtsstaaten vorhandene Pluralität von Interessen und normativen Standpunkten sichtbar. Wie unter diesen Rahmenbedingungen Akzeptanz auf beiden Ebenen zu erreichen ist, ist eine wichtige Frage.

Renn et al. bestimmen öffentliche Akzeptanz als „Resultat von Einsicht, Selbstwirksamkeit, Nutzen und Identität“[56]. Akzeptanz von Großprojekten beinhaltet dabei nicht unbedingt eine Befürwortung oder positive Einstellung zu dem Vorhaben, es reicht „wenn die geplante Neuerung angenommen wird“.[57] Während der Aspekt der inhaltlichen Befürwortung als kontextinterne Akzeptanz interpretiert werden kann, bezieht sich der Aspekt der Selbstwirksamkeit auf Beteiligungsmöglichkeiten und die Möglichkeit öffentlicher Akzeptanzverweigerung auf die institutionelle Ebene$_{(I)}$. Durch die Stärkung der Selbstwirksamkeit durch Partizipationsmöglichkeiten steigen „Proteste zumindest zu Beginn solcher Maßnahmen erst einmal an […].“[58] Kontextbezogene Empörung$_{(K)}$ kann sich also möglicherweise erst dann zei-

54 *Götter* im vorliegenden Band.

55 *Renn/Köck/Schweizer/Bovet/Benighaus/Scheel/Schröter,* ZUR 2014, 278, 282.

56 *Renn/Köck/Schweizer/Bovet/Benighaus/Scheel/Schröter,* ZUR 2014, 278, 281.

57 *Renn/Köck/Schweizer/Bovet/Benighaus/Scheel/Schröter,* ZUR 2014, 278, 281.

58 *Renn/Köck/Schweizer/Bovet/Benighaus/Scheel/Schröter,* ZUR 2014, 278, 282.

gen, wenn auf institutioneller Ebene Möglichkeiten der Partizipation geschaffen werden. Renn et al. nennen drei Merkmale, die Protestbewegungen gegen Großprojekte gemeinsam sind[59]:

1. Zugunsten eines angeblichen Gemeinnutzens wird von Bürgerinnen und Bürgern erwartet, individuelle Nachteile bezüglich ihrer eigenen Lebenssituation zumindest zeitweise in Kauf zu nehmen.
2. Der angebliche Gemeinnutzen ist umstritten. In einer globalisierten und individualisierten Gesellschaft können staatliche oder private Akteure diesen immer seltener überzeugend darstellen. Es gibt hier also sowohl normativen als auch deskriptiven Dissens.
3. Das Verfahren wird als intransparent, nicht partizipativ oder sogar korrupt angesehen.

Diese Analyse lässt sich mit den hier vorgeschlagenen Begriffen der Empörung$_{(K)}$ bezüglich der Güte der Gründe einer Debatte und der institutionellen Empörung$_{(I)}$ verbinden: Die normative Prämisse bezüglich des Gemeinnutzens (1), die als Grund für die Einschränkung der individuellen Lebenssituation angeführt wird, wird in (2) angefochten. Es besteht also keine inhaltliche Akzeptanz$_{(K)}$ bezüglich der zentralen normativen Prämisse. Wenn dies nun verbunden ist mit institutionellen Fehlern oder Exklusion aus dem Verfahren (3), kann dies insgesamt zu Empörung und Protest führen.

Renns Analyse von Protestbewegungen im Kontext von Großprojekten zeigt, dass die Empörung hier als legitim eingeschätzt wird und dass ihr Auslöser nicht in Missverständnissen oder Kommunikationsproblemen liegt, sondern darin, dass für die Projekte inferenziell und normativ nicht überzeugend argumentiert werden kann und dass die Verfahrensregeln der Beteiligung der Öffentlichkeit und damit der Inklusion des inhaltlichen Dissenses nicht fair sind. „Das Problem liegt also in der Sache selbst und den veränderten sozialen und politischen Kontextbedingungen.“[60] Angesichts der tatsächlichen inhaltlichen Dissense wird hier nun für die Perspektive der Beteiligung von Bürgerinnen und Bürgern argumentiert. Die Perspektive der Beteiligung setzt nicht primär bei dem Ziel der Akzeptanz gewünschter Positionen an, sondern setzt ergebnisoffen auf die Lösungsfindung und Bewertung der Beteiligten. „In dem Moment, wo Entscheidungsbetroffene zu Entscheidungsträgern werden, wird Identität bereits durch das Verfahren geschaffen.“[61] Die inhaltliche Kontroverse kann, so die dahinterliegende Einschätzung, innerhalb eines akzeptierten institutionellen Rahmens kontrovers geführt werden und führt dann idealerweise zu tragbaren Entscheidungen und Lösungsvorschlägen. Ob allerdings Akzeptanz bezüglich fairer Beteiligungsformate, Rechte und Transparenz hinreichend für das Finden einer tragbaren Lösung ist, bleibt offen. Als Ideal eines gerechten Verfahrens greift Ott auf emotionale Kategorien zurück: Die „Anrainer(innen) des gewählten Standorts [könnten] mit der Entscheidung zwar noch *hadern,* sich aber nicht über sie *beschweren* […].“[62] Abwehrende Gefühle wie Wut oder Enttäuschung, die hinter dem Ha-

59 Vgl. *Renn/Köck/Schweizer/Bovet/Benighaus/Scheel/Schröter,* ZUR 2014, 278, 282.

60 *Renn/Köck/Schweizer/Bovet/Benighaus/Scheel/Schröter,* ZUR 2014, 278, 283.

61 *Renn/Köck/Schweizer/Bovet/Benighaus/Scheel/Schröter,* ZUR 2014, 278, 283.

62 *Ott/Semper,* GAIA 2017, 100, 101.

dern stehen können, werden unterschieden von Beschwerden, die im vorliegenden Kontext als legitime Empörung interpretiert werden können: Empörung, die im Bruch legitimer Erwartungen begründet ist und zu Beschwerden berechtigt. Bei Beseitigung der Empörungsgründe würden Gefühle der Wut oder der Abneigung oder auch Angst nicht notwendigerweise verschwinden, aber institutionelle Empörung $_{(I)}$ als Ausdruck der Verletzung legitimer Prinzipien der Partizipation wäre nicht mehr berechtigt.

Vor dem Hintergrund der normativen Anfechtungs- und Legitimationsfunktion reaktiver Haltungen kann eine Explikation der in der Empörung implizierten Inferenzen auf kontextueller und institutioneller Ebene zu einer rationalen Diskussion und Evaluation sowohl der in der Empörung angefochtenen Handlungen, Entscheidungen oder Gründe als auch der die Empörung selbst rechtfertigenden Gründe beitragen. Das Explizitmachen der argumentativen Hintergrundstruktur von Emotionen und Haltungen trägt somit zu einer Rationalisierung der Debatte bei und hilft zu unterscheiden zwischen legitimen und illegitimen Formen von Empörung und Protest. Je expliziter die in den Emotionsäußerungen implizierten Prämissen gemacht werden können, umso genauer können strittige Punkte identifiziert und möglicherweise gelöst werden. Informelle oder institutionelle Rahmen regulieren dabei sowohl die politischen Debatten als auch die Ausdrucksformen öffentlicher Empörung. Durch ein Explizitmachen dieser Rahmenbedingungen können sie evaluiert und gegebenenfalls modifiziert oder transformiert werden.

Literaturverzeichnis

Abramst, Kathryn/Hila Keren, Who's Afraid of Law and the Emotions?, Minnesota Law Review 2010, Vol. 94, pp. 1938–2074.

Andree, Georg J., Sympathie und Unparteilichkeit. Adam Smiths System der natürlichen Moralität, Paderborn 2003.

Austin, John, "A Plea for Excuses", Proceedings of the Aristotelian Society 1956, Vol. 57, p. 1–30.

Bagnoli, Carla (Ed.), Morality and the Emotions, Oxford 2011.

Brennan, Geoffrey/James M. Buchanan, The reason of rules. Constitutional political economy, Indianapolis 2000.

Evensky, Jerry, Adam Smith's Moral Philosophy. A Historical and Contemporary Perspective on Markets, Law, Ethics, and Culture, Cambridge 2005.

Hart, Herbert L. A., The Ascription of Responsibility and Rights, Proceedings of the Aristotelian Society 1948–1949, New Series 49, pp. 171–194.

Hocke, Peter/Ulrich Smeddinck, Robust-parlamentarisch oder informell-partizipativ? Die Tücken der Entscheidungsfindung in komplexen Verfahren, GAIA 2-2017, S. 125–128.

Iser, Mattias, Empörung und Fortschritt: Grundlagen einer kritischen Theorie der Gesellschaft, Frankfurt am Main/New York 2009.

Jung, Matthias, Öffentlichkeit und Sprachwandel. Zur Geschichte des Diskurses über die Atomenergie, Opladen 1994.

Landweer, Hilge/Dirk Koppelberg (Hrsg.), Recht und Emotion I. Verkannte Zusammenhänge, Freiburg/München 2016.

Landweer, Hilge/Fabian Bernhardt (Hrsg.), Recht und Emotion II. Sphären der Verletzlichkeit, Freiburg/München 2017.

Macagno, Fabrizio/Douglas Walton, The Argumentative Uses of Emotive Language, Revista Iberoamericana de Argumentacion 2010, Vol. 1, No. 1, pp. 1–33.

Nussbaum, Martha, Anger and Forgiveness: Resentment, Generosity, Justice, Oxford 2016.

Ott, Konrad/Franziska Semper, Nicht von dieser Welt. Zukunftsverantwortung bei der Endlagerung von radioaktiven Reststoffen, GAIA 2-2017, S. 100–102.

Rawls, John, Two concepts of rules. Philosophical Review 1955, Vol. 64, No. 1, pp. 3–32.

Reichold, Anne, Reaktive Haltungen und Regeln. Zum transformierenden Potential von Empörung, in: Hrsg. Hilge Landweer/Fabian Bernhardt, Recht und Emotion II. Sphären der Verletzlichkeit, Freiburg/München 2017, S. 220–246.

Renn, Ortwin/Wolfgang Köck/Pia-Johanna Schweizer/Jana Bovet/Christina Benighaus/Oliver Scheel/Regina Schröter, Öffentlichkeitsbeteiligung bei Vorhaben der Energiewende.

Neun Thesen zum Einsatz und zur Gestaltung der Öffentlichkeitsbeteiligung, ZUR 2014, H. 5, S. 278–289.

Röhlig, Klaus-Jürgen/Anne Eckhardt, Primat der Sicherheit. Ja, aber welche Sicherheit ist gemeint?, GAIA 2-2017, S. 103–105.

Roßnagel, Alexander/Christoph Ewen/Konrad Götz/Tomas Hefter/Anja Hentschel/Antonia Huge/Carla Schönfelder, Mit Interessengegensätzen fair umgehen – zum Einbezug der Öffentlichkeit in Entscheidungsprozesse zu dezentralen Energieanlagen, ZNER 2014, H. 4, S. 329–337.

Smith, Adam, The Theory of Moral Sentiments, Eds. D. D. Raphael/A. L. MacFie, Indianapolis 1982.

Strawson, Peter F., Freedom and Resentment, in: Ed. Peter F. Strawson, Freedom and resentment, and other essays, London 1974, pp. 1–25.

Tranow, Ulf, Das Konzept der Solidarität. Handlungstheoretische Fundierung eines theoretischen Schlüsselbegriffs, Wiesbaden 2012.

Nicole Terne

Mythos der nuklearen Sicherheit am Beispiel Japans

Inhaltsverzeichnis

A. Einleitung

Kein anderes Land der Welt ist so stark mit Radioaktivität und deren Folgen verbunden wie Japan. Allen voran stehen die Atombombenabwürfe auf Hiroshima und Nagasaki im August 1945, welche von amerikanischer Seite oft als kriegsentscheidend[1] dargestellt werden und Hundertausende, meist zivile Opfer forderten. In jüngster Vergangenheit ereignete sich die Nuklearkatastrophe im Atomkraftwerk *Fukushima Daiichi,* ausgelöst durch ein Erdbeben der Stärke neun und einem Tsunami mit einer Höhe von bis zu 15 Metern im Jahr 2011.[2] Weniger bekannt sind in Europa der Vorfall des Fischerboots *Daigo Fukuryū Maru* oder ein Unfall im Atomkraftwerk *Monju.* Japan, ein Land so stark geprägt von Radioaktivität und deren Folgen auf die Menschen, hat sich in wenigen Jahrzehnten zu einer der führenden Kernenergienationen der Welt entwickelt, eine Entwicklung, die geradezu paradox erscheinen mag, in Japan bis 2011 jedoch kaum hinterfragt wurde.[3] Einen Grund für diesen enormen Erfolg stellt der Sicherheitsmythos der Kernenergie *(„anzen shinwa")*[4] in Japan dar, der, vor allem von politischen und wirtschaftlichen Interessengruppen massiv propagiert, besagt, dass ein schwerer Atomunfall in Japan unmöglich sei.[5] Eine Annahme die gestützt wurde durch den Glauben, dass Sicherheitsvorschriften auf hohem Niveau sowie die exzellente japanische Technologie ausreichen würden, um eine hundertprozentige Sicherheit in den japanischen AKWs zu gewährleisten. Dies führte zu dem Glauben, dass eine Vorbereitung auf etwaige Vorfälle nebensächlich, wenn nicht sogar unnötig sei.[6] Wie das Unglück von Fukushima am 11. März 2011 jedoch zeigte, kann die Sicherheit der japanischen Meiler nicht zu hundert Prozent gegeben werden und die Betreiber der AKWs wussten darüber Bescheid. Der nachfolgende Beitrag möchte versuchen, den Mythos der nuklearen Sicherheit am Fallbeispiel Japan genauer zu betrachten. Schwerpunktmäßig wird dabei der Fokus auf die politische Stellung zur Kernkraft in Japan gelegt. Es soll gezeigt werden wie es gelungen ist, eine über Jahrzehnte andauernde pro-nukleare Einstellung in der japanischen Gesellschaft zu generieren. Betrachtet werden sollen aber auch Vorfälle in anderen japanischen AKWs sowie Zwischen- und Endlagermöglichkeiten für Atommüll.

---

1 Ob der Abwurf der Bomben kriegsentscheidend war ist mittlerweile stark umstritten, Vgl. *Coulmas/Stalpers* (2011a), S. 157.

2 *Tiefenbach* (2013), S. 3; OECD/NEA (2011), S. 28.

3 Anti-Atomkraftgegner gab es bereits seit den frühen 1970er Jahren in Japan, es blieb jedoch meist bei kleineren Gruppierungen, die auf Grund der eigenen Bedrohung durch den Bau neuer AKWs aktiv geworden sind, z. B. lokale Bauern- und Fischerverbände. *Suzuki* (2013), in: Eds. Schreurs/Yoshida, S. 61, 71; *Aldrich,* The Asia-Pacific Journal 2007, 2.

4 Koch spricht davon, dass der Sicherheitsmythos bis zum Jahr 2000 von offizieller Seite verbreitet wurde, seit 2001 aber eine zunehmende Kritik durch die staatliche Seite stattfindet. So wurde im „Weißbuch zur Atomsicherheit" von 2001 erstmalig Abstand genommen, dass Kernenergie absolut sicher sei, siehe dazu *Koch* (2001), in: Hrsg Conrad/Saaler, S. 373, 399.

5 *Kan* (2012), S. 139.

6 *Suzuki* (2013), in: Eds. Schreurs/Yoshida, S. 61, 62; *Fujigaki* (2015), S. 10; *Kingston,* The Asia-Pacific Journal 4/2012, 1; *Hara* (2013), in: Ed. Hindmarsh, S. 22, 36.

Zunächst wird es einen kurzen Rückblick auf die Atombombenabwürfe von 1945 geben, sowie eine genauere Betrachtung des sogenannten *„Atoms for Peace"*-Programms (B). Danach wird das japanische „Atomdorf" in Bedeutung und Aufbau vorgestellt (C). Darauf folgend werden die drei größten nuklearen Unfälle Japans kurz umrissen (D). Ein Fazit und Ausblick bildet den Schluss des Beitrags (E).

B. Atoms for Peace in Japan

Die Atombombenabwürfe auf die Großstädte Hiroshima und Nagasaki am 6. und 9. August 1945 bildeten den traurigen Höhepunkt des zweiten Weltkriegs auf japanischer Seite. Es war der erste und bis heute einzige militärische Einsatz von Atomwaffen weltweit. Obwohl von amerikanischer Seite als kriegsentscheidende Handlung proklamiert,[7] wird der Abwurf der Bomben mittlerweile als sehr umstritten angesehen und hinterfragt. Nicht abzustreiten ist dennoch die verheerende Vernichtungskraft der Bomben, die in beiden Städten in einem Umkreis von ca. zwei Kilometern um das Hypozentrum herum fast alle Gebäude zerstörten und Zehntausende Menschen innerhalb von Sekunden töteten.[8] Die genauen Opferzahlen sind nicht bekannt, offizielle japanische Angaben gehen jedoch von 557.478 betroffenen Personen aus Hiroshima aus, von denen 277.996 direkt durch die Bombe starben.[9] Ähnliche Angaben sind für Nagasaki nicht verfügbar, man geht jedoch von ca. 80.000 direkt durch die Bombe getöteten Personen sowie ca. 270.000 von Spätfolgen Betroffenen aus.[10] Obwohl die Aufarbeitung für die Betroffenen, die öffentliche Anerkennung als Atombombenopfer und die Zusage von Unterstützungszahlungen durch den japanischen Staat viele Jahre dauerten, so erlebten beide Städte einen sehr schnellen Wiederaufbau.[11]

„Atoms for Peace" ist der Titel einer Rede vom damaligen US-Präsidenten *Dwight D. Eisenhower* vor den Vereinten Nationen vom 8. Dezember 1953. In dieser Rede forderte *Eisenhower* eine Konzentration auf die friedliche Nutzung von Atomkraft, welche nicht nur als *„tipping point"* für die Kernenergienutzung weltweit angesehen werden kann, sondern auch erstmalig eine öffentliche Stellungnahme zum Atomprogramm der US-Amerikaner war. Atomkraft wurde als Energie der Zukunft dargestellt, die mit den Schlagworten sicher, unendlich und unabhängig verknüpft war.[12]

> It is with the book of history, and not with isolated pages, that the United States will ever wish to be identified. My country wants to be constructive, not destructive. It wants agreement, not wars, among nations. It wants itself to live in freedom, and in

7 *Groves* (1965), S. 397.

8 *Hip* (2005), S. 46.

9 Kyodo News (2013).

10 *Coulmas* (2005), S. 18.

11 Vgl. *Terne* (2015), in: Hrsg. Chiavacci/Wieczorek, S. 249 ff.

12 *Fuhrmann* (2012), S. 39, 44.

> the confidence that the people of every other nation enjoy equally the right of choosing their own way of life.
>
> The United States knows that peaceful power from atomic energy is no dream of the future. The capability, already proved, is here today.
>
> To the making of these fateful decisions, the United States pledges before you – and therefore before the world – its determination to help solve the fearful atomic dilemma to devote its entire heart and mind to find the way by which the miraculous inventiveness of man shall not be dedicated to his death, but consecrated to his life.[13]

Das *„Atoms for Peace"*-Programm ermöglichte nun erstmals Zivilisten und Ländern eine Kernforschung, die zuvor keine Atomtechnologie besaßen. Die USA exportierten Reaktoren und Uran an Länder, die Bedarf daran hatten.[14] Wie aber sah die Entwicklung in Japan aus? Japan, ein Land mit sehr geringen Rohstoffen, sah in der Atomenergie eine langfristige Sicherung für Industrialisierung, Modernisierung und eigenes Wirtschaftswachstum, zudem aber auch eine Möglichkeit der Unabhängigkeit von anderen rohstoffstarken Nationen.[15] Bereits 1954 wurde mit der Forschung für den Bau von Atomkraftwerken in Japan begonnen, 1966 ging das erste kommerzielle Atomkraftwerk ans Netz, welches aus Großbritannien importiert wurde.[16] Die japanischen Entwickler suchten zwar eine direkte Zusammenarbeit mit amerikanischen Firmen, um weitere Kraftwerke zu bauen. Gleichzeitig entwickelte sich aber auch eine eigenständige Atomindustrie, welche sehr großzügig durch den japanischen Staat in Form von Subventionen unterstützt wurde. Das wichtigste Argument für die Kernkraft seitens der japanischen Regierung war immer: die sichere Versorgung der Industrie und Bevölkerung mit Energie. Die Angst vor einer zu starken Rohstoff-Abhängigkeit von anderen Ländern, vor allem durch die Ölkrisen der 1970er Jahre[17] und den Kriegen im Nahen und Mittleren Osten seit den 1980er Jahren verstärkt, diente als wirksamstes Argument der Regierung und wurde im Laufe der Jahre immer überzeugender eingesetzt.[18] Die japanische Bevölkerung sah das Risiko eines nuklearen Unfalls niedriger an als das Risiko, plötzlich von einer Ölknappheit betroffen zu sein.[19] Um dies zu vermeiden, sollte die Abhängigkeit zum Öl verringert und die eigene Energiepalette diversifiziert werden. Neben Atomenergie wurde darum auch vermehrt die Erdgasproduktion unterstützt.[20] Gleichzeitig sollte die Bevölkerung von den Vorteilen der Kernenergie überzeugt werden. Wirtschaftsbosse und Regierungsbeamte benutz-

---

13 *Eisenhower* (1953).

14 *Suzuki* (2013), in: Eds. Schreurs/Yoshida, S. 61, 64 f.; *Koch* (2001), in: Hrsg. Conrad/Saaler, S. 373, 380.

15 *Suzuki* (2013), in: Eds. Schreurs/Yoshida, S. 61, 65.

16 *Koch* (2001), in: Hrsg. Conrad/Saaler, S. 373, 381.

17 *Koch* (1998), in: Hrsg Blechinger/Legewie, S. 303, 306.

18 *Suzuki* (2013), in: Eds. Schreurs/Yoshida, S. 61, 75; *Koch* (2001), in: Hrsg. Conrad/Saaler, S. 373, 394.

19 *Suzuki* (2013), in: Eds. Schreurs/Yoshida, S. 61, 76.

20 *Maull* (1984), S. 84.

ten dazu groß angelegte Medienkampagnen.[21] Atomstrom ist im Vergleich zu Elektrizität aus fossilen Brennstoffen sehr preiswert, er ist sicher und er hilft im Kampf gegen die Klimaerwärmung.[22] Die wahren Kosten für den Bau und den Erhalt von Atomkraftwerken, nicht zu vergessen die Kosten für die Entsorgung bzw. Lagerung des radioaktiven Mülls, waren Ausgaben, die der japanischen Gesellschaft gegenüber nicht offen gelegt wurden.[23] *Benedict* fasst dies passend zusammen:

> This is how not only nuclear power companies, nuclear experts, and government regulators, but also local governments and ordinary Japanese citizens came to believe in absolute safety. Critics and dissenters notwithstanding, all of these communities were lulled into a false sense of security[24].

Die japanische Regierung versuchte auch auf politischem Weg die Erforschung und Nutzbarmachung der Kernenergie zu unterstützen. 1955 wurde das japanisch-amerikanische Abkommen zur Zusammenarbeit auf dem Gebiet der Kernenergie unterzeichnet.[25] Im gleichen Jahr wurde das Kernenergiegrundgesetz *Genshiryoku Kihon-hō* verabschiedet.[26]

> Artikel I: Zweck dieses Gesetzes ist es, Energieressourcen für die Zukunft zu sichern und dem Fortschritt von Wissenschaft und Technik sowie der Industrie durch die Förderung von Forschung, Entwicklung und Anwendung von Atomkraft zu dienen und dadurch zum Wohl der menschlichen Gesellschaft und zur Steigerung des nationalen Lebensstandards beizutragen.[27]
>
> Artikel II: Forschung, Entwicklung und Anwendung von Atomkraft sind auf friedliche Zwecke beschränkt. Unabhängig und unter demokratischer Kontrolle durchgeführt, streben sie danach, Sicherheit zu gewährleisten. Ergebnisse werden öffentlich zugängig gemacht, um der internationalen Zusammenarbeit zu dienen.[28]

Durch das Kernenergiegrundgesetz entstand in Japan ein lang anhaltender Atomkonsens zwischen Staat und Unternehmen, welcher durch intensive Öffentlichkeitsarbeit seitens der japanischen Regierung vorangetrieben wurde. So zum Beispiel zu nennen ist der *„Tag der Kernenergie" (Genshiryoku no Hi),* welcher jedes Jahr am 26. Oktober gefeiert wird und den Tag des Beitritts in die Internationale Atomenergie-Organisation (International Atomic Energy Agency, IAEA) 1956 markiert. Die Atomkraftwerke führen im Oktober einen Tag der offe-

---

21 *Benedict* (2014).

22 *Yoshida* (2013), in: Schreurs/Yoshida, S. 21, 37 und 49; *Hindmarsh* (2013), S. xxvii.

23 *Kan* (2012), S. 138; *Ōshima* (2010), S. 319 ff.

24 *Benedict* (2014).

25 *Koch* (2001), in: Hrsg. Conrad/Saaler, S. 373, 380.

26 *Koch* (1998), in: Hrsg Blechinger/Legewie, S. 303, 305; *Al-Badri/Berends* (2013), in: Eds. Al-Badri/Berends, S. 1, 7.

27 Übersetzt aus dem japanischen „Atomkraftgrundgesetz" von Florian Coulmas, *Coulmas/Stalpers* (2011a), S. 156.

28 Übersetzt aus dem japanischen „Atomkraftgrundgesetz" von Florian Coulmas, *Coulmas/Stalpers* (2011a), S. 157.

nen Tür durch, Führungen durch Teile der Anlagen werden angeboten und kleine Feste mit Spielen für Kinder werden veranstaltet. Damit sollte der Bevölkerung die Kernenergie näher gebracht und ihr die Angst davor genommen werden.[29]

Die Atombombenabwürfe auf Hiroshima und Nagasaki hatten gezeigt, dass man einem technologisch höher entwickelten Staat unterlegen war. Die Aufholung dieses Rückstands wurde zu einer nationalen Aufgabe erklärt, die Aneignung von Wissen zur Kernenergie und deren Nutzbarmachung war hierbei von entscheidender Bedeutung. Aber auch die im Gesetz festgelegte Beschränkung der eigenen Nutzung auf friedliche Zwecke und die dezidierte Ablehnung von Kernwaffen wurden von Anfang an verfolgt. Dies führte zur Entwicklung der sogenannten drei Anti-Atom-Prinzipien Mitte der 1960er Jahre, die von der Regierung 1971 festgelegt wurden: keine Herstellung, kein Besitz, keine Lagerung von Atomaffen.[30] Die japanische Regierung hat sich immer für die Nichtweiterverbreitung von Atomwaffen eingesetzt und hat dies wiederholt als Resolution in der Vollversammlung der Vereinten Nationen eingebracht, gerade dieses Vorgehen wurde von der japanischen Bevölkerung immens unterstützt und als sehr positiv angesehen.[31] Hinzu kamen Veranstaltungen wie etwa die Ausstellung „The peaceful use of nuclear energy“, welche 1956 in Tokyo und Hiroshima, 1958 noch einmal in Hiroshima durchgeführt wurde.[32] Ausstellungsort war dabei das Friedensgedächtnismuseum in Hiroshima, genau der Ort, der dreizehn Jahre zuvor das Hypozentrum der Atombombenexplosion gewesen war. Neben Ausstellungsstücken aus dem zerstörten Hiroshima wurden Pläne gezeigt, die atombetriebene Flugzeuge oder Autos darstellten und deren Vorteile anpriesen, eine Nutzung für militärische Zwecke wurde jedoch nicht angesprochen. Zu der 50 Tage dauernden Ausstellung kamen ca. 917.000 Besucher. Die Bewohner Hiroshimas (Atombombenopfer inklusive) sahen sich zwei widersprüchlichen Meinungen gegenüber: Einerseits die Fortführung der Kampagne gegen den Einsatz von Atomwaffen, andererseits die Unterstützung und Voranbringung der friedlichen Nutzung der Kernenergie.[33]

> The change in opinion on atomic energy from 1954 to 1955 was spectacular … atom hysteria was almost eliminated and by the beginning of 1956, Japanese opinion was brought to popular acceptance of the peaceful uses of atomic energy.[34]

Die Akzeptanz der Kernenergie ging so weit, dass ein Geheimbericht der US-Regierung aus dem Jahr 1956 bekannt gab, dass 1956 70 % der Japaner „atom“ als „harmful“ ansahen, 1958 diese Meinung auf nur noch 30 % gesunken war[35]. Ein Grund dafür war sicherlich auch die starke Werbung in den Medien, die die Kernenergie als sichere Energiealternative vorstellten. Durch diese positive Öffentlichkeitsarbeit ist es der Regierung gelungen, „[…] im Be-

---

29 *Hansen* (2011).

30 *Coulmas* (2005), S. 115.

31 *Coulmas/Stalpers* (2011a), S. 157.

32 *Tanaka/Kuznick,* The Asia-Pacific Journal 1/2011, 6.

33 *Tanaka/Kuznick,* The Asia-Pacific Journal 1/2011, 3.

34 *Tanaka/Kuznick,* The Asia-Pacific Journal 1/2011, 7.

35 *Sugita* (2007).

wusstsein der Bevölkerung die friedliche von der militärischen Nutzung der Atomkraft zu entkoppeln“[36], weswegen der Ausbau der Kernenergie keinen Widerspruch mehr zum Gedenken an die Opfer von Hiroshima und Nagasaki darstellte.

Die „Atomhysterie“, teilweise auch „Atomallergie“[37] genannt, bestand nicht ohne Grund in Japan. Ausgelöst durch die Atombombenabwürfe auf Hiroshima und Nagasaki wurde diese noch einmal durch einen Vorfall im Pazifischen Ozean angefeuert. Anfang 1954 führten die USA die sogenannte „Castle Bravo“-Testreihe im Bikini-Atoll durch, bei der am 1. März 1954 eine erste Testzündung einer Wasserstoffbombe auf den Marshall-Inseln durchgeführt wurde. Direkt davon betroffen war ein japanischer Thunfisch-Fänger, welcher vom radioaktiven Fallout getroffen wurde und mit 23 Mann an Bord besetzt war[38]. Die *Daigo Fukuryū Maru* (Glücklicher Drache Nr. 5) steht dabei sinnbildlich für 856 weitere japanische Fischerboote und deren Besatzung von insgesamt ca. 20.000 Mann, die ohne von der Verstrahlung zu wissen, in ihre Heimathäfen zurückkehrten, um den radioaktiv verseuchten Fisch zu löschen.[39] Auf Grund der an der Strahlenerkrankung erkrankten Besatzung der *Daigo Fukuryū Maru* wurde die kontaminierte Ladung schnell entdeckt und es fanden genaue Untersuchungen in anderen Häfen statt, die weiteren radioaktiv verseuchten Fisch fanden. Bis Ende 1945 mussten ca. 75 Tonnen kontaminierter Thunfisch vernichtet werden.[40] Die „Atomhysterie“ der japanischen Bevölkerung wurde zwar durch die Verstrahlung der *Daigo Fukuryū Maru* angeheizt, fand jedoch enormen Zuspruch als bekannt wurde, dass radioaktiv verseuchter Fisch in den Verkauf gelangt war und auch verzehrt wurde. Nun bestand erstmals für die gesamte japanische Bevölkerung die Gefahr, selbst zu einem Opfer von Radioaktivität zu werden.[41] In Tokyo sammelten Hausfrauen bis Ende 1945 ca. 30 Millionen Unterschriften für eine Petition, die weitere Atom- und Wasserstoffbombentest verbieten sollte.[42] 1955 wurde die *Gensuikyō* (Japan Council against Atomic and Hydrogen Bombs) gegründet, welche sich für die komplette Abschaffung und das Verbot von Atom- und Wasserstoffbomben einsetzt und deren Mitglieder oftmals selbst Opfer besagter Bomben waren.[43]

Kurz nach der Verabschiedung des Kernenergiegrundgesetzes wurde mit einer eigenen SBR-Forschung (Schnelle Brutreaktoren) in Japan begonnen.[44] Diese Art von Kernkraftwerk, welches mehr spaltbares Plutonium produziert, als es verbraucht und dadurch 60-mal so viel Energie wie ein konventioneller Leichtwasserreaktor liefert, sollte das Aushänge-

36 *Coulmas/Stalpers* (2011a), S. 157.

37 *Aldrich* (2010), S. 120; 核アレルギ – *kaku arerugi,* nuclear allergy/Atomallergie.

38 *Buckley* (1995), S. 58 f.

39 *Schreiber* (2012).

40 *Schreiber* (2012).

41 *Schreiber* (2012); *Stone/Kuznick* (2012), S. 270.

42 *Weart* (2012), S. 111; *Kuznick* (2011).

43 *Tanaka/Kuznick,* The Asia-Pacific Journal 1/2011, 2.

44 *Koch* (2001), in: Hrsg. Conrad/Saaler, S. 373, 382.

schild der japanischen Atompolitik werden.[45] Dass SBRs umstritten sind, da das Plutonium auch zur Herstellung von Atomwaffen benutzt werden kann, wurde dabei jedoch kaum angesprochen.[46] Hierin findet sich auch der erste mögliche Widerspruch zum Kernenergiegrundgesetz, das eine rein friedliche Benutzung vorsieht. Der japanische Staat begründete die Entwicklung der SBR mit der Aussicht auf Energieautarkie[47] und förderte die Erforschung und den Bau mit immensen finanziellen Mitteln.[48] Wie sich jedoch herausstellte war der SBR in Japan, wie auch weltweit, kein Erfolg. Die momentan vorhandenen zwei japanischen SBR sind auf Grund ständiger Störungen und Ausfälle nicht rentabel nutzbar, trotzdem hält die Regierung nach wie vor an ihnen fest.[49]

Das positive Image der Nuklearenergie konnte sich durch die Unterstützung der Regierung und der guten Zusammenarbeit mit der Wirtschaft über Jahrzehnte halten. Toshiba, Hitachi und Mitsubishi Heavy Industries gehören heute zu den führenden Atomkraftwerksherstellern der Welt, Japan Steel Works ist das weltweit einzige Unternehmen, welches stählerne Reaktorfässer ohne Schweißnähte produzieren kann.[50] 2011 gab es 54 kommerzielle Reaktoren in Japan, die 30 % der Elektrizität lieferten, zwei weitere sollten 2012 ans Netz gehen, 12 weitere waren für die nächsten Jahre geplant.[51] Japan hatte sich seit 1954 das Ziel gesetzt, bis 2017 41 % und bis 2030 50 % des Elektrizitätsbedarfs mit Atomstrom zu decken.[52] Seit dem 11. März 2011 liegt dieser Plan auf Eis, wurde offiziell jedoch noch nicht aufgegeben.[53]

C. Das japanische Atomdorf

Ist das *„Atoms for Peace“*-Programm ausschlaggebend für die Erforschung von Kernenergie, so ist das japanische „Atomdorf“ entscheidend für den Erfolg der Kernenergie in Japan gewesen. Das sogenannte „Atomdorf“[54] setzt sich aus drei großen Bereichen der japanischen Machtelite zusammen, die seit Jahrzehnten miteinander verflochten sind und als gemeinsames Ziel das Vorantreiben der Kernenergie in Japan verfolgen.[55] Kingston gibt folgende Definition für das *nuclear village:*

45 *Coulmas/Stalpers* (2011b), S. 136.

46 *McCormack,* The Asia-Pacific Journal 3/2011, 7.

47 *McCormack,* The Asia-Pacific Journal 3/2011, 4.

48 *Johnston,* The Asia-Pacific Journal 5/2005, 4; *Samuels* (2013), S. 112.

49 International Panel on Fissile Materials (2010), S. 58; *Richter* (2015), in: Eds. Bohn/Feldhoff/Gebhardt/Graf, S. 51, 56.

50 *Coulmas/Stalpers* (2011a), S. 83; *Thomas* (2010), in: Hrsg. Froggatt, S. 64, 78.

51 *McCurry* (2011).

52 *Tabuchi* (2012a).

53 *Welter* (2015), *Tabuchi* (2012b).

54 原子力村– *Genshiryoku-mura,* Atomdorf.

55 *Dewit/Tetsunari,* The Asia-Pacific Journal 2011, 5; *Hara* (2013), in: Ed. Hindmarsh, S. 22, 34.

> The ‚nuclear village' is the term commonly used in Japan to refer to the institutional and individual pro- nuclear advocates who comprise the utilities, nuclear vendors, bureaucracy, Diet (Japanese parliament), financial sector, media and academia. This is a village without boundaries or residence cards, an imagined collective bound by solidarity over promoting nuclear energy.[56]

Im Falle des japanischen Atomdorfs haben sich die zehn größten Energieversorgungsunternehmen,[57] der Wirtschaftsverband *Keidanren,*[58] verschiedene Ministerialbeamte sowie ausgewählte Medien und Wissenschaftler zusammengetan, um Kernenergie als sichere und preiswerte Energieressource zu propagieren. Zwischen den Mitgliedern dieser Atomlobby herrscht ein ständiger Informationsaustausch, um im Falle einer Krise gemeinschaftlich handeln zu können. Ein weiterer Austausch findet auch auf finanzieller und personeller Ebene statt. Ex-Premierminister Kan beschreibt das „Atomdorf" als eine riesige Interessengruppe, die einzig und allein auf Besitzstandswahrung aus ist[59] und über extrem großen politischen Einfluss verfügt.[60]

Die LDP[61] als politische Instanz war 38 Jahre lang die alleinige Regierungspartei[62] in Japan und hat damit ein Einparteiensystem[63] geschaffen, welches wegen seiner wirtschaftsfreundlichen Ausrichtung über Jahrzehnte bestehende Verflechtungen mit der Wirtschaft aufbauen konnte. *Keidanren* ist die größte Vereinigung der Wirtschaftsverbände und bildet die wichtigste Interessenorganisation in Japan. Zu ihren Mitgliedern zählen 1.340 Unternehmen, 109 nationale Industrieverbände sowie 47 regionale Wirtschaftsorganisationen.[64] In der Bürokratie ist vor allem das METI zu nennen, dass japanische Wirtschafts-, Handels- und Industrieministerium.[65] Das METI besteht in seiner jetzigen Form seit 2001 und ist neben dem Patentamt und der Kontrolle von klein- und mittelständigen Unternehmen auch zuständig für den Rohstoff- und Energiemarkt Japans.[66]

---

56 *Kingston,* The Asia-Pacific Journal 1/2012, 1.

57 Es handelt sich hierbei um zehn privatwirtschaftliche Regionalmonopole, die einer staatlichen Preiskontrolle unterliegen, z. B. TEPCO, Betreiber des Kernkraftwerks Fukushima, *DeWit/Tetsunari/Kaneko* (2011), in: Ed. Kingston, S. 156–157; Vgl. dazu *Koch,* (2001), in: Hrsg. Conrad/Saaler, S. 373, 383.

58 *Keizai Dantai Rengō Kai,* kurz *Keidanren,* Wirtschaftsverband Keidanren.

59 *Kan* (2012), S. 145.

60 *Kan* (2012), S. 151.

61 自由民主党 – *Jiyūminshutō,* kurz 自民党 – *Jimintō,* Liberaldemokratische Partei Japans.

62 Von 1955 bis 1993, von 1994 bis 2009, und seit 2012 bis heute.

63 *Hasegawa* (2011), in: Eds. Jeffrey Broadbent/Vicky Brockman, S. 63, 74.

64 *Keidanren* (2016).

65 経済産業省 – *Keizai Sangyō-shō,* Ministry of Economy, Trade and Industry/Ministerium für Wirtschaft, Handel und Industrie (METI).

66 METI (2016).

Alle diese drei großen Akteure sind daran interessiert den Status Quo der Energiepolitik beizubehalten.[67] Warum? Zum einen soll die beherrschende Marktposition der zehn großen Stromversoger gesichert werden, die massive Investitionen in den Ausbau der Atomkraftwerke gesteckt haben und diese Investitionen nicht verlieren wollen. Zum anderen ist die LDP abhängig von Spendengeldern aus der Wirtschaft und damit auch den Energieversorgern, um die sehr kostenintensiven Wahlkampagnen zu finanzieren.[68] Und der Beamtenapparat des Parlaments verfolgt das Ziel, die ihm zugeteilte Industrie soweit zu unterstützen, dass diese sich gegen Konkurrenten durchsetzen kann. Im japanischen Fallbeispiel ist besonders das sogenannte „*amakudari*-Prinzip" zu nennen, welches diese Vernetzungen untereinander erst ermöglicht hat: „*amakudari*" („vom Himmel herabsteigen") beschreibt die gängige Praxis, dass höhere Kader aus der nationalen Regierungsbürokratie nach einer relativ frühen Pensionierung in Führungsgremien der Industriebereiche wechseln, die sie vorher selbst beaufsichtigt haben.[69] Nicht nur bringen sie Insiderwissen mit, welches für erfolgreiche Abschlüsse mit einzelnen Ministerien von Vorteil sein kann, auch haben sie meist Kontaktpersonen in den Ministerien sitzen, die für ihre Interessen eintreten können. *Domenig* berichtet zum Beispiel von 228 ehemaligen Beamten des Gesundheitsministeriums, die 1996 in die Pharmaindustrie gewechselt sind.[70] Im Falle des Atomdorfs arbeiteten 2011 80 ehemalige Angestellte der verschiedenen Energieversorgungsunternehmen bei der NISA,[71] seit 2000 wechselten 100 Angestellte in Regierungsposten.[72] *Kevenhörster* berichtet sogar davon, dass zwischen 2008 und 2013 68 leitende Ministerialbeamte Vorstandsmitglieder oder Berater der 72 größten Stromversorger Japans geworden sind.[73] Personen, die sich öffentlich gegen die Prinzipien des Atomdorfs stellen, spüren die Konsequenzen meist sehr schnell. So berichtet *Kingston,* dass Wissenschaftler, die sich gegen den Nutzen und die Sicherheit von Kernenergie aussprechen keine Forschungsgelder erhalten und sie bei Beförderungen übergangen werden. Journalisten wird der Zugang zu Pressekonferenzen verwehrt, Produzenten wurden nach der Ausstrahlung atomkritischer Dokumentationen neue Posten ohne Nennung von Gründen zugewiesen[74] und die großen Medienunternehmen nehmen eine positive Haltung ein, um von den immensen Werbebudgets der Energieversorger zu profitieren.[75] Nach dem Atomunglück in Fukushima bemühte sich das „Atomdorf" um Schadensbegrenzung, jedoch nicht in Rich-

---

67 *DeWit/Tetsunari/Kaneko* (2011), in: Ed. Kingston, S. 156, 158; *Kingston,* The Asia-Pacific Journal 4/2012, S. 18.

68 *Kevenhörster* (2013), S. 236.

69 *Derichs/Osiander* (1998), S. 369.

70 *Domenig* (1998), in: Hrsg. Derichs/Osiander, S. 311, 317.

71 原子力安全・保安院 – *Genshiryoku Anzen Hoan-in,* Nuclear and Industrial Safety Agency/japanische Atomaufsichtsbehörde (NISA).

72 *Samuels* (2013), S. 122.

73 *Kevenhörster* (2013), in: Hrsg. Széll/Czada, S. 233, 236.

74 *Holmberg* (2016).

75 *Kingston,* The Asia-Pacific Journal 1/2012, 1; *Holmberg* berichtet, dass TEPCO allein 2010 223 Millionen US-Dollar für überregionale Werbung ausgab, siehe *Holmberg* (2016).

tung der Bewohner der betroffenen Städte, sondern für das eigene gemeinsame Ziel – den Erhalt der Atomkraft in Japan. Die großen Energieunternehmen prophezeiten 2012 landesweite Stromausfälle auf Grund der Stilllegung der AKWs, da vor allem im Sommer die benötigten Energiekapazitäten nicht abgedeckt werden könnten. Wie sich aber zeigen sollte, kam es zu keinerlei Engpässen.[76] Auch wurde versucht, die immer stärker werdende Alternative der erneuerbaren Energieressourcen zu diskreditieren. So sprachen sich Vertreter der Kernenergie gegen die im Moment in Japan existierenden erneuerbaren Technologien aus, da diese nicht ausreichen würden, um die fehlende Kernenergie ausgleichen zu können. Um die Bevölkerung noch mehr zu verängstigen, wurde auch auf altbekannte Diskussionen zurückgegriffen: ohne Kernenergie ist man wieder von Brennstoffimporten aus dem instabilen Mittleren Osten abhängig.[77] Die pro-Atom-eingestellten Medien tragen zusätzlich stark an der Verbreitung des Sicherheitsmythos in Japan bei. Kritiker werfen ihnen vor, das japanische Publikum unzureichend über die Gefahren der Kernenergie zu informieren. Ein Grund hierfür ist unter anderem auch, dass die großen Energieunternehmen wichtige Sponsoren und Werbekunden für bekannte Fernsehsendungen sind und damit von vornherein Anti-Atom-Diskurse thematisch gar nicht erst angesprochen werden.[78] Über Zeitungen und Fernsehsendungen hinaus gibt es aber noch andere Organisationen, die ihre positive Einstellung gegenüber der Kernenergie verbreiten wollen.[79] Hier zu nennen ist vor allem die JAERO (Japan Atomic Energy Relations Organization),[80] welche 1969 gegründet wurde und durchaus als atomdorfeigene Abteilung für Öffentlichkeitsarbeit betitelt werden kann. Bereits kurz nach ihrer Gründung bot die JAERO ca. 300 kostenlose Schulungen und Seminare an, wobei die Vortragenden zu den lokalen Gemeinden fuhren und dort in Schulen, Krankenhäusern oder anderen öffentlichen Einrichtungen ein- bis zweistündige Kurse durchführten. Dabei wurde die Sicherheit und Notwendigkeit der Kernenergie vorgestellt. Zielgruppe waren dabei Personen, die bereits neben existierenden AKWs lebten oder auch die Bevölkerung von Ortschaften, die potentiell für den Bau neuer AKWs geeignet schienen.[81] Gleichzeitig wurden auch Programme für Mittel- und Oberschulen angeboten, die neben Lehrmaterialen, deren Fokus auf Kernenergie lag, auch Schulausflüge zu AKWs mit dortigen Führungen gestalteten.[82] Um auch junges Publikum anzusprechen, wurden Zeitungsanzeigen in Form von Manga (japanische Comics) gedruckt, die spielerisch Themen wie Radioaktivität ansprachen.[83] Das bekannteste Beispiel

---

76 *Kingston,* The Asia-Pacific Journal 1/2012, S. 17.

77 *Kingston,* The Asia-Pacific Journal 1/2012, S. 17–18.

78 *Bork* (1999), S. 1 f.

79 *Hara* (2013), in: Ed. Hindmarsh, S. 22, 34 f.

80 日本原子力文化振興財団 – *Nihon Genshiryoku Bunka Shinkō Zaidan,* Japan Atomic Energy Relations Organization/Organisation für Beziehungen der japanischen Atomenergie (JAERO).

81 *Aldrich* (2014), in: Ed. Kingston, S. 79. 87.

82 *Aldrich,* The Asia-Pacific Journal 2007, 3.

83 *Holmberg* (2016); Holmberg gibt in seinem Artikel Beispiele dafür wieder, z. B. „Humans have been living with radiation since primitive times.“ oder „The amount of radiation that comes from a nuclear power plant is less than 1/28th that of natural background radiation.“

dazu ist der 1993 animierte Zeichentrickfilm „Pluto Boy" (der kleine Pluto), der durch die PNC (Power Reactor and Nuclear Fuel Development Corporation)[84] produziert wurde. Die PNC ist auch Betreiber der AKW-Anlagen *Monju* und *Tōkaimura*. In dem Zeichentrickfilm wird Pluto Boy gezeigt, wie er seinen Freunden Gläser mit flüssigem Plutonium anbietet.[85] In dem sehr umstrittenen Video wird vor allem auf die Gefahrlosigkeit von Plutonium für den menschlichen Körper eingegangen.[86] Bis 2011 wurde JAERO zu 40 bis 50 Prozent durch die japanische Regierung finanziert.[87] Zum Informationsaustausch nutzt JAERO auch das Internet. *Wagner* berichtet, dass es kaum eine Veränderung in der Informationspolitik seit dem Unglück von Fukushima gibt und Besuchern der Seite nach wie vor Wissen über Kernenergie auf unterhaltsame Art und Weise vermittelt werden soll. Weiterhin soll das Wissen über umweltfreundliche Energie gefördert werden, gemeint ist damit jedoch nur die Kernenergie.[88] Der Vorstand der JAERO bestand 2013 neben einigen Vertretern der Kernenergieerzeuger und Wissenschaftlern auch aus einem ehemaligen Mitarbeiter der NISA.[89]

Das japanische „Atomdorf" hat aber auch noch eine sprichwörtliche Bedeutung. Die Standortwahl konzentriert sich meist auf wenige Präfekturen mit bevölkerungsschwachen Gegenden weit weg von Großstädten, die auf Grund der hohen Subventionen durch die japanische Regierung, die für den Bau von Atomkraftwerken gezahlt werden, um die Gunst der Elektronikunternehmen buhlten. Diese Ortschaften sind meist durch fehlende Regionalförderung zusätzlich bereit, AKWs bauen zu lassen, um damit Abwanderung und Arbeitslosigkeit entgegenzuwirken.[90] So befinden sich zum Beispiel zwei Drittel aller japanischen Atomkraftwerke in den Präfekturen Niigata, Aomori und Fukushima. Diese finanziellen Anreize sind als *„kōfu-kin"*[91] bekannt und belohnen Gemeinden dafür, wenn diese dem Bau von AKWs zustimmten. Die Gemeinden erhalten während der Planungs- und Bauphase dadurch jährliche Auszahlungen seitens der Regierung in Milliardenhöhe, sowie erhöhte Steuereinnahmen durch die AKWs.[92] Kingston berichtet so zum Beispiel von 40 Milliarden Yen-Zahlungen von

84 動力炉・核燃料開発事業団 – *Dōryokuro Kakunenryō Kaihatsu Jigyōda,* kurz 動燃 – *Dōnen,* Power Reactor and Nuclear Fuel Development Corporation/Gesellschaft zur Entwicklung nuklearer Brennstoffe und Reaktoren (PNC); war für die AKWs *Monju* und *Tōkaimura* verantwortlich, 1967–1998.

85 *Samuels* (2013), S. 113 f.

86 *Knüsel* übersetzt Szenen aus dem Zeichentrickfilm folgendermaßen: „Auch wenn ihr Plutonium trinkt, werdet ihr nicht sofort sterben" oder „Sollte es in den Magen gelangen, wird es fast vollständig ausgeschieden". *Knüsel* gibt weiterhin an, dass dies zwar der Wahrheit entspricht, die wirklich Gefahren von Plutonium aber kaum angesprochen werden. *Knüsel* (2011).

87 *Wagner* (2015), in: Eds. Bohn/Feldhoff/Gebhardt/Graf, S. 337, 341.

88 JAERO (2013) nach *Wagner* (2015), Hrsg. Bohn/Feldhoff/Gebhardt/Graf, S. 337, 339 und 346.

89 *Wagner* (2015), in: Eds. Bohn/Feldhoff/Gebhardt/Graf, S. 337, 340.

90 *Benedict* (2014); *Koch* (1998), in: Hrsg Blechinger/Legewie, S. 303, 307.

91 交付金 – *kōfu-kin,* finanzielle Anreize.

92 International Panel on Fissile Materials (2010), S. 58.

TEPCO[93] an die oben genannten Präfekturen in einem Zeitraum von 1990 bis 2010, Geld, welches zusätzlich zu den ohnehin gezahlten Subventionen in Form von unveröffentlichten Zahlungen erfolgte.[94] Die „*kofu-kin*" machen zumeist einen Großteil des lokalen Budgets aus, welches in verbesserte Infrastrukturen gesteckt wird. Nach dem Hochfahren der Reaktoren fallen die Subventionen durch die Regierung weg, um aber eine stete Einnahmequelle zu sichern, stimmt die Gemeinde meist zu, noch weitere Reaktoren zu bauen. Dies erklärt auch, warum es eine Clusterbildung von Reaktoren in Japan gibt.[95] Seit dem Unglück von Fukushima haben fast alle lokalen Gemeinden ein sehr großes Interesse am Wiederanfahren der Reaktoren, trotz aller Bedenken muss schließlich die finanzielle Stabilität gesichert werden. Aber es findet langsam auch ein Umdenken statt, seit im Mai 2012 alle 54 Reaktoren stillgelegt wurden.[96]

D. Nukleare Unfälle in Japan

Im nachfolgendem Abschnitt werden die drei größten nuklearen Zwischenfälle in Japan genauer betrachtet, diese drei waren die größten, nicht jedoch die einzigen Vorfälle seit den 1990er Jahren.

I. Monju

Das AKW *Monju*[97] ist einer von zwei SBR in Japan, welcher 1994 erstmalig in Betrieb genommen wurde. Am 8. Dezember 1995 ereignete sich ein schwerer Unfall im Reaktor, als an einem Rohr ein Leck auftrat und daraufhin mehrere Hundert Kilogramm Natrium freigesetzt wurden. In Reaktion mit Sauerstoff und Luftfeuchtigkeit entwickelten sich Temperaturen von mehreren Hundert Grad Celsius, die diverse Stahlteile im Raum zum Schmelzen brachten. Das ausgetretene Natrium war nicht radioaktiv[98] und es kamen keine Personen zu Schaden,[99] der Unfall sorgte trotzdem für eine nationale Empörung als herauskam, dass die PNC, die halbstaatliche Betreibergesellschaft des AKW, den Ausmaß des Unfalls vertuschen wollte.[100] Vor allem das Fälschen von Videos des Unfallorts war ausschlaggebend. So wurde

---

93 東京電力株式会社 – *Tōkyō Denryoku kabushiki-gaisha,* kurz 東電 – *Tōden,* Tokyo Electric Power Company/TEPCO.

94 *Kingston,* The Asia-Pacific Journal 1/2012, 8.

95 So zu sehen beim AKW *Fukushima Daiichi* (AKW Fukushima Nr. 1), welches über sechs Reaktorblöcke verfügt und *Fukushima Daini* (AKW Fukushima Nr. 2) mit vier Reaktorblöcken. Beide AKWs liegen nur 12 Kilometer auseinander. IAEA (2016); *McCormack* (2011), S. 2.

96 *Al-Badri/Berends* (2013), in: Hrsg. Al-Badri/Berends, S. 171, 173.

97 もんじゅ, AKW Monju.

98 Deutsches Atomforum (2009), S. 251; JNES (2012), S. 21.

99 *Harada/Nakajima* (2008).

100 *Pollack* (1996), S. 1; *Kobayashi/Kusafuka* (2015), in: Ed. Fujigaki, S. 167, 171.

etwa ein 14-minütiges Video auf eine Minute heruntergekürzt und dann veröffentlicht. In diesem Video wurde ein zuvor stark verschmutzter Raum, bei dem der Boden komplett mit einer weißen Pulverschicht bedeckt war so weit verändert, dass in der veröffentlichten Version ein sauberer Raum mit nur einer kleinen Menge Pulver am Boden gezeigt wurde.[101] Nach dem Unfall wurde das AKW von Dezember 1995 bis Mai 2010 außer Betrieb gesetzt, der im Jahr 2010 angesetzte Testbetrieb musste durch einen erneuten Unfall im August desselben Jahres abgebrochen werden, als ein drei Tonnen schwerer Behälter auf das Reaktorgefäß stürzte und dieses beschädigte.[102] Eine Wiederinbetriebnahme im Jahr 2013 wurde untersagt, als unzureichende Prüfungen von mehr als 10.000 Anlageteilen entdeckt wurden, darunter wichtige Elemente wie etwa Notstromdieselaggregate.[103]

II. Tōkaimura

Das AKW *Tōkaimura*[104] mit angeschlossener Wiederaufbereitungsanlage befindet sich in der Kleinstadt Tōkai, ca. 120 km entfernt von Tokyo. Neben dem Kraftwerk befindet sich dort auch die nationale Wiederaufarbeitungsanlage für abgebrannte Brennelemente, welche sich seit 1971 im Bau befindet.[105] Am 30. September 1999 kam es im AKW zu einem Kritikalitätsunfall, der der bis dahin schwerste Nuklearunfall Japans war und auf der INES-Stufe 4 (Internationale Bewertungsskala für nukleare Ereignisse) eingeordnet wurde.[106] Grund für den Unfall war der ordnungswidrige Umgang mit Uranoxid und Salpetersäure. Untrainierte Arbeiter mischten die Zutaten in einfachen Stahleimern und nicht in den dafür vorgesehenen Lösebehältern, um Zeit zu sparen. Weiterhin wurde die Lösung danach direkt in ein Absetzbecken gefüllt, ohne den dafür vorgesehenen Pufferbehälter zu benutzen, der eine Kritikalität[107] verhindert hätte. Zu guter Letzt wurde die siebenfache Menge des erlaubten Uranoxids hinzugefügt, welches eine nukleare Kettenreaktion auslöste.[108] Diese Prozedur war ohne vorherige Absprache mit der JST (Japanese Science and Technology Agency) vorgenommen worden,[109] weswegen menschliches Versagen und schwerwiegende Verletzungen der Sicherheitsprinzipien von Seiten der JAEA (Japanese Atomic Energy Agency) als offizielle Gründe für den Unfall angegeben werden.[110] Drei Arbeiter wurden lebensgefährlich verstrahlt, zwei von ihnen

---

101 *Pollack* (1996), S. 2.

102 *Belson* (2011), S. 1.

103 Japan Times (2013).

104 東海原子力発電所 – *Tōkai Genshiryoku Hatsudensho,* AKW Tōkaimura.

105 World Nuclear News (2014).

106 *Koch* (2001), in: Hrsg. Conrad/Saaler, S. 373, 395; IAEA (1999), S. 1.

107 Kritikalität beschreibt das Kritischwerden eines Reaktors, bei dem eine eingetretene Kettenreaktion nicht abreißt, Definition laut Duden.

108 *Levi* (2004).

109 IAEA (1999), S. 11.

110 IAEA (1999), S. 33.

starben an den Folgen. 150 Personen[111] wurden in unmittelbarer Nähe zur Fabrik evakuiert, 310.000 Personen durften in einem Radius von zehn Kilometern ihre Wohnungen für 24–36 Stunden nicht verlassen.[112] Kritiker sprechen von Verzögerungsmaßnahmen bei der Problemlösung. So wurden die zuständigen Behörden zu spät über den Vorfall informiert, weswegen es zu einer unzureichenden und verzögerten Evakuierung der Bevölkerung gekommen ist.[113] 2014 teilte die JAEA mit, dass ein Teil der Wiederaufbereitungsanlage wegen fehlender Sicherheitsstandards, welche nach dem Fukushima-Unglück implementiert werden sollten, demnächst geschlossen wird, der Teil für die Zwischenlagerung von Atommüll noch für 20 Jahre aktiv bleiben soll, solange dort weiterhin Materialien gelagert werden müssen.[114]

III. Fukushima Daiichi

Am 11. März 2011 kam es zu einem atomaren Unfall im AKW *Fukushima Daiichi,*[115] bei dem die Blöcke 1, 2 und 3 auf Grund eines Tsunamis einen kompletten Stromausfall erlitten, als zwölf der dreizehn Notstromaggregate ausfielen und es durch das fehlende Kühlsystem zu einer Kernschmelze in den besagten Blöcken kam.[116] Nach mehrmaligen Anpassungen durch die japanische Atomaufsichtsbehörde NISA (Nuclear and Industrial Safety Agency) und unabhängigen wissenschaftlichen Instituten wurde der Unfall letztendlich auf der INES-Skala (Internationale Bewertungsskala für nukleare Ereignisse) auf Stufe 7 gestellt, die höchstmögliche Stufe, die der Nuklearkatastrophe von Tschernobyl gleichgestellt ist und einen „katastrophalen Unfall" bedeutet.[117] Wie bereits beim Unfall im AKW *Tōkaimura* gab es auch im AKW *Fukushima Daiichi* keinen Notfallplan, der die Vorgehensweise im Falle eines kompletten Energieverlusts in einem AKW erläutert hätte und sich dadurch die Evakuierung der Bevölkerung in beiden Fällen verzögert hatte.[118] Kurz nach der Katastrophe wurde seitens der Bevölkerung eine vollständige Aufklärung gefordert, wie es zu dem Unglück kommen konnte und wieso die Sicherheitsmaßnahmen nicht ausreichend waren. Wie sich letztendlich herausstellte war es eine Verkettung unglücklicher Umstände und eine zu lasche Sicherheitspolitik durch den Betreiber des AKWs, TEPCO. Vor allem die ungenügend hohen Tsunami-Schutzmauern des AKW, keine Anpassung an die erhöhten Erdbebensicherheitsstandards im alten Kraftwerk und die Annahme, dass ein kompletter Stromausfall im AKW nicht möglich

---

111 Die IAEA spricht von 161 Personen: IAEA (1999), S. 27.

112 *Koch* (2001), in: Hrsg. Conrad/Saaler, S. 373, 396; *Levi* (2004).

113 *Bork* (1999), S. 1.

114 World Nuclear News (2014).

115 福島第一原子力発電所 – *Fukushima Daiichi Genshiryoku Hatsudensho,* AKW Fukushima Daiichi (Nr. 1).

116 *McNeill/Birmingham,* The Asia-Pacific Journal 2011, 3; OECD/NEA (2011), S. 28.

117 *Schreurs/Yoshida* (2013), S. xiii ff.

118 *McNeill/Birmingham,* The Asia-Pacific Journal 2011, 3.

sein könnte, wurden dabei als Hauptmängel in den Vordergrund gestellt.[119] Ein weiterer Faktor für die Nichteinhaltung gewisser Sicherheitsstandards waren die hohen Kosten, die auf die Energiekonzerne zugekommen wären, wenn alte Kraftwerke entsprechend den Vorschriften hätten umgebaut werden müssen. Kosteneinsparung war in dem Sinne wichtig, da die Energieerzeugung durch Erdgas immer preiswerter wurde und der Kernenergie damit Konkurrenz machte.[120] Neben Stimmen, die bereits zu Beginn viele Fehler bei der Evakuierung der Bevölkerung in unmittelbarer Nähe zum AKW auf Grund der schlechten Informationslage zum aktuellen Stand des AKW[121] anprangerten, wurden zudem kurze Zeit nach dem Unglück die Grenzwerte der Radioaktivität für die japanische Bevölkerung stark erhört, um, so *Hindmarsh,* Evakuierungen aus angrenzenden Gebieten zum AKW Fukushima zu verhindern. Einerseits fehlten die benötigten finanziellen Mittel, um solch eine Aufgabe zu stemmen, andererseits sollte aber auch eine übergreifende Panik innerhalb der Bevölkerung verhindert werden.[122] Die Erhöhung der Grenzwerte hatte ebenso zur Folge, dass ca. 34.000 Schulkinder einer Strahlendosis von mehr als der 20-fachen Dosis zu den davor gültigen Leveln ausgesetzt wurden.[123] 2016 ist der Evakuierungsbefehl für eine 20 Kilometer Sperrzone rund um das AKW immer noch gültig, ca. 90.000 Bewohner sind davon betroffen,[124] ob und wann sie zurückkehren können, bleibt ungewiss.[125]

Betrachtet man die hier vorgestellten nuklearen Unfälle genauer wird deutlich, dass die Betreiber der AKWs gezielt Informationen zu den Vorfällen zurückhielten oder die Schwere der Vorfälle herunterspielten.[126] Somit finden wir wieder zum japanischen „Atomdorf" zurück, bei denen die Beteiligten, darunter auch die Regierungsbürokratie, das Vorgehen der Betreiber kennt, jedoch nichts dagegen unternimmt.[127] Sinnbildlich steht dafür, dass es bis 2011 keine unabhängige Sicherheitsaufsicht für AKWs in Japan gab. Zwar wurde 2001 die japanische Atomaufsichtsbehörde NISA (Nuclear and Industrial Safety Agency) gegründet, die die Sicherheit der japanischen Bevölkerung durch Regulierung der Energieindustrie und verwandter Industriezweige gewährleisten sollte. NISA unterstand jedoch dem japanischen Wirt-

---

119 *Yoshida* (2013), in: Eds. Schreurs/Yoshida, S. 21, 29.

120 *Hasuike* nach *Yoshida* (2013), in: Eds. Schreurs/Yoshida, S. 21, 29 f.

121 *Yoshida* (2013), in: Eds. Schreurs/Yoshida, S. 21, 25 und 33.

122 *Hindmarsh* (2013), S. 5 f.

123 *Falk* (2013), in: Ed. Hindmarsh, S. 154, 161; *Liscutin* (2012), in: Hrsg. Richter/Gebhardt, S. 135, 140 f.

124 *Tamba/Yokemoto* (2013), in: Eds. Schreurs/Yoshida, S. 89.

125 *Koseki* (2013), in: Eds. Al-Badri/Berends, S. 11, 33.

126 *McCormack* (2011), S. 7.

127 Andere Fälle der Vertuschung, wie etwa gefälschte Protokolle zur Ausglühtemperatur von Schweißteilen an Rohrleitungssystemen oder gefälschte Daten über Transportbehälter für Atommüll kann man nachlesen bei *Koch* (2001), in: Hrsg. Conrad/Saaler, S. 373, 395; ein Vertuschungsvorfall im AKW *Shika,* welcher sich bereits 1999 ereignete, aber erst 2007 an die Öffentlichkeit gelangte findet sich bei *Koseki* (2013), in: Eds. Al-Badri/Berends, S. 11, 35.

schafts-, Handels- und Industrieministerium METI.[128] Das METI als Regierungsbehörde hat die Aufgabe eine sichere und effiziente Energieversorgung zu gewährleisten und ist für die Förderung der Kernenergie in Japan zuständig. Gleichzeitig ist es aber auch für die nuklearen Sicherheitsbestimmungen und die Lizenzierung der Nuklearanlagen zuständig.[129] Bei NISA arbeiteten zum Beispiel 100 Angestellte, die durch ein jährliches Budget des METI bezahlt wurden. Gleichzeitig einigten sich beide Behörden auf freiwillige Sicherheitsverbesserungen für die Notfallvorbereitung in den AKWs. Diese freiwilligen Verbesserungen wurden jedoch nur selten durchgeführt.[130] Wie soll eine Atomaufsichtsbehörde also kritisch überwachen können, wenn es zu einem pro-nuklearen Ministerium gehört und Konfliktinteressen vorprogrammiert sind? Nach immer lauter werdender Kritik durch die Bevölkerung, angefeuert durch Medienberichte, die die Verflechtung zwischen NISA und METI offenlegten und die schwache Überwachung der Atomindustrie durch NISA bemängelten,[131] wurde die NISA letztendlich im September 2012 aufgelöst und durch die NRA (Nuclear Regulation Authority)[132] ersetzt, eine selbständige Behörde des japanischen Umweltministeriums.[133] Die NRA ist auch für die Entscheidung über mögliche Wiederinbetriebnahmen zuständig und soll dieses Mal eine wirklich unabhängige Sicherheitsaufsicht darstellen.[134] Diese Unabhängigkeit ist jedoch zweifelhaft. Zum einen wurde Shunichi Tanaka zum Direktor der NRA ernannt, nicht nur war Tanaka Präsident der Atomic Energy Society, die sich stark für die Nutzung von Kernenergie einsetzt, Tanaka gab auch selbst zu ein Mitglied des Atomdorfs zu sein.[135] Zum anderen wurden viele Angestellte der ehemaligen NISA übernommen, bei denen nicht klar ist, inwiefern sie auch heute noch mit dem „Atomdorf" in Verbindung stehen oder, ob es dem METI gelingt, neue Leute für die eigene Agenda anzuwerben.[136]

IV. Probleme der Zwischen- und Endlagerung von Atommüll

Japan als relativ kleines Land verfügt über eine sehr große Anzahl von AKWs mit insgesamt 54 Reaktoren. Auch wenn diese seit 2012 heruntergefahren wurden, bleibt die Frage nach der Lagerung des dabei entstehenden Atommülls weiter ungeklärt. Die japanische Regierung sucht seit einigen Jahren nach Orten, die nicht nur für eine längerfristige Lagerung geeignet sind, sondern auch gewillt sind, solch eine Lagerstätte bauen zu lassen. Die Regierung stößt

128 *Oppenheim* (2013), in: Eds. Al-Badri/Berends, S. 83, 92.

129 OECD/NEA (2011), S. 29; *Oppenheim* (2013), in: Eds. Al-Badri/Berends, S. 83, 84.

130 *Oppenheim* (2013), in: Eds. Al-Badri/Berends, S. 83, 84 f.

131 *Kingston,* The Asia-Pacific Journal 1/2012, 15.

132 原子力規制委員会 – *Genshiryoku Kisei Iinkai,* Nuclear Regulation Authority/Behörde für nukleare Sicherheit.

133 *Fackler* (2012), S. A4.

134 *Oppenheim* (2013), in: Eds. Al-Badri/Berends, S. 83, 97; *Westlake* (2012).

135 *Kingston,* The Asia-Pacific Journal 2012, 15.

136 *Kingston,* The Asia-Pacific Journal 2012, 14 f.

dabei vermehrt auf Wiederstand der dort ansässigen Bevölkerung, die trotz der hohen Subventionsversprechen und Arbeitsplatzgarantie zuletzt meist gegen diese Anlagen stimmten, nach dem Unglück von Fukushima noch mehr als zuvor.[137]

Gegenwärtig gibt es nur eine Möglichkeit für Atommülllagerung in Japan. In der Präfektur Aomori steht die *Rokkasho*-Wiederaufbereitungsanlage,[138] die aus abgebrannten Brennelementen Plutonium gewinnen soll, welches dann zu Mischoxidbrennstoff (MOX) verarbeitet und erneut in Leichtwasserreaktoren zur Kernstromerzeugung genutzt werden soll.[139] *Rokkasho* verfügt aber auch über unterirdische Lagerungsmöglichkeiten. Diese Wiederaufbereitungsanlage wird seit 1993 in Zusammenarbeit mit der französischen Firma AREVA aufgebaut, konnte jedoch nie in Betrieb genommen werden und hat die zur Verfügung stehenden Lagerkapazitäten von 2.834 Tonnen zu 90 Prozent bereits ausgeschöpft.[140] *Rokkasho* ist für die Betreiberfirma und die japanische Regierung zu einer teuren Angelegenheit geworden, innerhalb von zwei Jahrzehnten wurden 21 Milliarden US Dollar in den Ausbau der Anlage investiert,[141] trotzdem reicht die Anlage laut Kritikern nicht aus, um den Atommüll der japanischen Reaktoren zu bewältigen. Ein Hauptproblem der Verzögerung stellt der Verbrennungsofen der Wiederaufarbeitungsanlage dar, der den nicht recyclebaren Atommüll zu Glas schmelzen soll, welches dann unterirdisch vor Ort gelagert wird. Sollte Japan die Reaktoren wieder anfahren und die Probleme mit dem Ofen beheben können, dann wären die Kapazitäten des Zwischenlagers bereits in zwanzig Jahren ausgeschöpft.[142] Unterirdische Endlagerungsmöglichkeiten sind noch schwerer in Japan zu finden, da vor allem die seismischen Aktivitäten Probleme bereiten, die immer stärker werdende NIMBY-Bewegung (Not in my Backyard)[143] aber auch zu immer mehr öffentlichem Protest dagegen führt.[144] Obwohl das unterirdische Lagern des Atommülls sehr viel preiswerter wäre, haben sich die geologisch sicheren und wenig besiedelten Gebiete wie etwa die Präfektur Aomori gegen diese Art der Lagerung gestellt, weswegen nun in der Stadt Mutsu, nördlich von *Rokkasho* gelegen, ein Atommülllager geplant ist, welches die „dry-cask-Methode", im deutschen auch als CASTOR-Methode bekannt, nutzt, also die Lagerung von abgekühltem Brennstoff in mit Gas befüllten Zylindern.[145]

Japan besaß 2013 47,1 Tonnen Plutonium, von denen 10,8 Tonnen in Japan gelagert wurden, die restlichen Tonnen auf Anlagen in Frankreich und Großbritannien aufgeteilt wurden.[146]

---

137 Nippon TV (2014); Japan Times (2014a).

138 六ヶ所村核燃料再処理施設 – *Rokkasho Kakunenryō Saishori Shisetsu,* Rokkasho-Wiederaufbereitungsanlage.

139 *Koch* (2001), in: Hrsg. Conrad/Saaler, S. 373, 391.

140 *Ribault* (2015), S. 6.

141 *Williamson,* The Asia-Pacific Journal 2012, 2.

142 *Kingston,* The Asia-Pacific Journal 2013, 10.

143 *Hara* (2013), in: Ed. Hindmarsh, S. 22, 34; *Aldrich,* The Asia-Pacific Journal 2007, 1.

144 *Williamson,* The Asia-Pacific Journal 2012, 5.

145 *Kingston,* The Asia-Pacific Journal 2013, 10.

146 *Ribault* (2015), S. 7; Japan Times (2014b).

Ende 2014 hatte sich die Plutoniummenge bereits auf 48 Tonnen erhöht.[147] Damit hat Japan den größten Vorrat an Plutonium unter allen Ländern weltweit, die keine Atommacht sind. Im Vergleich dazu verfügen die Vereinigten Staaten von Amerika über 49 Tonnen, Russland über 52 Tonnen an gespaltenem Plutonium, welches nicht in Atomwaffen benutzt wird.[148] *Ribault* weist auf die Gefährlichkeit von Plutonium hin. Japan wäre damit in der Lage, eigene atomare Waffen herzustellen. Eigentlich ist dies laut der drei japanischen atomaren Kernprinzipien verboten, die Möglichkeit jedoch wäre gegeben. Allein die Wiederaufbereitungskapazitäten in *Rokkasho* würden eine jährliche Produktion von acht Tonnen gespaltenem Plutonium ermöglichen, ausreichend für ca. 1000 Atombomben.[149] Obwohl die Produktion von Atombomben in Japan abwegig erscheint, trugen die Betreiber der Anlage im Jahr 2005 nicht zu einer Lösung des Problems bei als bekannt wurde, dass man der Forderung vom damaligen Direktor der IAEA, *Mohammed el-Baradei,* nach einem fünfjährigen Moratorium für alle neuen Wiederaufbereitungsanlagen nicht nachkommen würde. Als Begründung gaben die Betreiber an, dass allgemein bekannt sei, dass die Anlage in *Rokkasho* bereits seit Jahren existieren würde und daher nicht unter die Kriterien des Moratoriums fällt.[150]

E. Fazit und Ausblick

Aufgabe dieses Beitrags war es, zu zeigen, dass sich der Mythos einer sicheren Kernenergie im Falle Japans nicht bewahrheitet hat und die japanische Bevölkerung noch sehr lange Leidtragender davon sein wird. Betrachtet man die Entwicklung der Kernenergie in Japan bis 2011, dann wird ein Erfolg des *„Atoms for Peace"*-Programms ersichtlich. Durch immense Subventionen der japanischen Regierung und eine sehr erfolgreiche Öffentlichkeitsarbeit war es gelungen, Kernenergie als sichere Energiequelle zu „verkaufen" und der Bevölkerung die Angst davor zu nehmen. Dazu beigetragen hat auch, dass die Atombombenopferorganisationen, die sich seit 1945 kontinuierlich für Weltfrieden und die Abschaffung aller Kernwaffen einsetzen, kaum in der Kernenergiedebatte aufgetreten sind und sich sehr stark aus allen Diskussionen dazu herausgehalten haben. Die Nuklearkatastrophe von Fukushima 2011 brachte keine entscheidende Wende in dieser Haltung mit sich. Nach nun mehr als sechs Jahren scheint aber doch eine langsame Veränderung einzusetzen. Zu den alljährlichen Gedenkzeremonien für die Atombombenopfer am 6. und 9. August werden jetzt auch Stimmen lauter, die eine Abschaffung der Kernenergie in Japan fordern und gegen die Wiederinbetriebnahme der Reaktoren sind.[151]

147 Japan Times (2016).

148 *Iwata* (2015).

149 *Ribault* (2015), S. 7; *Johnston,* The Asia-Pacific Journal 5/2005, 4.

150 Asahi Shinbun, The Asia-Pacific Journal 11/2005, 1; *McCormack* (2011), S. 6.

151 Interviewaussagen gesammelt im August 2015 in Hiroshima und Nagasaki durch Autor.

Wie mit der andauernden Gefahr der Atomkraftwerksruine in Fukushima weiter umgegangen wird und was mit den Unmengen radioaktiv kontaminierter Erde und Trümmerteile geschehen wird, bleibt abzuwarten. Eine Änderung der japanischen Atompolitik, so wie sie *Naoto Kan,* Premierminister Japans während der Fukushima-Katastrophe, forderte, nämlich ein schrittweiser Ausstieg aus der Kernenergie[152] und eine Konzentration auf alternative Energieressourcen,[153] wird es in naher Zukunft wohl nicht geben. *Kan,* der nach seinem Rücktritt mittlerweile selbst starker Verfechter der vollkommenen Abschaffung der Kernenergie geworden ist, sieht eine mögliche Änderung in der japanischen Atompolitik nur dann gegeben, wenn die Strukturen des japanischen Atomdorfs transparent gemacht werden und somit die Versuche von Selbstschutz und Beschwichtigungen der einzelnen Akteure verhindert werden können.[154] Nach der Niederlage der DPJ[155] in der Unterhauswahl im Dezember 2012 wurde nach knapp einjähriger Amtszeit Premierminister *Noda* von *Shinzo Abe* abgelöst, der bereits von September 2006 bis September 2007 Premierminister Japans war, wegen Unbeliebtheit im Volk aber abgetreten war. *Abe,* gleichzeitig Vorsitzender der LDP, setzte sich im zweiten Wahlgang durch und machte die LDP damit wieder zur Regierungspartei.[156] Sofort nach der Wahl sprach sich *Abe* gegen die Pläne der DPJ zum schrittweisen Atom-Ausstieg bis zu den 2030er Jahren aus und stellte eine Wiederaufnahme aller Kernreaktoren in Japan in Aussicht.[157] Der erneute Wahlerfolg *Abes* 2016 stärkt dessen Vorgehen nur noch weiter. Nicht nur bedeutet dies einen starken Rückschlag für das Voranbringen erneuerbarer Energien in Japan, es verschaffte dem „Atomdorf" auch wieder Auftrieb in seinen Bestrebungen zur Förderung von Kernenergie.[158] Obwohl das Wiederanlaufen der Reaktoren bis jetzt immer wieder gestoppt wurde, so scheint die neuerliche Zustimmung seitens der japanischen Bevölkerung doch zu zeigen, dass die Debatte um den Atomausstieg längst nicht beendet ist und der Mythos der sicheren Kernenergie in Japan stärker verankert ist als angenommen.

152 *Kan* (2012), S. 110–111, 127; *Al-Badri* (2013), S. 50.

153 *Kan* (2012), S. 116.

154 *Kan* (2012), S. 145.

155 民主党 – *Minshutō,* Demokratische Partei Japans.

156 *Germis* (2012).

157 *Kan* (2012), S. 151.

158 *Kingston,* The Asia-Pacific Journal 2013, 12.

Literaturverzeichnis

Al-Badri, Dominic/Gijs Berends, Setting the scene: Japan as the 21st century began, in: Eds. Dominic Al-Badri/Gijs Berends, After the great East Japan earthquake. Political and policy change in post-Fukushima Japan, Copenhagen 2013 (Asia insights, 5), pp. 1–9.

Al-Badri, Dominic, Unity and Fragmentation: Japanese politics post-Fukushima, in: Eds. Dominic Al-Badri/Gijs Berends, After the great East Japan earthquake. Political and policy change in post-Fukushima Japan, Copenhagen 2013 (Asia insights, 5), pp. 37–66.

Al-Badri, Dominic/Gijs Berends, Conclusions, in: eds. Dominic Al-Badri/Gijs Berends, After the great East Japan earthquake. Political and policy change in post-Fukushima Japan, Copenhagen 2013 (Asia insights, 5), pp. 171–184.

Aldrich, Daniel P., Site Fights: Divisive Facilities, NIMBY and Civil Society in Japan and the West, The Asia-Pacific Journal 2007, Vol. 5, Issue 12, http://apjjf.org/-Daniel-P--Aldrich/2605/article.pdf, Zugriff am 17.07.2016.

Aldrich, Daniel P., Site fights. Divisive facilities and civil society in Japan and the West, Ithaca 2010.

Aldrich, Daniel P., Revisiting the limits of flexible and adaptive institutions: the Japanese government's role in nuclear power plant sitting over the post-war period, in: Eds. Jeff Kingston, Critical issues in contemporary Japan, London 2014, pp. 79–91.

Asahi Shinbun, Rokkasho and Japan's Nuclear Energy Policy, The Asia-Pacific Journal 2005, Vol. 3, Issue 11, http://apjjf.org/-Shimbun-Asahi/2120/article.pdf, Zugriff am 13.06.2016.

Belson, Ken, Japan: Obstacle Is Removed at Fast-Breeder Reactor, The New York Times v. 25.06.2011, A9.

Benedict, Kennette, The myth of absolute safety, Bulletin of the Atomic Scientists v. 26.03.2014, http://thebulletin.org/myth-absolute-safety7007, Zugriff am 25.08.2016.

Bork, Henrik, Eine gebremste Kettenreaktion, Die Zeit v. 07.10.1999 (41), http://www.zeit.de/1999/41/Eine_gebremste_Kettenreaktion, Zugriff am 25.07.2016.

Buckley, Roger, US-Japan alliance diplomacy, 1945–1990, Cambridge 1995.

Coulmas, Florian, Hiroshima. Geschichte und Nachgeschichte, München 2005.

Coulmas, Florian/Judith Stalpers, Fukushima. Vom Erdbeben zur atomaren Katastrophe, München 2011a.

Coulmas, Florian/Judith Stalpers, Die 101 wichtigsten Fragen. Japan, München 2011b.

Deutsches Atomforum, Kernenergie: Weltreport 2008, atw 54, Jg. 2009, H. 4, Zugriff am 09.08.2016.

DeWit, Andrew/Iida Tetsunari/Masaru Kaneko, Fukushima and the political Economy of power policy in Japan, in: Ed. Jeff Kingston, Natural disaster and nuclear crisis in Japan. Response and recovery after Japan's 3/11, London 2012, pp. 156–171.

DeWit, Andrew/Iida Tetsunari, The "Power Elite" and Environmental-Energy Policy in Japan, The Asia-Pacific Journal 2011, Vol. 4, Issue 4, http://apjjf.org/2011/9/4/Andrew-De Wit/3479/article.html, Zugriff am 31.07.2016.

Domenig, Roland, Arzneimittelgeschädigte als soziale Bewegung – Das Beispiel von HIV-infizierten Blutern, in: Hrsg. Claudia Derichs/Anja Osiander, Soziale Bewegungen in Japan, Hamburg 1998, Gesellschaft für Natur- und Völkerkunde Ostasiens, Bd. 128, S. 311–344.

Eisenhower, Dwight D., Atoms for Peace Speech, 1953, https://www.iaea.org/about/history/atoms-for-peace-speech, Zugriff am 25.08.2016.

Fackler, Martin, Japan's Premier Seeks Support for Using Nuclear Power, The New York Times v. 09.06.2012, A4.

Falk, Jim, The Search for Energy Security after Fukushima Daiichi, in: Ed. R. A. Hindmarsh, Nuclear disaster at Fukushima Daiichi. Social, political and environmental issues, New York 2013, pp. 154–175.

Froggatt, Antony (Hrsg.), Mythos Atomkraft. Warum der nukleare Pfad ein Irrweg ist, Berlin 2010.

Fuhrmann, Matthew, Atomic assistance. How „atoms for peace" programs cause nuclear insecurity, Ithaca 2012.

Fujigaki, Yuko (Ed.), Lessons from Fukushima – Japanese Case Studies on Science, Technology and Society, Tokyo 2015.

Germis, Carsten, Abe führt Oppositionspartei, Frankfurter Allgemeine Zeitung v. 26.09.2012, http://www.faz.net/aktuell/politik/ausland/japan-abe-fuehrt-oppositionspartei-11904914.html, Zugriff am 31.03.2016.

Groves, Leslie R., Jetzt darf ich sprechen. Die Geschichte der ersten Atombombe, Köln/Berlin 1965

Hansen, Sven, Atomland Japan. Eingelullt von Mr. Pluto, TAZ v. 14.03.2011, http://www.taz.de/!5124824/, Zugriff am 23.07.2016.

Hara, Takuji, Social Shaping of Nuclear Safety: Before and after the Disaster, in: Ed. R. A. Hindmarsh, Nuclear disaster at Fukushima Daiichi. Social, political and environmental issues, New York 2013, pp S. 22–40.

Harada, Nobuhiko/Tatsuo Nakajima, Monju reactor's future uncertain/Spate of problems likely to doom Oct. target for restart of operations, Yomiuri Shinbun v. 11.04.2008, http://archive.is/20130828004315/http://web.archive.org/web/20080417025324/http://www.yomiuri.co.jp/dy/national/20080411TDY04303.htm#selection-539.0-539.105, Zugriff am 15.08.2016.

Hasegawa, Koichi, A Comparative Study of Social Movements for a Post-nuclear Energy Era in Japan and the USA, in: Eds. Jeffrey Broadbent/Vicky Brockman, East Asian social movements. Power, protest, and change in a dynamic region, New York 2011, pp. 63–79.

Hindmarsh, Richard, Nuclear Disaster at Fukushima Daiichi. Social, political and environmental issues, New York 2013.

HIP, Hirohima Interpreters for Peace no heiwa koen gaido: Heiwa No Tameno Hiroshima Tsuyakusha Gurupu, Hiroshima 2005.

Holmberg, Ryan, Pro-Nuclear Manga: The Seventies and Eighties, Kolumne v. 26.02.2016, http://www.tcj.com/pro-nuclear-manga-the-seventies-and-eighties/, Zugriff am 26.08.2016.

IAEA (International Atomic Energy Agency), Report on the preliminary fact finding mission following the accident at the nuclear fuel processing facility in Tokaimura – Japan, Wien 1999.

IAEA (International Atomic Energy Agency), PRIS – Power Reactor Information System, https://www.iaea.org/PRIS/CountryStatistics/CountryDetails.aspx?current=JP, Zugriff am 27.08.2016.

Iwata, Mari, Japan's Plutonium Stockpile Creates a Nuclear Headache. Plutonium pile to grow with Kyushu reactors resuming under post-Fukushima regulations, The Wall Street Journal v. 25.07.2015, http://www.wsj.com/articles/japans-plutonium-stockpile-creates-a-nuclear-headache-1436934838, Zugriff am 30.07.2016.

Japan Times, NRA wants Monju to remain shut down. Lapses seen in JAEA checks of key reactor components, The Japan Times v. 14.05.2013, http://www.japantimes.co.jp/news/2013/05/14/national/nra-wants-monju-to-remain-shut-down/#.V79Lw5iLT4a, Zugriff am 20.08.2016.

Japan Times, Storing Fukushima's radioactive waste, The Japan Times v. 02.03.2014 (2014a), http://www.japantimes.co.jp/opinion/2014/03/02/editorials/storing-fukushimas-radioac tive-waste/#.V8dfDZiLT4Y, Zugriff am 21.08.2016.

Japan Times, Japan's plutonium stockpile jumped to 47 tons in 2013, The Japan Times v. 17.09.2014 (2014b), http://www.japantimes.co.jp/news/2014/09/17/national/japans-plutonium-stockpile-rose-47-tons-2013/#.V8aohJiLTs1, Zugriff am 21.07.2016.

Japan Times, US would back a rethink of Japan's plutonium recycling program: White House, The Japan Times v. 21.05.2016, http://www.japantimes.co.jp/news/2016/05/21/national/politics-diplomacy/u-s-back-rethink-japans-plutonium-recycling-program-white-house/#.V8iEGJiLT4Z, Zugriff am 07.07.2016.

JNES (Japanese Nuclear Energy Safety Organization), Current Status of Nuclear Facilities in Japan, 2012 Edition, Tokyo 2012.

Johnston, Eric, Japan's Nuclear Nightmare, The Asia-Pacific Journal 2005, Vol. 3, Issue 5, http://apjjf.org/-Eric-Johnston/1694/article.pdf, Zugriff am 07.08.2016.

Kan, Naoto, Als Premierminister während der Fukushima-Krise. Unter Mitarbeit von Frank Rövekamp, München 2015.

Keidanren (Ed.), Keidanren Japan Business Federation, 2016, http://www.keidanren.or.jp/en/profile/pro001.html, Zugriff am 22.06.2016.

Kevenhörster, Paul, Fukushima und die politischen Nachwirkungen, in: Hrsg. György Széll/Roland Czada, Fukushima. Die Katastrophe und ihre Folgen, Frankfurt/M. 2013, pp. 233–243.

Kingston, Jeff, Mismanaging Risk and the Fukushima Nuclear Crisis. 危険管理の誤りと福島原発危機, The Asia-Pacific Journal 2012a, Vol. 10, Issue 12, No. 4, http://apjjf.org/2012/10/12/Jeff-Kingston/3724/article.html, Zugriff am 28.08.2016.

Kingston, Jeff, Japan's Nuclear Village. 日本の原子力ムラ, The Asia-Pacific Journal 2012b, Vol. 10, Issue 37, No. 1, http://apjjf.org/2012/10/37/Jeff-Kingston/3822/article.html, Zugriff am 29.08.2016.

Kingston, Jeff, After 3.11: Imposing Nuclear Energy on a Skeptical Japanese Public. 3.11以後　懐疑的な市民に原子力を押しつける, The Asia-Pacific Journal 2013, Vol. 11, Issue 23, No. 4, http://apjjf.org/2014/11/23/Jeff-Kingston/4129/article.html, Zugriff am 28.08.2016.

Knüsel, Jan, Der süsse Plutonium-Junge, Asienspiegel 2011, https://asienspiegel.ch/2011/03/der-susse-plutonium-junge/, Zugriff am 19.07.2016.

Kobayashi, Tadashi/Minako Kusafuka, The Monju Trial: Nuclear Controversy in Japan, in: Ed. Yuko Fujigaki, Lessons from Fukushima, Tokyo 2015, pp. 167–194.

Koch, Matthias, Japans Rolle als führende zivile Kernenergienation in Asien, in: Hrsg. Verena Blechinger/Jochen Legewie, Jahrbuch des Deutschen Instituts für Japanstudien, München 1998, Bd. 10, S. 303–333.

Koch, Matthias, Neubewertung der Kernenergie in Japan zu Beginn des 21. Jahrhunderts? in: Hrsg. Harald Conrad/Sven Saaler, Wohnen in Japan, München 2001, Bd. 13, S. 373–410.

Koseki, Mari, The unfolding of the triple disaster, in: Eds. Dominic Al-Badri/Gijs Berends, After the great East Japan earthquake. Political and policy change in post-Fukushima – Japan, Copenhagen 2013, (Asia insights, 5), pp. 11–36.

Kuznick, Peter J., Japan's nuclear history in perspective: Eisenhower and atoms for war and peace, Bulletin of the Atomic Scientists v. 13.04.2011, http://thebulletin.org/japans-nuclear-history-perspective-eisenhower-and-atoms-war-and-peace-0, Zugriff am 02.07.2016.

Kyodo News, Japan, No. of Hiroshima A-bomb victims stands at around 557,000, v. 24.03.2013, http://www.europe-solidaire.org/spip.php?article28235, Zugriff am 27.08.2016.

Levi, Barbara, What Happened at Tokaimura? Analysts are trying to figure out how workers ended up putting enough uranium in one tank to initiate a chain reaction, v. 24.12.2004, http://web.archive.org/web/20041224021332/http://www.physicstoday.org/dec99/toka2.htm, Zugriff am 06.08.2016.

Liscutin, Nicola, Vernetzt euch! Fukushima, neue Medien und die Anti-AKW-Bewegung, in: Hrsg. Steffi Richter/Lisette Gebhardt, Japan nach „Fukushima". Ein System in der Krise, Leipzig 2012, S. 135–169.

Maull, Hanns, Raw materials, energy and Western security, London 1984 (Studies in international security).

McCormack, Gavan, Hubris Punished: Japan as Nuclear State. 驕れる者は久しからず – 核国家としての日本, The Asia-Pacific Journal 2011, Vol. 9, Issue 16, No. 3, http://apjjf.org/2011/9/16/Gavan-McCormack/3517/article.html, Zugriff am 27.08.2016.

McCurry, Justin, Japan nuclear power expansion plans abandoned, The Guardian v. 11.05.2011, https://www.theguardian.com/world/2011/may/11/japan-nuclear-power-expansion-plans-abandoned, Zugriff am 09.08.2016.

McNeill, David/Lucy Birmingham, Meltdown: On the Front Lines of Japan's 3.11 Disaster, The Asia-Pacific Journal 2011, Vol. 9 Issue 19, No. 2, http://apjjf.org/2012/9/19/David-McNeill/3849/article.html, Zugriff am 01.07.2016.

METI, History of METI, 2016, http://www.meti.go.jp/english/aboutmeti/data/ahistory.html, Zugriff am 16.08.2016.

Nippon TV, Local Resistance to Radioactive Waste Storage, v. 31.01.2014, http://www.ntv.co.jp/englishnews/society/local-resistance-to-radioac/, zuletzt geprüft am 22.08.2016.

OECD/NEA, Regulatory and institutional framework in Japan against the background of Fukushima, Nuclear Law Bulletin 2011/1, No. 87, pp. 27–44, Zugriff am 22.07.2016.

Oppenheim, Richard, Japan's Energy Crossroads: Nuclear, Renewables and the Quest for a New Energy Mix, in: Eds. Dominic Al-Badri/Gijs Berends, After the great East Japan earthquake. Political and policy change in post-Fukushima – Japan, Copenhagen 2013, (Asia insights, 5), pp. 83–105.

Ōshima, Ken'ichi, Saiseikanō Enerugii no Seijikeizaigaku. The political economy of renewable energy, Tokyo 2010.

Pollack, Andrew, Reactor Accident in Japan Imperils Energy Program, The New York Times v. 24.02.1996, pp. 1–2, http://www.nytimes.com/1996/02/24/world/reactor-accident-in-japan-imperils-energy-program.html, Zugriff am 12.08.2016.

Ribault, Thierry, Japan Crushes Resistance to Restart Nuclear Power Plants, The Asia-Pacific Journal 2015, Vol. 13, Issue 38, No. 5, http://apjjf.org/-Thierry-Ribault/4374, Zugriff am 18.07.2016.

Richter, Steffi, Comparing Fukushima and Chernobyl: Social and Cultural Dimensions of The two Nuclear Catastrophes, in: Eds. Thomas M. Bohn/Thomas Feldhoff/Lisette Gebhardt/Arndt Graf, The impact of disaster. Social and cultural approaches to Fukushima and Chernobyl, German studies on Japanese literature and culture, Vol. 9, Berlin 2015, pp. 51–66.

Samuels, Richard J., 3.11: Disaster and Change in Japan, Cornell University Press 2013.

Schreiber, Mark, Lucky Dragon's lethal catch, The Japan Times v. 18.03.2012, http://www.japantimes.co.jp/life/2012/03/18/general/lucky-dragons-lethal-catch/#.V8BXtJiLT4Y, Zugriff am 31.03.2015.

Stone, Oliver/Peter J. Kuznick, Oliver Stone's untold history of America, London 2011.

Sugita, Hiroki, USIS role revealed in Japan's tilt toward West, The Japan Times v. 21.11.2007, http://www.japantimes.co.jp/news/2007/11/21/news/usis-role-revealed-in-japans-tilt-to ward-west/#.V8BVxJiLT4Y, Zugriff am 08.03.2011.

Suzuki, Kazuto, Japan's Nuclear Safety. Regulations and Risk Perceptions, in: Eds. Miranda A. Schreurs/Fumikazu Yoshida, Fukushima. A political economic analysis of a nuclear disaster, Sapporo 2013, pp. 61–87.

Tabuchi, Hiroko, Japan Sets Policy to Phase out Nuclear Power Plants by 2040, The New York Times v. 14.09.2012 (2012a), A4.

Tabuchi, Hiroko, Japan's New Leader Endorses Nuclear Plants, The New York Times v. 30.12.2012 (2012b), A8.

Tamba, Fuminori/Masafumi Yokemoto, The Evacuation of Residents after the Fukushima Nuclear Accident, in: Eds. Miranda A. Schreurs/Fumikazu Yoshida, Fukushima. A political economic analysis of a nuclear disaster, Sapporo 2013, pp. 89–107.

Tanaka, Yuki/Peter J. Kuznick, Japan, the Atomic Bomb, and the "Peaceful Uses of Nuclear Power", The Asia-Pacific Journal 2011, Vol. 9, Issue 18, No. 1, http://apjjf.org/2011/9/18/Yuki-Tanaka/3521/article.html, Zugriff am 31.07.2016.

Terne, Nicole, Japanische Atombombenopfer: Eine Analyse von Diskriminierungserfahrungen, in: Hrsg. David Chiavacci/Iris Wieczorek, Japan 2015. Politik, Wirtschaft und Gesellschaft, Bd. 38, München 2015, S. 249–274.

Thomas, Steve, Die wirtschaftlichen Aspekte der Atomenergie, in: Hrsg. Antony Froggatt, Mythos Atomkraft. Warum der nukleare Pfad ein Irrweg ist, Berlin 2010, S. 64–141.

Tiefenbach, Tim, Natural Disaster, Policy Action, and Mental Well-Being: The Case of Fukushima, Deutsches Institut für Japanstudien, Tokyo 2013.

Wagner, Cosima, Online Media Strategies of the Japanese Nuclear Lobby: A Primary Source Exploration with the Example of the Japanese Atomic Energy Relations Organisation (JAERO) Foundation, in: Ed. Thomas M. Bohn/Thomas Feldhoff/Lisette Gebhardt/Arndt Graf, The impact of disaster. Social and cultural approaches to Fukushima and Chernobyl, German studies on Japanese literature and culture, Vol. 9, Berlin 2015, pp. 337–356.

Weart, Spencer R., The rise of nuclear fear, Cambridge 2012.

Welter, Patrick, Japan fährt erstmals seit Fukushima-Gau Reaktor hoch, Frankfurter Allgemeine Zeitung v. 10.08.2015, http://www.faz.net/aktuell/wirtschaft/energiepolitik/vier-jahre-nach-fukushima-japan-faehrt-erstmals-seit-fukushima-gau-reaktor-hoch-13743482.html, Zugriff am 11.08.2016.

Westlake, Adam, Members of Nuclear Regulation Authority took money from utilities, manufacturers, Japan Daily Press v. 04.11.2012, http://japandailypress.com/members-of-nuclear-regulation-authority-took-money-from-utilities-manufacturers-0417796/, Zugriff am 15.06.2016.

Williamson, Piers, Plutonium and Japan's Nuclear Waste Problem: International Scientists Call for an End to Plutonium Reprocessing and Closing the Rokkasho Plant, The Asia-Pacific Journal 2012, Vol. 10, Issue 24, No. 4, http://apjjf.org/2012/10/24/Piers-Williamson/3766/article.html, Zugriff am 02.08.2016.

World Nuclear News, Tokai reprocessing plant to shut, 29.09.2014, http://www.world-nuclear-news.org/WR-Tokai-reprocessing-plant-to-shut-2909144.html, Zugriff am 15.08.2016.

Yoshida, Fumikazu, The Fukushima Nuclear Disaster. One of the World's Worst Cases of Pollution, in: Eds. Miranda A. Schreurs/Fumikazu Yoshida, Fukushima. A political economic analysis of a nuclear disaster, Sapporo 2013, pp. 21–60.

Autoren- und Herausgeberverzeichnis

Basil Bornemann, Dr. phil.

1978 in Bad Säckingen geboren; Studium der Umweltwissenschaften (Diplom) an der Universität Lüneburg; 2006 bis 2012 wissenschaftlicher Mitarbeiter am Institut für Politikwissenschaft/Zentrum für Demokratieforschung, Leuphana Universität Lüneburg; dort Promotion 2012 mit einer Arbeit über Integrative Nachhaltigkeitspolitik; seit 2012 wissenschaftlicher Oberassistent am Fachbereich Nachhaltigkeitsforschung, Departement Gesellschaftswissenschaften, Universität Basel; Februar bis Juni 2017 Fellow am Institute for Advanced Sustainability Studies (IASS), Potsdam.

Christian Götter, Dr. phil.

Geboren 1980 in Gifhorn; Studium der Neueren und Neuesten Geschichte, Alten Geschichte und Medienwissenschaften an der TU Braunschweig, der HBK Braunschweig und der Háskóli Íslands, Reykjavík; von 2009 bis 2011 Wissenschaftlicher Mitarbeiter am Historischen Seminar der TU Braunschweig im DFG-Projekt ‚Kooperation, Kritik und Konkurrenz: Das Militär und seine Beziehungen zu den Medien im 20. Jahrhundert – ein internationaler Vergleich'; 2012–2017 Wissenschaftlicher Mitarbeiter am Lehrstuhl für Neuere und Neueste Geschichte der TU Braunschweig; April bis Juli 2017 Verwaltung der Professur für Neuere Geschichte am Institut für Geschichtswissenschaft der TU Braunschweig; seit Oktober 2017 Mitarbeiter am Forschungsinstitut des Deutschen Museums München und wird im Rahmen der Förderrichtlinie „Kleine Fächer – Große Potentiale" mit dem Projekt „Gespaltene Gesellschaft – Die lokale Geschichte der Kernenergie in Deutschland und Großbritannien" (Förderkennzeichen 01UL1706X) gefördert vom BMBF.

Florian Henk, Dr. rer. nat.

1978 in Bremen geboren, Studium der Psychologie an der TU Braunschweig, Diplom 2005, 2003 bis 2006 Mitarbeit in der Jugendberatung mondo X e.V. in Braunschweig, 2006 bis 2008 Wissenschaftlicher Mitarbeiter an der Universität Landau, 2008 bis 2012 Wissenschaftlicher Mitarbeiter am Institut für Psychologie der TU Braunschweig, seit 2012 Lehrkraft für besondere Aufgaben am Institut für Pädagogische Psychologie, 2014 Promotion an der TU Braunschweig, seit 2014 Wissenschaftliche Mitarbeit im Teilprojekt „Vertrauen und Vertrauenshandlungen in verschiedenen Akteurs- und Konfliktkonstellationen" im Rahmen des Verbundprojekts „Eskalationsforschung zur Kommunikation großer Infrastruktur- und Bauvorhaben".

Melanie Misamer, M.A.

1981 in Bad Kreuznach geboren, Studium der Sozialen Arbeit in Humandiensten an der Universität Vechta, 2011 Master Social Work, 2011 Sozialarbeiterin in der Jugendhilfe, seit 2012 wissenschaftliche Mitarbeiterin am Institut für Pädagogische Psychologie an der TU Braunschweig, seit 2014 Wissenschaftliche Mitarbeit und Projektmanagement im Teilprojekt „Vertrauen und Vertrauenshandlungen in verschiedenen Akteurs- und Konfliktkonstellationen“ im Rahmen des Verbundprojekts „Eskalationsforschung zur Kommunikation großer Infrastruktur- und Bauvorhaben“.

Anne Reichold, Prof. Dr. phil.

1969 in Bonn geboren, Studium der Philosophie, Germanistik und Slawistik an den Universitäten Bonn, Hamburg und Köln, 1997–2002 Wissenschaftliche Mitarbeiterin am Philosophischen Seminar der Universität Kaiserslautern, dort 2002 Promotion in Philosophie. 2003 wissenschaftliche Mitarbeiterin im VW-Projekt „Mystik und Moderne“ der Universität Siegen. 2003–2010 Juniorprofessorin für praktische Philosophie an der Universität Flensburg, seit 2010 Professorin für Philosophie an der Europa-Universität Flensburg. Seit 2015 Leiterin des Forschungsprojekts „Normative Dimensionen der Empörung“. Forschungsschwerpunkte: Praktische Philosophie, Sozialphilosophie, Philosophie der Person, Körper und Normativität, moralische, soziale und politische Dimensionen reaktiver Haltungen (insbes. Empörung).

Ulrich Smeddinck, apl. Prof. Dr. jur.

1967 in Nienburg/Weser geboren; Studium der Rechtswissenschaft von 1988 bis 1994 in Hamburg; Referendariat 1995 bis 1998 in Hamburg und Berlin; Tätigkeit an den Universitäten Cottbus, Lüneburg, Southampton und Speyer; Promotion 1999; Habilitation 2006; 2006 bis 2013 Mitarbeiter des Umweltbundesamtes; seit 2013 Co-Sprecher und Projektleiter der BMBF-geförderten, interdisziplinären Forschungsplattform „ENTRIA-Entsorgungsoptionen für radioaktive Reststoffe“ an der TU Braunschweig, Institut für Rechtswissenschaften; apl. Prof. an der Juristischen und Wirtschaftswissenschaftlichen Fakultät der Martin-Luther-Universität Halle-Wittenberg.

Nicole Terne, M.A.

1983 in Halle an der Saale geboren. Studium der Japanologie und Ethnologie in Halle an der MLU. Von 2004 bis 2005 Sprachstipendiatin des japanischen Kultus- und Wissenschaftsministeriums an der Senshu University in Kawasaki/Japan. 2011 Abschluss des Studiums mit einer Arbeit zum Thema „Eigenbild und Fremdbild der Opfer von Hiroshima 65 Jahre nach Kriegsende“. Von 2011 bis 2013 Forschungsaufenthalt als Doktorand über das MEXT-Stipendium an der Senshu University in Japan. Das Forschungsvorhaben der Dissertation vergleicht die Diskriminierungserfahrungen der nuklearen Opfer Japans von 1945 und 2011, die als narrative Interviews während mehrerer Forschungsaufenthalte gesammelt werden konnten. Von 2013 bis 2016 wissenschaftliche Mitarbeiterin am Institut für Politikwissenschaft und Japanologie der MLU Halle-Wittenberg. Seit 2017 Projektmitarbeiterin im Verbund HET LSA an der Hochschule Anhalt.

Barbara Thies, Prof. Dr.

1968 in Duisburg geboren, Studium der Psychologie an der Ruhr-Universität Bochum, 1996 Diplom, 1996 bis 1998 wissenschaftliche Mitarbeiterin am Lehrstuhl für Pädagogische Psychologie an der Ruhr-Universität Bochum, 1998 bis 2010 wissenschaftliche Mitarbeiterin bzw. wissenschaftliche Assistentin am Lehrstuhl für Pädagogische Psychologie an der Universität Vechta, 2001 Promotion an der Universität Vechta, 2009 Habilitation an der Universität Vechta, 2010 bis 2011 Professorin für Soziale Arbeit mit dem Schwerpunkt Psychologie an der Hochschule Emden-Leer, seit 2011 Professorin für Pädagogische Psychologie an der TU Braunschweig, seit 2014 Teilprojektleiterin („Vertrauen und Vertrauenshandlungen in verschiedenen Akteurs- und Konfliktkonstellationen") im Rahmen des Verbundprojekts „Eskalationsforschung zur Kommunikation großer Infrastruktur- und Bauvorhaben".

Christian Driftmann

Das Endlagerkonzept des einschlusswirksamen Gebirgsbereichs

Eine interdisziplinäre Betrachtung

Im Juli 2016 hat die „Kommission Lagerung hoch radioaktiver Abfallstoffe“ ihren Abschlussbericht der Öffentlichkeit vorgestellt. Dieser sieht für Deutschland eine Endlagerung radioaktiver Abfälle unter Tage in einem „einschlusswirksamen Gebirgsbereich“ vor, der hauptsächlich die Isolation der nuklearen Stoffe gewährleisten soll. Doch was sieht dieses Konzept genau vor? Und welche Problematiken können bei einer Umsetzung auftreten?

Der Autor geht diesen Fragen nach und beleuchtet den Begriff des „einschlusswirksamen Gebirgsbereichs“ sowie wichtige Grundideen dieses Endlagerkonzepts. Darüber hinaus werden Vor- und Nachteile dieser Endlagervariante gegenüber anderen öffentlich diskutierten Optionen der Atommüllentsorgung dargestellt. Mögliche Schwierigkeiten, die bei der Umsetzung dieses Konzepts auftreten können, werden benannt.

Die interdisziplinär angelegte Untersuchung nimmt sowohl potenzielle Probleme aus unterschiedlichen fachlichen Perspektiven als auch fachübergreifende Zusammenhänge in den Blick. So wird deutlich, welche Bedeutung einer disziplinübergreifenden Zusammenarbeit bei der Entsorgung radioaktiver Reststoffe zukommt.

2017, 180 S., 12 s/w Abb., 26 s/w Tab., kart., 32,– €, 978-3-8305-3735-9
eBook PDF 29,– €, 978-3-8305-2203-4
(ENTRIA)
ISSN Print: 2510-0637
ISSN Online: 2510-0645

ENTRIA

Entsorgungsoptionen für radioaktive Reststoffe

Interdisziplinäre Analysen und Entwicklung von Bewertungsgrundlagen

BWV | BERLINER WISSENSCHAFTS-VERLAG
Markgrafenstraße 12–14 | 10969 Berlin
Tel. 030 84 17 70-0 | Fax 030 84 17 70-21
www.bwv-verlag.de | bwv@bwv-verlag.de

Berliner Wissenschafts-Verlag

Konrad Ott, Ulrich Smeddinck (Hrsg.)

Umwelt, Gerechtigkeit, Freiwilligkeit – insbesondere bei der Realisierung eines Endlagers

Beiträge aus Ethik und Recht

Fragen des Umweltschutzes und der Gerechtigkeit verschränken sich in ungewöhnlicher Weise, wenn es gilt, ein Endlager für Atommüll zu realisieren. Auch wenn es zunächst provokativ klingen mag, so ist nicht auszuschließen, dass eine Gemeinde, eine Region sich „freiwillig" bereitfinden könnte, eine solche Anlage in der eigenen Nachbarschaft aufzunehmen.

Wegbereiter für einen solchen Ansatz sind internationale Bemühungen, konzeptionelle Vorarbeiten und darauf bezogene Regelungen im Standortauswahlgesetz, die die Belastungen einerseits anerkennen und andererseits mit der Verknüpfung von Maßnahmen zur sozio-ökonomischen Regionalentwicklung ausgleichen wollen.

Der vorliegende Band fächert mit Beiträgen aus Sicht von Ethik und Recht die Facetten der Thematik vom Grundsatz zu speziellen Ausprägungen auf.

i. Vb. 2018, 978-3-8305-3848-6
eBook PDF 978-3-8305-4018-2
(ENTRIA)
ISSN Print: 2510-0637
ISSN Online: 2510-0645

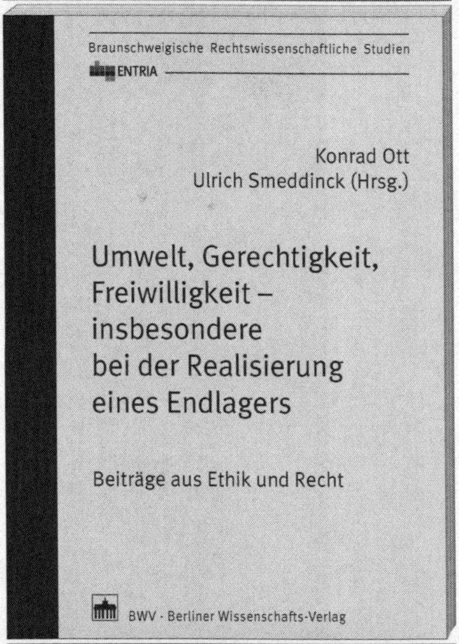

ENTRIA

Entsorgungsoptionen für radioaktive Reststoffe

Interdisziplinäre Analysen und Entwicklung von Bewertungsgrundlagen

BWV | BERLINER WISSENSCHAFTS-VERLAG

Markgrafenstraße 12–14 | 10969 Berlin
Tel. 030 84 17 70-0 | Fax 030 84 17 70-21
www.bwv-verlag.de | bwv@bwv-verlag.de

Berliner Wissenschafts-Verlag